KB058287

화이트 스페이스

WHITE SPACE

과부하에서 벗어나 성과를 극대화하는 멈춤의 기술

화이트 스페이스

줄리엣 펀트 지음 | 안기순 옮김

알키

조금도 흔들리지 않는 사랑을 베풀어 준
멋진 엄마에게 이 책을 바칩니다.
엄마, 사랑해요.

목차

3부   원칙 적용하기

들어가며

우리는 어디로 달려가고 있는가

화상 회의는 할 때마다 힘들다. 나를 자제시키는 매우 중요한 행동을 할 수 없기 때문이다. 다른 사람이 말하는 동안 의식적으로 입술을 지그시 다물고 있을 수가 없다. 웃자고 하는 말이 아니다. 나는 누군가 말을 할 때 무의식적으로 불쑥 끼어들곤 한다. 구제불능이다. 어쨌거나 입을 꾹 다무는 이 방법은 여러 해 동안 잘 통해왔다.

그렇다고 내가 무례하거나 고약하게 다른 사람의 말을 방해한다는 건 아니다. 머릿속에서 부지불식간에 여러 생각들이 떠오르며 일어나는 현상일 뿐이다. 20년 넘게 기조연설을 해오면서 **속사포**는 나를 나타내는 특징이 되었다. 나는 강단에서 빠른 박자로 말을 쏟아내며, 머리카락에 불이라도 붙은 듯 정신없이 바쁜 사람의 일상을 호들갑스럽게 흉내낸다. 빠르게 말하는 내 모습을 보면 모두들 새삼 놀란다. 아마도 내면에 흐르고 있는 조급함이 버티지 못하고 말로 튀어나오는 것 같다.

지금 와서 돌이켜 보면 그렇게 재빨리 생각하고 행동했기에, 하루에 소화할 수 있는 활동량을 정하기 어려웠던 것 같다. 논리적으로 합당한 수준보다 훨씬 빡빡한 일정을 소화하고 싶다는 욕구를 늘 느꼈다. 한번은 이런 일도 있었다. 너무 많은 일을 한 번에 처리하느라 여느 때보다 바빴고 한 손으로 머리 손질을 하면서 반대편 손으로 마스카라를 바르다가 뜨거운 헤어 아이론에 팔 안쪽을 데고 말았다. 어디 그뿐이겠는가? 역시나 눈썹 휘날리도록 바빴던 주에 발목을 삐었고, 엎친 데 덮친격으로 목발 윗부분이 팔 안쪽 화상을 정통으로 건드리면서 도저히 걸어 다닐 수 없게 됐다. 결국 모든 일정을 **포기하고** 한동안 소파에 앉은채로 생활해야 했지만 당시 느꼈던 느긋하고 편안한 기분을 지금까지도잊지 못한다.

그때까지 나는 생각할 짬을 조금도 내지 못하고 하루에 단 1분도 쉬지 않으며 달려왔다. 그러니 그토록 바쁘게 일해왔던 걸 감안했을 때 모든 일정을 취소했는데도 기분이 좋아졌다니 얄궂지 않을 수 없었다. 이처럼 '빈 시간대'를 얻기가 얼마나 어려운지 깨달았으므로 이후부터는이를 소중히 여기고 확보하려고 애쓴다.

나에겐 일정이 잡혀 있지 않은 빈 시간이 매일 필요하고, 누구나 이런시간이 필요하다.

요즘 우리가 어떻게 사는지 둘러보자. 롤러코스터처럼 순식간에 지나가는 바쁜 생활에 치여 점점 더 가쁘게 숨을 몰아쉬며 뜀박질을 한다.우리는 시간에 등을 떠밀리고, 전 세계 노동자들은 일에 치여 기진맥진한 나머지 마치 지방 박람회장 푸드 코트에 진열된 묵은 튀김처럼 축 늘어진다. 프린팅 티셔츠에 자주 등장하는 문구를 생각해 보자. 이 문구는 업무 과부하에 시달리고, 여러 업무를 한꺼번에 처리하면서, 액정 화면에 빠져사는 삶을 완벽하게 묘사한다. "내 머릿속에 있는 건 일렬로 줄을 맞춰 걷는 오리들이 아니라, 고래고래 소리를 지르며 허둥대는 다람쥐들이다(I do not have ducks or a row. I have squirrels and they are at a rave. 미국에서 유명한 밈meme으로 정돈되지 않은 생각, 정신없이 바쁜 일상 등을 의미한다~옮긴이)."

내가 발견한 해결책은 '**화이트 스페이스**white space'이다. 화이트 스페이스는 하루 중 하던 일을 멈추고 숨을 고르며 곰곰이 생각하고, 계획하고, 창조할 수 있는 자유로운 시간이다. 앞으로 소개하겠지만 화이트 스페이스라는 용어는 어떤 일정도 적혀있지 않은 달력의 하얀 여백을 보며, 그 텅 빈 작은 공간이 생각의 흐름, 마음의 평화, 놀라운 창의력을 선물하는 열쇠라는 사실을 깨달으며 탄생했다.

그래픽디자인에서 화이트 스페이스는 페이지에 있는 빈 영역이다. 세일즈에서는 미개척 시장의 점유율을 가리키고, 내가 몸담고 있는 회사에서는 '과제 없는 시간'을 뜻한다. 화이트 스페이스는 고정된 무엇이 아니다. 그 시간이 길든 짧든, 계획적이든 즉흥적이든 관계없이 일정이 정해져 있지 않아 **전략적 멈춤**strategic pause을 실천할 수 있는 **열린 시간**을 의미한다. 나는 눈길이 머무는 곳마다 화이트 스페이스의 부재와 필요성을 목격한다. 화이트 스페이스가 부족하기에 우리는 늘 극도의 피로에 시달리고, 성취욕이 큰 사람들은 정점에 도달하고자 허덕인다.

사람들은 화이트 스페이스를 만들어낼 수 있다고 깨달을 때 안도의 한숨을 내쉰다. 사람들이 화이트 스페이스의 필요성을 받아들이는 모습을 목도하는 것이야말로 나의 기쁨이다. 나는 워크숍이나 세계적 규모의 리더십 행사에 참석하면서 화이트 스페이스가 선사하는 경이로움을 수많은 사람들과 공유하는 특권을 누려왔다. 미국 전역, 독일, 오스트레일리아, 심지어 르완다에서도 화이트 스페이스를 추구하는 사람들이 내게 매우 감동적인 글을 보내면서 정신적 여백, 즉 **생각할 짬**a minute to think이 필요하다고 강조한다. 10년 전 화이트 스페이스 개념을 확장하도록 도와달라고 기업 고객들로부터 요청을 받기 시작했을 무렵에 컨설팅 회사를 창업한 뒤 지금은 구글Google, P&G, 반스Vans, 세포라Sephora, 나이키Nike, 스포티파이Spotify 등의 브랜드를 고객사로 확보할 정도로 성장했다.

이 책은 나와 팀원들이 오랫동안 실시한 고객 설문 조사, 연구, 관찰을 포함해 여러 해에 걸친 교육과 테스트를 종합한 결과물이다. 여기서는 바쁜 일상 이면의 '숨은 비용'을 측정하는 방법, 전략적 멈춤, 즉 화이트 스페이스를 확보하는 4가지 방법을 포함한 중요 개념들을 살펴보려 한다. 또 적용 가능한 3가지 도구를 소개할 것이다. 낭비되는 시간을 없애고 언제든 다시 집중력을 발휘하도록 도와주는 '단순화 질문', 언제 '예'라고 대답하고 언제 '아니요'라고 대답할지 원활하고 명료하게 결정하도록 돕는 '모래시계' 전략, 이메일로 인한 스트레스와 업무 방해 요소를 획기적으로 줄이도록 돕는 '옐로 리스트'가 그것이다.

1부 '탐욕의 문화'에서는 떠들썩하게 바삐 돌아가는 삶에서 놓치고 있는 요소, 즉 일을 더욱 쉽고 만족스럽게 수행하게 해줄 요소를 살펴보고,

이러한 요소를 갖추고 있지 못하는 이유를 따져본다.

2부 '화이트 스페이스로 향하는 길'에서는 우리를 바쁜 생활에 옭아매는 세력과 우리를 잘못된 인식에서 해방시킬 정신적 습관을 익히는 진보적인 접근 방식을 살펴본다.

3부 '원칙 적용하기'에서는 작업 흐름workflow, 팀 내 의사소통, 회의, 이메일, 기업 문화, 워라밸을 향상시키는 도구를 알아보고 그 사용법을 살펴본다.

이 책에서 성과 이름을 함께 언급한 사람들은 내가 함께 일했거나 인터뷰했거나, 내게 교훈을 주었던 동시에 책에 자기 성과 이름을 구체적으로 언급해도 좋다고 허락한 이들이다. 이름만 언급한 사람들의 경우에는 개인 정보를 보호하기 위해 신원의 세부 사항을 바꾸거나 합성했지만 모두 사실에 기반을 둔 이야기이다.

이 책은 내가 매일 자문을 제공하는 부류의 사람들을 위해 썼다. 그들은 점심 식사를 하기 위해 자리를 비우는 것이 마치 호랑이 담배 피우던 아득한 옛 시절에나 가능한 일이라 생각하며 오늘도 책상에 앉아 땅콩버터로 점심 식사를 때우는 관리자들이다. 달리는 열차에서 다치지 않고 뛰어내리는 법을 몰라서 4년 동안 단 한 번도 휴가를 떠나지 못한 중역들이다. '일도 삶도 너무나 중요하기 때문에' 한 손으로 아이들의 그네를 밀어주면서 반대편 손으로 이메일을 보내는 부모들이다.

화이트 스페이스를 실천하면 업무를 더 쉽게 수행할 수 있을 거란 생각이 들 것이다. 예초기를 휘저으며 춤을 추는 것처럼 정신 사나운 일이 아니라, 차분히 바닥에 타일을 까는 일에 가깝게 느껴질 것이다. 가능하다면 짝을 짓거나 팀 단위로 책을 살펴보고, 화이트 스페이스를 알리는 홍보 대사의 대열에 참여해 주기를 강력히 독려한다.

이제 변화를 추진할 때다. 당신이 더욱 고갈되기 전에 '과부하 시대'의 가치를 추방하고 창의성을 되찾고, 바쁜 생활을 물리치고, 업무의 질을 높이기 시작해야 한다. 우리는 지금 와일 E. 코요테Wile E. Coyote(미국 만화영화에 나오는 코요테의 이름으로 항상 총알처럼 달리는 새 로드 러너를 정신없이 쫓아다닌다-옮긴이)처럼 절벽에서 막 뛰어내려 허공에 매달린 상태다. 아직은 안전한 곳으로 기어가는 선택지가 있지만 주어진 시간은 길지 않다.

나만 하더라도 여전히 뜀박질을 하며 일을 과도하게 많이 하는 경향이 있다. 하지만 멈출 수 있다는 사실을 배웠고 당신도 같은 진실을 발견하기를 바란다. 우선 당신이 직면한 도전거리부터 해결한 후에 화이트 스페이스를 보급하기 위해 투쟁하는 전사로 거듭나주기를 바란다. 그래서 쉬지 않고 일해야 하는 현실에 맞서고, 선한 사람들의 정신을 짓밟는 노동 규범에 저항해 싸우기를 바란다. 열이 나는 뜨거운 이마에 찬 수건을 얹었을 때처럼 이 책에 실린 아이디어와 도구가 당신의 바쁜 자아를 식혀주기를 간절히 바란다. 내가 책을 제대로 썼다면 당신은 책이 가리키는 지점에 친근하게 다가설 수 있다고 느낄 것이고, 다른 방식으로 일할 수 있다는 설득력 있는 희망에 가슴이 벅차오를 것이다.

이 책을 통해 당신을 만나 매우 기쁘다.

WHITE SPACE

1부

탐욕의 문화

우리가 놓치고 있는 요소

비어있는 시간을 향한 숨은 열망

○
일과 삶의 균형에서
놓치고 있는 것을
다시 되찾으라

어릴 때 나는 불 피우는 법을 배운 적이 없다.

맨해튼에서 성장하기 위해 반드시 익혀야

하는 기술도 아니었으니까. 그렇다면 핼러윈 데이에 분장을 하고 엘리베이터에서 층마다 내려 '사탕 주면 안 잡아먹지trick of treat'를 외치면서 이웃에게 사탕을 얻어내는 기술은 어떨까? 물론 배웠다. 레이스피자Ray's Pizza 한 조각을 손에 들고 능숙하게 반으로 접은 다음에 살짝 기울여서 안에 고인 기름을 냅킨에 떨어뜨리는 기술은 어떨까? 세 살 때 일찌감치 터득했다. 이뿐이 아니다. 센트럴파크에서 쓰레기통과 잿빛 눈 더미 사이에 있는 150센티미터 높이의 경사면을 썰매를 타고 날렵하게 내려오는 법도 배웠다. 하지만 아파트에 살았기 때문에 정말 끔찍하게 잘못되는 상황이 벌어졌다면 모를까 불을 피우는 법을 배울 일은 없었다. 커가면서 불을 피우는 기술을 익힐 기회는 좀처럼 없었다. 바닷가에서 모닥불을 피워보려 했고, 야외 활동을 좋아하는 남자 친구를 사귀며 캠핑도 했지만 불을 피우는 방법은 끝내 익히지 못했다.

그렇게 세월이 흘러 아이 셋을 낳아 키우게 됐다. 가족과 함께 로스앤젤레스 집에서 그리 멀지 않은 빅 베어 호수Big Bear Lake에 있는 작은 오두막으로 휴가를 떠났을 때다. 자동차 여행이 으레 그렇듯 뒷좌석에 나란히 앉은 사내아이들은 떠들썩하게 '둘 중에 하나만 골라. 이거 할래, 저거 할래?'(예를 들어 퍼레이드가 지나간 길을 혀로 핥을래 아니면 이쑤시개 먹을래?) 게임과 경쟁하듯 서로를 때리는 강도를 점점 높이는 '이래도 안 아파?' 게임을 교대로 했다.

오두막은 운전하는 수고를 감내하고 찾아갈 만했다. 거대한 창문이 시원하게 뚫려 있는 오두막은 숲이 우거진 아름다운 지역에 아늑하게 들어앉아 있었고 커다란 석조 벽난로가 불타오르기를 고대하며 위풍당당하게 서있었다. 아이들은 불을 피우고 마음껏 뛰놀 수 있다는 기대감에 한껏 부풀어 흥분했다. 하지만 안타깝게도 우리에게는 장작도 없고 불을 피울 수 있는 지식도 없었다. 게다가 남편도 시내에 가고 없었다. 오두막에 남은 나는 지식이 부족할 때 도시 사람들이 으레 그렇듯 코치를 찾았다.

'곰 세 마리 산장Three Bears Lodge'에 있는 장식용 깔개가 덮인 둥근 테이블 위에서 자그마한 메모를 발견했다. "장작이 필요하면 문자 하세요! 10분 안으로 도착합니다." 메모는 지역 척추지압사가 발행한 〈척추Spinal Column〉라는 인상 깊은 제목의 뉴스레터 옆에 나란히 놓여 있었다. 반가운 마음에 휴대전화를 얼른 꺼내 문자를 보내자 마치 한쪽 구석에서 호출을 기다리고 있었다는 듯 빛의 속도로 찰리가 나타났다. 조금 전까지 산에서 나무를 베다가 급히 내려온 사람의 차림새였던 찰리는 태평한 성격의 소유자로 보였다. 불을 피울 생각에 한껏 흥분해서 재잘재잘 떠들어대는 아들들과 내게 찰리는 불 피우는 방법을 알려줬다. 불을 피울 때는 불쏘시개를 여러 겹 쌓는 것이 가장 중요하다. 맨 먼저 종이를 넣고, 받침쇠 위에 마른 솔잎을 깔고, 불쏘시개로 사용할 나무껍질 조각을 얹는다. 그 위에 두 가지 종류의 나무, 즉 불이 빨리 붙는 무른 나무와 오래 타는 굳은 나무를 얹는다…. 하지만 찰리는 결정적으로 중요한 사실 하나를 깜빡 잊고 말해주지 않았다. 바로 **공간**space이다.

나는 아들들과 함께 땔감을 있는 대로 끌어모으다가 조심스럽게 쌓아 올리고는 성냥에 불을 붙여 불쏘시개에 던졌다. 20여 분 동안 불을 피우려 했지만 허사였다. 시내에서 돌아온 남편이 빽빽하게 쌓인 채로 검게 그을린 나뭇더미를 힐끗 보더니 내 손에서 구겨진 성냥갑을 받아 들고 땔감을 다시 쌓기 시작했다. 솔잎에 바람을 불어넣고, 불쏘시개를 이리저리 움직이고, 땔감을 얼기설기 쌓아 올려 산소가 넘나들며 불길이 일 수 있는 완벽한 통로를 만들었다. 그런 다음 성냥불 하나를 불쏘시개에 정확하게 던지자 불이 활활 타올랐다. 사내아이들은 마시멜로 한 봉지를 다 구웠고 나는 귀중한 교훈을 얻었다.

불쏘시개와 땔감 사이에 공간이 없으면 불을 피울 수 없다.

산소가 넘나들 수 있는 공간은 불꽃을 점화하고 불길을 계속 타오르게 한다. 하지만 우리는 삶의 모든 영역, 특히 직장에서 이러한 자연의

법칙을 망각한다. 마치 테트리스 게임 막바지의 블록들처럼 일정은 빽빽하게 차 있고, 머릿속에는 정리되지 않은 메모가 흘러넘친다. 불씨를 일게 할 산소가 들어설 한 치의 공간도 없다. 계속 성냥을 그어대면서 내면의 명석함에 불을 붙이려 필사적으로 애쓰지만, 업무의 질을 끌어올리기 위해 정작 필요한 것은 잠시 숨을 돌릴 수 있는 짬이다.

짬을 내서 숨을 돌리지 않으면 계속 버틸 수 없다. 종사하는 분야에서 전문성을 꿋꿋하게 최대한으로 발휘해 나갈 수 없다. 문을 가로막은 바쁨으로 인해, 엄청난 파급효과를 내며 찬란하게 나를 비춰줄 획기적인 아이디어로 향하는 길을 놓치기 십상이다. **순간과 순간 사이**에 틈이 존재하지 않으므로 그 사이에서 일어나는 인간적 관계와 뜻밖의 행운을 놓치게 된다.

이것이 야기하는 손실의 심각성을 온전히 이해하기 위해 한 가지 예를 들어보자. 원소 주기율표에서 원소 한두 개가 없어지면 어떤 현상이 벌어질까? 질소나 소듐이 어느 날 갑자기 자취를 감춘다면 식물은 색이 바래면서 시들고, 감자튀김은 영원히 완성되지 못할 것이다. 손실은 전 세계로 삽시간에 퍼질 것이다. 이러한 현상이 실제로 주변에서 일어나고 있다. 우리는 더 많이 일해야 한다며 끊임없이 자신을 밀어붙임으로써, 살아가는 동안 완충 역할을 했던 자유롭고 유연한 시간을 파묻고 있다. 우리에게서 '열려 있는 시간'이 사라지고 있다.

과부하 시대

•

이렇듯 자유로운 시간이 사라지자 우리는 거짓 생산성을 좇아 정신없이 질주하고, 적절한 업무라는 확신이 없는 상태로 할 일 목록To-do list을 미친 듯이 지워나간다. 순간과 순간 사이에 틈이 생기기가 무섭게 할 일을 찾아 메운다. 사실 이렇게 찾아낸 일은 대부분 비슷한 모습을 하고 있다. 긴급해 보이는 문제들이 폭군처럼 시시각각 격렬하게 다른 형태로 모습을 바꿔가며 매일 우리를 압박하고 스트레스를 안긴다. 하지만 벅찬 문제를 해결할 시간을 찾는 것은 불가능해 보인다. 안타깝게도 너무 바쁜 나머지 이러한 생활에서 벗어날 수 없고, 새벽 3시에 찾아온 불청객 같은 불면증을 맞닥뜨리고 나서야 비로소 하루 가운데 유일하게 일정이 없는 '생각할 시간'을 맞이한다.

전형적인 직장인이 보내는 '산소'가 부족한 하루를 살펴보자. '왕벌의 비행Flight of the Bumblebee'을 한번 생각해 보라(러시아의 작곡가 니콜라이 림스키코르사코프가 벌이 엄청나게 빠른 속도로 비행하는 모습을 묘사한 곡이다―옮긴이). 달리기 경주에서 출발 신호용 권총 소리에 반응하듯 휴대전화 알람이 울리자마자 침대에서 용수철처럼 튀어 오른다. 강아지나 아기라도 있으면 걸려 넘어지지 않도록 비틀거리며 황급히 전자 기기를 들고 이메일과 소셜 미디어 피드를 확인한다. 식탁에 앉아 먹는 아침 식사는 황송한 환상에 불과하다. 냉혹한 현실에 쫓겨 한 손에는 에너지 바를 반대편 손에는 자동차 열쇠를 들고 현관문을 박차고 나온다. 출근하자마자 참석할 회의에 대비할 요량으로 조수석에 컴퓨터를 켜놓고 운전하다 빨간 신호등이 켜지면 파워포인트 슬라이드를 확인하는 틈틈이 팟캐스트를 검색한다. 총알처럼 사무실로 튀어 들어가면서 이미 사람들이 일에 떠밀리고 허둥대며 분주하게 서류 작업에 매달려 있는 흐름에 녹아든다. 재택근무를 하는 사람이라고 다를쏘냐. 부엌에서 서재까지 통근 거리만 짧을 뿐 매일 정신없이 바삐 일하는 건 사무실에서 일하는 사람들과 마찬가지다.

8~10시간 혹은 12시간! 동안 이메일, 회의, 메시지, 보고서, 방해꾼에 시달린다. 잠시 숨을 돌릴 시간이 생기기라도 하면 불확실성, 자의식, 불안이 홍수처럼 밀려든다. 달력에 공백이라도 있으면 시간을 낭비하고 있다는 생각에 쫓겨 더 많은 일정을 만들어 꾸역꾸역 공백을 메운다. 퇴근할 때까지 숨 가쁘게 일에 쫓기다가 주차장으로 걸어가거나 집으로 돌아가는 동안 머릿속으로 **'내가 오늘 무슨 일을 했지?'**라고 묻는다.

무엇을 했는지 전혀 기억하지 못할 때가 많다. 매일 아침 눈을 뜨고 내면의 열정을 뜨겁게 점화하려 하지만 불꽃을 살려낼 공간이 전혀 없다. 잠재의식 깊숙이 어딘가에서 이런 생각이 떠오른다. '행동하기 전에 계획을 세울 수 있다면 좋을 텐데.' '말하기 전에 생각할 수 있다면 좋을 텐데.' '다시 시작해야 하기 전에 쉴 수 있다면 좋을 텐데.' 하지만 그럴 수 없다. 직장이 우리 귀에 확성기를 들이대고 소리치며 빨리 앞으로 나아가라고 떠밀기 때문이다. 그래서 엘리베이터를 타고 이동하거나 컴퓨터 전원이 켜지는 동안처럼 아주 작은 짬이라도 생기면 어느 틈엔가 휴대전화를 들여다보며 '열린 순간'을 멀티태스킹으로 채운다. 주유소 주유기에 텔레비전을 설치한 이유가 궁금한가? 휘발유 45리터를 넣는 시간을 손님들이 지루해 견디기 힘들어하기 때문이다.

나의 고객들은 전문직을 비롯해 여러 업계에서 다양한 역할을 맡고 있는데, 뜻하지 않는 파멸적인 죄책감을 느낀다고 내게 털어놓는다. 바쁨을 해결하지 못하고, 자신만 만성적으로 뒤처져 있다고 잘못 가정하고, 전자 기기를 애인마냥 사랑하고, 쓰나미처럼 몰아치는 일을 처리할 능력이 없다며 자책한다. 가족을 소홀히 대한 잘못을 곱씹어 생각하고, 건강을 해치고 있을까 봐 걱정하고, 열정적으로 달리는데도 성취하는 것이 거의 없어서 길고도 공허한 미래를 맞이할까 봐 두려워한다.

내가 '땅콩버터 관리자'라는 별칭으로 부르는 민디도 이러한 사고방식의 틀에 갇혀 지냈다.

일반적으로 땅콩버터는 사무실에 비치되어 있는 물품이 아니다. 하지만 점심 식사를 하지 않는 일류 영업 사원 민디에게는 손을 뻗으면 언제라도 닿을 수 있는 땅콩버터가 헤드폰만큼이나 중요하다. 민디는 자신의 업무를 매우 좋아한다. 병세가 깊어서 음식을 먹을 수 없는 환자들에게 영양제 링거를 공급하는 일이다. 민디는 목표를 초과 달성하면서 직장에서는 승진했지만 '삶'에서는 오히려 좌천되었다고 내게 하소연했다.

예전에는 신나게 느껴졌던 바쁜 일정이 이제는 숨통을 누르는 것처럼 느껴졌다. 일할 때는 매 순간순간이 중요하다 생각해 그동안 아무리 짧은 시간이라도 허투루 쓰지 않았다. 점심 식사가 시간을 낭비하는 어리석은 일처럼 느껴져서 혈당을 유지하기 위해 책상에 늘 땅콩버터 통을 놔두고 일했다. 필수 영양분을 지속적으로 섭취하도록 환자를 돕는 일을 하는 전문가에게는 아이러니가 아닐 수 없다.

이렇듯 **'공간'**이 부족해지면서 민디와 그녀의 팀은 명백하게 타격을 받기 시작했다. 업무 절차에서 발생한 오류가 고객을 대면하는 상황에서까지 표면으로 올라오기 시작했다. 민디는 건강에 비상등이 켜지면서 지속적인 두통과 불면증에 시달렸다. 민디를 포함해 업무에 전력을 기울이던 팀원들은 피로를 호소하며 하루하루를 버텨내기에 급급했다.

이제 피트의 사례를 보자. 피트는 30년 동안 소방과 구조 서비스 분야에서 일했고 응급구조사로 훈련을 받았으므로 불길과 산소의 상호작용에 대해 많이 알고 있다. 또 생사를 다루는 상황에 잘 대처할 수 있도록 최초 대응자들을 교육시키는 역할을 맡아서 '스트레스 면역' 훈련을 실시했으므로 중압감 관리에 관한 지식도 많이 갖추었다. 피트는 이러한 기술들을 개인적으로 구사하면서 "사람들의 에너지를 완전히 소진시키는 복잡한 문제들을 해결하는 능력"이 자신에게 있다고 생각했다.

그러던 중에 자신이 지역 관리자로 근무하고 있는 작은 기업이 대기업에 인수되었다. 인수에 따른 부담은 대단히 커서 피트처럼 웬만한 업무는 거뜬히 처리하는 직원도 감당하기 버거웠다. 피트는 하루에 무려 200통에 가까운 이메일을 받기 시작했고, 새로 배정된 상사는 부하 직원의 개인 사정 따위는 전혀 고려하지 않고 일요일 밤 11시에 이메일을 보내면서 즉각적인 답변을 요구했다. 피트가 표현한 대로 일과 사생활이 "카드를 섞듯 뒤섞였다." 스트레스를 겪다 못한 피트는 급기야 호흡곤란을 겪고 응급실로 실려갔다. 나는 사람들을 상담한 후에 으레 질문하듯 "더 하실 말씀이 있나요?"라고 물었을 때 피트의 대답을 듣고 가슴이 먹먹했다. 피트는 잠시 생각하더니 이렇게 대꾸했다. "정말 알고 싶어요. 이러한 생활이 언제 끝날까요?"

나는 민디와 피트 같은 사람들을 수없이 만났다. 바쁜 생활은 그들이 숨 쉬는 모든 공간에서 산소를 완전히 빨아들였다. 이런 상황에서 외부에서 자극을 받으면 누구라도 폭발하고 만다. 그런데 대부분의 사람들은 자신에게 문제가 발생했다는 사실조차 인식하지 못한다. '일이란 게 다 그렇지 뭐'라고 생각하면서 기꺼이 따른다. 이것이 가장 큰 문제다. 그렇게 인정하고 따르는 태도가 우리의 숨통을 짓누른다.

바쁨은 장소를 가리지 않는다

●

이탈리아 모트로네Motrone에 사는 주민은 30명이다. 나의 가족이 방문하면서 거주자가 35명으로 늘어난 작은 마을이다. 숲이 우거진 산자락의 옆구리를 가로질러 가파른 8킬로미터 길을 굽이굽이 돌아 중세도시인 루카를 통과하면 모트로네에 도착한다. 산길은 왕복 2차선이지만 폭은 차 한 대가 지나갈 정도로 좁아서 운전하다가 맞은편에서 차가 오면 길가로 조심스럽게 방향을 틀어서 그 차가 지나갈 때까지 울창한 나뭇가지 아래 서있어야 한다. 그러다 보니 얼음을 싣고 하루에 두 번 지나는 트럭과 마주치지 않기를 마음속으로 빌어야 한다.

민박 주인인 제프와 제니가 첫날 밤 우리를 저녁 식사에 초대해 자신들의 사연을 들려주었다. 제프는 열한 살 때 아버지와 함께 살기 위해 영국인 어머니를 떠나 7주 동안 배를 타고 뉴질랜드로 건너갔다. 갑판에 혼자 서있자니 눈에서 뜨거운 눈물이 왈칵 쏟아졌다. 한 승객이 제프를 보며 단호한 목소리로 "얘야, 울지 말거라. 이 사과를 먹으렴"이라고 달랬다. 제프는 사과를 받아먹는 순간 자신이 크게 성장했음을 깨달았다고 말했다.

제프는 주머니쥐를 잡는 법을 배워서 한 마리에 2실링을 받고 팔았고, 곧 또래 사내아이들 중에서는 유일하게 가게에서 여자아이에게 밀크셰이크를 사줄 수 있었다. 제프는 여러 직업을 전전하던 중에 이탈리아를 찾아왔다가 진정한 소명을 발견하고 모트로네에서 제니와 함께 농사를 지으며 양, 거위, 벌을 키우고 있다. 부부는 가게도 식당도 없는 정말 작은 마을에서 아침 7시부터 저녁 7시까지 손에 물집이 잡힐 정도로 엄청나게 바삐 일한다. 제프는 프로슈토와 치즈를 사기 위해 너무 가팔라서 위험한 그 산길을 운전해 내려가는 동안 전화기를 계속 들여다보면서 문자를 확인하고 중얼댔다. "오늘은 바쁜 날이에요. 정말 바쁘다니까요. 휴! 정신없이 바쁘네!"

바쁨은 장소를 가리지 않는다 Busyness is everywhere.

바쁨은 외국에도 있고, 우리 집 뒤뜰에도 있다. 일하든 일하지 않든, 나이가 많든 적든 누구나 바쁘다. 내가 휴스턴에서 강연을 마쳤을 때 한껏 멋을 낸 노년 여성이 다가왔다. 마치 향수를 헬리콥터로 공중에서 살포한 듯 향수 향이 진동했다. 그 여성은 얼핏 보기에도 품위 있는 태도로 자신이 몇 년 동안 일의 속도를 늦추려고 노력하고 있었으므로 내가 전달한 메시지가 선물이었다고 말했다. 어떤 일을 하느라 그토록 바쁘냐고 내가 묻자 그 여성은 약간 계면쩍은 듯 미소를 띠며 대답했다. "**아! 은퇴했어요!**"

소비주의consumerism와 시간 압박이라는 그늘에 가려진 삶과 일에 관해 설득력 있는 주장을 펼쳐온 경제학자 줄리엣 쇼어Juliet B. Schor는 현대인이 선택한 삶의 방식을 가리켜 "수행적인 바쁨performative busyness"이라 부른다. 어느 누구도 우리에게 이렇게 바쁘게 살라고 더 이상 강요하지 않는다. 그런데도 기업 중역부터 양치기, 은퇴자에 이르기까지 미친 듯 **빠른 속도로 일하면서 시간에 압박을 받는 생활이 완전히 내재되어 있다** internalized. 우리는 어디를 가든 이러한 방식으로 생활한다. 이처럼 대부분 사람들은 하얀 거품을 일으키며 흐르는 바쁨이라는 급류에 휩쓸리기는 하지만 마음속에는 자그마한 바람을 품고 있다. 짧게라도 숨을 돌리고 생각할 짬이 필요하다고 들릴락 말락 하게 속삭이는 내면의 목소리를 듣는다. 우리는 이따금씩 우연히 그 속삭임을 듣곤 한다.

생각에 잠긴 자세

주중에는 고객의 문제를 처리하고 요구에 응하느라 눈코 뜰 새 없이 바빠서 도저히 손을 댈 엄두를 내지 못했던 어려운 일을 일요일에 잠깐 짬이 났을 때 처리한 적이 있는가? 아이들은 친구들과 놀겠다며 밖에 나갔다. 받은 메일함은 예배 없는 교회처럼 때 맞춰 잠잠하다. 주변을 어슬렁대는 동료도 없고 주의를 분산시키는 방해 요소도 없어서 잠시 멈춰 숨을 고르고 생각을 가다듬는다. 그럴 수 있는 시간이 생겼기 때문이다. 그러면서 매우 특별한 유형의 일을 시작한다. 매일 연달아 터지는 위기, 회의, 긴급한 요청에 밀려나 툭하면 뒤로 미뤘던 유형의 일이다. 우리는 대부분 공식적인 근무일을 채우고 나서야 비로소 이러한 **진짜 일**에 손대기 시작한다.

방해 요소가 없는 환경에서는 생각할 여유가 생긴다. 행동하기 전에 먼저 어떻게 할지 생각할 수 있다. 동정을 살피거나 꾸물대지 않고 문제에 대해 곰곰이 고민한다. 그러다가 몸이 휴식을 요하면 쉰다. 생각하고 일하고 휴식하는 것이 물 흐르듯 자연스럽게 일어난다. 마침내 자리에서 일어나 기지개를 켜면서 주중이었다면 며칠 걸렸을 작업을 두 시간 만에 해치웠다는 사실을 깨닫는다. 자신을 그렇게 훨훨 불태웠으니 그럴 만하다. 그만큼 **산소**를 풍족하게 공급받았던 것이다.

물론 일요일에 경험한 이러한 감정은 주중에도 느낄 수 있다. 불길이 타오를 수 있는 '공간'을 만들고 깊이 생각하는 기술을 터득하거나 되살리면 된다. 생각에 **빠지는** 것이야말로 외려 시간을 알차게 보내는 방식이라 주장하고 실천하기 시작하자.

이러한 주장이 반박할 여지가 없는 사실이었던 시절도 있었단 걸 기억하는 이들은 특정 세대뿐이다. 그 시절 상사가 책상에 발을 올리고 앉아 창밖을 보면서 골똘히 생각에 잠겨있는 광경을 본 직원은 마치 방울뱀이라도 본 듯 움찔하며 상사를 방해하지 않으려고 살금살금 뒷걸음쳤다. 왜 그랬을까? 생각하는 시간이 그만큼 **가치** 있다고 믿었기 때문이다. 이처럼 과거에는 생각에 잠긴 자세에 대해 지금과는 완전히 다른 관점이 존재했다.

당신은 최근에 직장에서 누군가 생각에 잠겨있는 모습을 본 적이 있는가? 실제로 본다면 어떻게 행동할 것인가? 이 광경을 영화의 한 장면이라 생각하고 머릿속에 그려보자. 불쑥 동료를 찾아갔는데 동료가 골똘히 생각에 빠져 있다. 사색하는 이들이 흔히 그렇듯 동료의 눈동자는 초점을 잃었고 그의 마음은 먼 곳을 배회하고 있다. 구급차를 부르겠는가? 그 모습을 사진으로 찍어 소셜 미디어에 올리겠는가? 만약 바쁘게 일하느라 스트레스를 받고 있는 동료나 관리자가 이 광경을 목격하면 일반적으로는 살짝 배신감을 느끼거나 심지어 화가 날 수 있다. 그래서 약간 과하다 싶게 큰 소리로 "무슨 업무를 하고 있나요? 대체 일을 하고 있기나 한가요?"라고 물으며 즉시 끼어들어 아름다운 사색가를 다급한 현실로 소환한다. 이처럼 깊이 골몰하는 행동은 요즘에는 기이하고 심지어 동료를 당황하게 만드는 행동으로 전락하고 있다.

그런데 혹시라도 이 사색가의 자유로운 정신이 막 문제에 대한 해결법이나 새로운 접근 방법을 떠올리는 찰나였다면 어떨까? 탁월함을 발휘할 순간에 도달하거나, 여태껏 떠오르지 않았던 회사, 핵심 제품, 고객 니즈 만족을 개선하는 아이디어를 막 떠올리려는 순간이라면 어떨까? 하지만 실제로 이러한 일이 발생했을지 아닐지는 결코 확인할 수 없다. 친애하는 사색가가 외부의 채근을 이기지 못하고, 어쩔 수 없이 받은 메일함으로 돌아가 동료들에게 자신이 일하고 있다고 과시하며 이메일을 확인할 것이기 때문이다.

활동량과 생산성이 비례하면 정말 좋겠지만 실제로는 그렇지 않다.

일에는 눈에 보이는 것과 눈에 보이지 않는 것이 있다. 생각하고, 숙고하고, 고려하고, 재구성하고, 반추하고, 의문을 품고, 몽상할 때는 근육을 전혀 움직일 필요가 없다. 진행할 때가 아니라 완수했을 때 그 결과만 보일 뿐이다. 사람들의 일반적인 인식과 달리 여백과 같은 시간을 두고 깊이 고찰하는 시간을 일정에 엮어 넣으면 결과를 뒷받침하고 증폭시킬 수 있지만, 일하라고 더욱 세게 밀어붙이면 오히려 목표를 달성하지 못할 수 있다. 올림픽 경기에 출전한 선수들이 1회차와 2회차 시도 사이에 쉬면서 경기력을 회복하듯, 우리도 장기간 탁월한 기량을 발휘하려면 끊임없는 노력을 저지해야 한다. 스스로에게 일을 멈춰도 된다고 말해줘야 한다. 수업에서 사용할 용품을 자비로 사느라 빈털터리가 되는 공립학교 교사가 되지 말자. 자유 시간이 아니라 근무시간에 멈출 수 있어야 한다.

이렇게 일을 멈추는 것만으로도 많은 상황을 개선할 수 있다. 수신자를 자극할 수 있는 이메일을 보내기 전에 잠시 멈춰서 내용을 확인하라. 피곤해서 집중력이 흩어졌다고 느낄 때는 일을 멈추고 기운을 차리라. 좀전에 끝난 회의에서 얻은 통찰을 소화해 흡수하고, 다음 회의에 제대로 대비하기 위해 잠시 자리를 비우라. 이런식으로 멈춤을 실천하면 일의 성격을 완전히 바꿀 수 있다.

실천하는 사람,
몰래 실천하는 사람, 운 좋은 사람

•

이미 근무시간의 일부를 할애해 **멈춤과 고찰의 시간**을 갖는 사람들이 있다. 일부 고위 간부들은 '생각하는 것'이야말로 자신이 회사에 가장 많이 기여할 수 있는 방법이라고 말한다. 그래서 생각할 시간을 만들어내기 위해 비서를 고용하고, 문 달린 사무실을 사용하고, 자신의 공간에 견고한 벽을 세운다. 반면에 공개적으로 시간을 따로 확보할 수 없는 형편이지만 멈춤과 고찰의 가치를 알고 있기에 이를 몰래 실천하는 사람들도 있다. 그들은 몰래 담배를 피우듯 구석에 숨어 주의를 환기하고 생각하는 시간으로 빠져든다.

운 좋은 부류의 사람들도 있다. 그들은 대개 고위 간부가 자신들의 가치관에 입각한 행동에 따라 의도적으로 형성하는 여유 있고 사려 깊은 환경에서 일한다. 이처럼 운 좋은 집단에서는 기분을 전환하고, 아이디어를 창출하는 시간을 갖는 것이 **정상이다.** 전략적으로 이런 시간을 누리는 것이 **정상이다.** 질문에 대답하기 전에 멈춰서 생각할 시간을 갖는 것이 **정상이다.** 누구나 그렇게 하기 때문에 두려워하거나 걱정할 필요가 없다.

어떤 회사라도 산소를 다시 끌어들여 직원의 재능에 불을 붙일 수 있다. 그러기 위해선 일터에 탑승한 직원을 팀이라는 조직 측면에서 이끌어야 하지만 단독으로나 소규모로도 매우 효과적으로 진행할 수 있다.

전략적 멈춤 실천하기

●

　　민디와 피트를 포함해 피곤에 지친 노동자들은 화이트 스페이스, 즉 '과제 없는 시간'을 누리지 못하고 있다. 화이트 스페이스란 용어는 달력에 아무 일정도 적혀있지 않은 백색 여백에 아직 발현되지 않은 우리의 잠재성이 담겨 있다는 걸 깨닫는 데서 탄생했다. 화이트 스페이스는 길든 짧든, 계획적이든 즉흥적이든, 해야 할 일이 정해져 있지 않기 때문에 어느 방향으로든 문이 열려 있는 시간과 같아 우리가 다시 숨을 쉴 수 있도록 산소를 공급한다.

　　언뜻 생각하기와는 달리 이 놀라운 시간은 우리에게 반드시 필요한 요소지만 너무 빽빽해서 소화하기 힘든 일정, 도착한 메일로 넘쳐나는 받은 메일함, 더 많이 일해야 한다는 압박에 밀려 자취를 감췄다. 틈이나 공백, 완충 기간 등 어떻게 불러도 괜찮다. 끊임없이 행동하는 사이 틈틈이 '화이트 스페이스'를 실천한다면 우리의 모든 것을 향상시킬 수 있다.

　　전략적 멈춤, 즉 일시적으로 일을 중단하기로 선택한 순간 자체가 화이트 스페이스를 실천하도록 부추기는 촉매제다. 자신이 하고 있는 일을 멈추면 여백과 같은 시간인 화이트 스페이스가 밀고 들어온다. 하지만 우리가 정지보다 전진에 익숙한 것이 문제이다. 일단 화이트 스페이스를 갖도록 도와주는 전략적 멈춤을 실천하지 않는 민디와 피트 같은 사람들의 삶을 살펴보자.

한편 전략적 멈춤을 실천하는 사람들의 삶은 이럴 것이다.

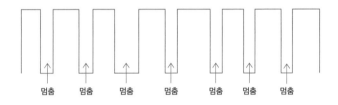

그들은 다음과 같이 멈춤을 사용해 고찰하는 시간을 실천할 것이다.

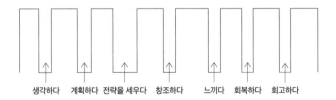

멈춤의 시간을 이렇게 활용하는 것은 매우 건강하고 현명해 보인다. 강인한 프로 종합 격투기 선수들도 라운드 사이에 1분씩 '멈추는 시간'을 갖는다. 문제는 우리가 이 시간을 계속 **메운다는 것이다.** 할 일을 찾아내고 선택해서 이처럼 중요한 열린 공간을 바득바득 채우는 것이다.

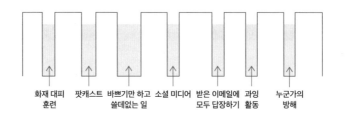

실제 멈춤의 시간을 채우는 것들

화재 대피 훈련 | 팟캐스트 | 바쁘기만 하고 쓸데없는 일 | 소셜 미디어 | 받은 이메일에 모두 답장하기 | 과잉 활동 | 누군가의 방해

멈춤의 시간을 일로 채우는 습관이 개인과 조직의 내면에 매우 깊이 새겨져 있어 우리는 애당초 화이트 스페이스가 존재한다는 사실조차 잊는다. 피트는 이렇게 말했다. "일정을 꽉 채우는 것이 습관으로 굳어져서 5분이라도 시간이 비면 그 시간 동안 뭔가를 해야 한다는 엄청난 심적 압박감을 느껴요."

차고를 청소할 때 어떤 감정이 차오르는지 떠올려보자. 장식품과 기념품을 정리하는 과정에서 발견할 잊힌 보물 같은 물건도 중요하지만 그보다 새롭게 확보된 공간이 주는 만족감이 훨씬 클 것이다. 빈 공간을 채울 온갖 가능성이 떠오르는 즉시 짜릿해질 것이다. 아름답고 풍요로운 공간은 우리의 에너지를 해방시키는데 이 공간을 놓치는 사람들이 너무나 많다. 물론 이 같은 열린 공간을 우연히 발견할 때도 있다.

나의 화이트 스페이스 경험담

•

내가 처음으로 화이트 스페이스를 경험했을 때다. 내 앞에는 다양한 녹색 채소들이 섞여 있는 샐러드가 놓여 있었다. 유대인이면서도 베이글을 가까이하고 촛불을 멀리하는 세속적인 어린 시절을 보냈던 나는 30대 초반으로 들어서면서 안식일을 지켜보기로 했다. 우선 신앙심이 깊은 친구에게 기본적인 사항을 배웠다. 독실한 유대인들은 금요일부터 토요일까지 많은 활동을 삼간다. 모든 노동을 내려놓고 매우 깊이 휴식하기 위해 일하지도 차를 몰지도 소비하지도 않는다. 전화나 전등도 사용하지 않는다. 매주 24시간 동안 어떤 방식으로든 세상을 바꾸거나 자신을 바꾸는 일을 중단한다. 음식을 먹고 노래하고 웃고 사랑하고 낮잠을 자는 것은 괜찮다. 하지만 무엇을 개선하려고 노력하거나 무엇을 갈망하거나 무엇을 쌓아서는 안 된다. 이처럼 '중단'하는 행동에는 교훈이 담겨 있는데, 이 교훈을 실천하는 일은 의외로 쉽지 않다. 하지만 나는 이 교훈을 실천하는 것이 즐겁다는 사실을 깨달았다.

내 유대인 친구들은 금요일마다 모여서 샐러드 안식일을 지켰다. 교대로 주최를 하는데 주최자는 달콤한 와인, 잘게 찢어 커다란 그릇에 담은 양상추, 찰라challah(유대인들이 안식일에 먹는 새끼줄 모양으로 꼰 전통 빵-옮긴이)를 준비하며 건포도도 빼지 않고 곁들인다. 손님들은 토핑과 창의적인 드레싱을 가져와서 즉석에서 잔치를 벌인다. 우리는 식도락가를 자처하며 부라타 치즈 덩어리, 살짝 데친 신선한 완두, 훈제 치킨 등 맛있는 토핑을 채소에 뿌렸다. 나는 일주일 동안 일하느라 쌓인 긴장을 사악할 정도로 뜨거운 물로 샤워해서 씻어낸 후에, 늘 그렇듯 화장도 액세서리도 하지 않고, 오래 입어 색이 바랜 편안한 데님 멜빵 바지를 입었다. 내게 있어 옷을 이렇게 입는 건 세상과 연결된 스위치를 잠시나마 끄고 화이트 스페이스로 들어가는 과도기에 치르는 일종의 의식이 되었다.

나는 즉흥성, 순수성, 해방감을 느끼며 텅빔과 자유를 만끽했다. 유대교 랍비인 조슈아 헤셸Joshua Heschel은 이러한 감정적 분위기를 잘 포착해서 안식일을 가리켜, 성역을 찾아 들어가는 "시간 속에 쌓은 성castle built in time"이라는 인상적인 표현을 사용했다. 내게는 확실히 그랬다.

그 후 기조연설자로 활동하기 시작한 초기에 화이트 스페이스를 다시 경험했다. 당시에 나는 의사소통 기술과 시간 관리법을 아우르는 주제에 대해 강연했다. 자신들의 일정이 지나치게 빽빽하다고 하소연하며 도움을 요청하는 사람들과 함께 일정표를 보면서 바쁨에 대항하는 첫 방어선, 즉 **업무와 업무 사이에 끼워 넣을 수 있는 실질적인 화이트 스페이스**를 찾으려고 노력했다. 화이트 스페이스가 반드시 필요하단 사실은 확실했지만 실제로 실천하는 사람은 거의 찾아볼 수 없었다.

나는 일하지 않는 시간 자체가 지닌 미학을 경험했고, 일정이 잡혀 있지 않은 시간의 중요성을 명확히 이해할 수 있었다. 그 후 화이트 스페이스에 담긴 창의적이고 전략적인 가능성을 깨달은 것은 2005년 부모가 되고 나서였다. 각각 두 살 터울로 태어난 호기심 넘치는 푸른 눈동자의 세 아들들은 낮에는 천사였지만 밤에는 악마와 다름없었다. 도통 잠을 자지 않았다. 우리 부부는 아이들이 잠들 때까지 저녁마다 함께 누워 있어야 했다. 이 세상 모든 할아버지와 할머니들의 한숨 소리가 들리는가? 한번은 칠흑 같이 어두운 방 안에 누워 아이들이 잠들기를 기다리며 보낸 시간이 내 삶에서 약 35만 3,300분이라고 계산해 보기까지 했다.

재밌는 건 나중에 그 시간이 놀랍도록 풍요로운 시간이었다는 걸 깨달았다는 사실이다. 그때 나는 부드럽고 자그마한 손을 잡고서, 정신을 분산시키는 요소라고는 전혀 없는 고요에 잠겨서 삶의 중요한 문제들에 대해 생각했다. 내가 세상에 어떻게 등장할지 고민하고, 일에 대해서 생각했다. 사업 목표를 세우고, 해결해야 하는 문제들을 곰곰이 생각하고, 관련 내용을 정리했다. 그러다가 아이들이 잠들면 등이나 배를 도닥여 주었던 손가락을 하나씩 조심스럽게 떼면서, 마치 꾸벅꾸벅 졸고 있는 교도관 몰래 탈옥하려는 죄수처럼 살금살금 방을 빠져나왔다. 방에서 나오기가 무섭게 펜과 종이를 찾았다. 불가피하게 깊은 생각에 잠겼던 시간 동안 머릿속에 떠오른 판매 전략, 신제품 디자인에 대한 아이디어, 새로 떠오른 고객 커뮤니케이션 방식을 기록하기 위해서였다. 내가 커리어를 쌓는 동안 화이트 스페이스가 선사한 최초의 선물은 이처럼 어둠을 타고 찾아왔다.

그 후 몇 년 동안 내가 깨달은 사실을 가르치고, 글로 정리하며 화이트 스페이스 개념을 구체화했다. 해당 개념을 체계화하고 연습 방법을 개발하는 과정에서 차분함(안식일에 누리는 화이트 스페이스), 효율성(달력에서 찾는 화이트 스페이스), 창의성(침대에 누웠을 때 누리는 화이트 스페이스) 등 화이트 스페이스가 제공하는 균형 잡힌 이점을 발견했다. 한 발짝 물러서서 생각하는 시간을 갖는 것은 화이트 스페이스를 실천하는 대부분의 사람들에게 유용했다. 화이트 스페이스는 나의 경력과 우리 회사가 겨냥하는 유일한 목적이 되었다. 그동안 우리는 화이트 스페이스가 창출한 변화를 목격해 왔다. 일정이 없는 빈 시간이 우리의 적이라는 고루한 생각에서 벗어나서, 생각할 짬을 내는 것이야말로 커리어를 개발하며 발휘하는 엄청난 힘의 원천이다.

짧은 멈춤과 긴 멈춤

미치 반스Mith Barns도 이러한 깨달음을 얻었다. CEO인 반스는 "멈춤은 방종이 아니라 전략"이라는 사실을 깨닫고 나서 자신에게 생각할 시간을 주기로 허락했다. 정확하게 정의하자면 멈춤은 할 일이 없거나, 게으르거나, 꾸물대거나, 실속이 없는 것이 아니다. 낮잠을 자거나, 빈둥대거나, 목적 없이 시간을 보내는 것과도 다르다. 여기서 말하는 멈춤은 **전략적 멈춤**이다. 이 멈춤은 화이트 스페이스를 일상으로 끌어들이고, 우리의 손이 닿는 무엇이든 고양시키게 하는 힘이다.

메모지에 이것저것 글을 쓰거나 그림을 그리는 시간도 전문성을 풍요롭게 창출하기 위한 전략적 멈춤이 될 수 있다. 사전 계획 없이 팀원들이 화이트보드 앞에 모여서 창의적 아이디어를 공유하는 시간일 수도 있다. 기업의 중역이 향후 5년에 걸친 자사의 미래를 설계하느라 보내는 사색의 시간일 수 있다.

짧은 멈춤은 강력한 효과를 발휘한다. 무게는 얼마 되지 않지만 엄청난 가치를 지닌 송로버섯처럼 귀중한 짧은 멈춤은 한 가지 일을 마무리하고 다음 일을 선택하는 과정 사이에 발생한다. 이 멈춤은 회의와 회의 사이에 있는 중요한 과도기에 일어난다. 다음에 어떤 말을 할지 구상하는 자신만만하고 조용한 대화에서 발견된다. 짧은 화이트 스페이스는 책상 위에 놓인 물컵과 같아서, 우리에게는 물 한 모금을 언제 어디에서 마실지에 대해 무한한 선택권이 있다.

오늘날처럼 쉴 새 없이 긴급하게 돌아가는 삶에서 멈춤을 더욱 깊고 길게 실천하는 것은 드물게 일어나지만 일단 실천하면 긍정적인 변화를 일으킨다. 이때의 긴 멈춤은 30분 단위로 시간을 끊어 생각하거나, 1시간 동안 전략을 수립하거나, 아무런 방해도 받지 않고 저녁, 주말, 휴가를 보내거나 심지어 화이트 스페이스의 성배라 할 수 있는 직장에서의 멈춤을 가리킨다. 비록 처음에는 직장에선 몰래 실천해야 할 수도 있지만 강렬한 소망을 담은 목표이다.

하지만 화이트 스페이스의 가치를 믿는 토니 칼란카Tony Calanca는 멈춤을 몰래 실천하지 않았다. 무역 박람회 임원인 토니는 키가 2미터가 넘고 성품이 좋다. 똑바로 정신 차리지 않으면 눈 뜨고도 코 베일 사업으로 알려진 분야에서 연간 80회에 걸쳐 무역 박람회를 개최하면서 언제나 큰 압박감을 느꼈다. 토니가 예리하게 지적한 대로 "이것은 마치 손을 뻗어 전선을 잡았을 때 지지직 하며 온몸으로 전기가 전달되는 데도 손을 뗄 수 없는 것과 같다."

토니는 계약 조건에 따라 자사에 수천 만 달러 상당의 이익을 안겨줄지도 모를 중대한 협상에 참여했다. 처음에는 그저 작년처럼 진행하겠다고 생각했지만, 전략적 멈춤을 실천하고 나서 생각을 바꿨다. "아냐, 그래서는 안 돼. 앉아서 이 문제에 대해 고민할 시간을 일정에 짜 넣어야겠어." 그래서 각각 30분~2시간 단위로 일정 6개를 잡았다. 이 시간 동안 표적 연구를 실시하고, 동료나 파트너와 중요한 대화를 했다. 그 결과 자사에 수백만 달러를 절약해 주는 동시에 모든 사람의 기대를 초과 달성하는 협업 열매를 맺을 수 있었다. 모든 사람이 이러한 종류의 화이트 스페이스를 확보하는데 시간을 투입하는 것은 아니지만 행동을 멈추고 생각하는 시간을 가지려는 **의도를 품기만 해도** 프로젝트의 진행 경로를 바꿀 수 있다.

길든 짧든 상관없이 전략적 멈춤을 기업에서만 활용하는 도구라고 생각치 않았으면 한다. 전략적 멈춤은 **누구나** 사용할 수 있는 도구이다. 서부의 작은 산골 마을에서 병원을 개업한 가정의 프랭크 리드Frank Reed 박사는 의료에 적용되는 멈춤이 "비행운을 남기지 않고 이전 순간에서 다음 순간으로 진입하게 해주므로" 중요하다고 내게 설명했다. 시대를 앞서가는 생각을 지녔던 프랭크는 점심시간에 일하는 직원들의 급여를 삭감한다는 규칙을 세웠다. 쉴 때 쉬고 근무시간에 직원들이 성실하게 자기 자리를 지키면서 오후에 병원을 찾는 환자들을 활기차게 맞이하기를 원했기 때문이다. 이 규칙으로 혜택을 입은 환자들은 프랭크에게 고마워했다. 또한 프랭크는 인턴들에게 진료실에 들어가기 전에 약 30초 동안 문밖에 멈춰 서서 육체적, 정신적, 감정적으로 자신을 준비시키라고 가르쳤다. 일부 인턴은 이것이 3년 동안 배운 것 중에서 가장 가치 있었다고 말하기도 했다.

멈춤은 우리를 기다리고 있다. 우리가 두 팔 벌려 멈춤을 받아들이기를 바란다. 하지만 독자들이여, 만난 적은 없지만 각자의 참호에서 바쁨이라는 적과 싸우고 있는 친구들이여! 나는 자신을 계발하는 일이 얼마나 힘든지 알고 있다. 사방을 둘러보라. 자기계발을 위해 따라야 한다고 생각하게 만드는, '당신은 지금 부족하다'라고 은밀히 암시하는 도전적이고 새로운 일상, 습관, 연습법이 산재해 있다. 하지만 화이트 스페이스가 주는 자유와 성과는 그저 **전략적 멈춤을 실천하기만 하면 된다.**

전략적 멈춤을 발견하고 만들어내고 자신에게 허락하라. 살아가면서 매일 아주 짧은 순간이라도 멈춤을 실천해야 자신을 변화시킬 수 있다. 완전히 멈추라. 5초 동안 멈추라. 1초만이라도 멈추라. 손에 잡히는 것을 파트너 삼아서 방을 빙빙 돌며 춤을 멈추라.

나중에 소개할 화이트 스페이스를 실천하는 구체적인 도구와 기술을 모조리 버리더라도, 내 이름을 잊거나 이 책을 찢거나 파일을 삭제하더라도, 전략적 멈춤을 양치질처럼 매일 실천하는 습관으로 만들면 삶에서 승리할 것이다. 어쩔 수 없이 일의 파도에 휩쓸려 멈춤을 잃고 현재로 회귀해 몇 주고 멈추지 않고 계속 일하고 있다는 사실을 깨닫는다면, 사실을 인정하고 자신을 용서하고 다시 시작하라. 다음 과정을 영원히 반복하라. **하루에 얼마나 멈춰야 할까?** 필요한 만큼 스스로 결정하면 된다. **타이머를 사용할까?** 좋다. **다른 이들과 함께할 수 있을까?** 물론이다.

매일 전략적 멈춤을 실천하라.

일과 삶에서 놓치고 있는 요소에 관해
생각할 시간을 가지라

- 화이트 스페이스는 일과 삶에서 우리가 놓치고 있는 요소이다. 바쁘고 정신없이 흘러가는 날들에 산소를 다시 공급하려면 화이트 스페이스가 필요하다.

- 우리는 과부하 시대를 살아가며 일하고 있다. 과도한 속도와 압박 때문에 화이트 스페이스를 빼앗기고 있다.

- 자연적으로 발생하는 모든 멈춤을 끝없이 활동으로 채우는 습관이 화이트 스페이스가 일어나는 걸 방해하고 있다.

- 전략적 멈춤을 실천하면 화이트 스페이스에 접근할 수 있고, 생각하고 고찰하고 휴식하고 창의성을 발휘할 시간을 만들 수 있다.

- 멈춤의 시간을 스스로에게 허락하라. 무슨 일이든 더욱 잘할 수 있다.

▶▶ 생각해 보기

가장 최근에 일을 전혀 하지 않는 시간을 자신에게 거리낌 없이 허락한 때는 언제인가?

2장

바쁨이라는 우상

해도 해도 일이 끝나지 않는 이유

○
일은
먹방 대회가
아니다

많은 상황이 속속 끼어들며 우리를 바쁜 생활 속으로 밀어 넣는다. 주위에서는 과로하며 일에 몰두하는 모습을 미화한다. 생산성을 높여 준다는 마음을 혹하게 만드는 기술이 등장해 바쁘게 살라고 우리를 유혹한다. 순교자라도 되는 양 자신을 희생하며 일에 몰두하는 팀원들이 공개적으로 보상을 받는다. 하지만 이러한 현상은 외부와 단절된 상태에서 일어나지 않는다. 따라서 자신에게 화이트 스페이스가 부족한 원인을 파악하고 그럼으로써 치러야 하는 대가에 주목해야 한다. 무엇이 과로로 향하는 무빙워크에 우리를 올려놓는가? **탐욕**insatiability, **순응**conformity, **낭비**waste 이다. 이 세 주요 요인은 우리에게서 산소라는 보물을 빼앗고, 삶에 휴식이 반드시 필요하다고 인식하는 능력을 위협한다.

탐욕

●

　많은 대학생들이 시험을 앞두고 벼락치기 공부를 한다. 새벽 두 시 기숙사 책상에 둘러앉아서 밤늦게 푸드 트럭에서 사온 음료를 마시고 피자를 베어 물며 정신없이 공부한다. 3개월 동안 배운 내용을 12시간 안에 뇌에 꾸역꾸역 집어넣는다. 천문학 개론 수업에 재미를 붙이지 못해서 성실하게 출석하지는 못했너라노 어쨌거나 시험을 앞두고 부실한 출석률을 만회하기 위해 뇌가 터지기 일보 직전까지 정보를 계속 구겨 넣는다. 그러고는 위태롭게 쌓아 올린 지식이 시험을 치를 때까지 엉키지도 무너지지도 않기를 기도하면서 머리를 흔들지 않도록 조심하며 베개를 베고 한두 시간 쪽잠을 잔다. 이렇게 전쟁을 치르듯 시험을 보고 일주일만 지나면 공부한 내용은 모조리 거품처럼 증발한다.

　학교를 졸업한 후에도 벼락치기 습관은 여전히 남아있다. 우리가 준비하고 있는 시험은 **"나는 충분히 많이 일했을까?"** 라는 질문을 던지며 매일, 매년, 평생 자신을 되돌아보는 것이다. 사람들은 살아가며 일을 자꾸 보탠다. 무슨 일이든 최대 용량으로 키워 다채로운 콜라주를 만들 듯 업무와 행사를 일정에 계속 밀어 넣는다. 하지만 문제는 "내가 충분히 많이 일했을까?"라는 질문 자체가 예외 없이 잘못되었다는 점이다.

　내 동료들과 고객들 중에는 양적 가치를 추구하며 자부심을 느끼는 사람들이 있다. 그들은 전력을 기울여 헌신적으로 일한다. 쉬지 않고 산을 오르는 것이 필요할 뿐 아니라 옳다고 믿으며, 그러다보면 결국 정상에 도달하고 보상을 받으리라 믿는다. 리더는 성장과 경쟁 우위를 목표로 '**더 많이**'를 외치며 울리는 사이렌 소리에 신경을 곤두세운다. 총 수입과 이익의 관점에서 생각할 때 '더 많이'만큼 우리에게 유혹적인 단어는 찾기 힘들다.

'더 많이' 추구하라는 압박이 사생활에 작용하면 어떤 모습일까. 지나치게 많이 사들인 신발, 사기는 했지만 사용하지 않는 가전제품과 도구들이 창고에 쌓인다. '더 많이' 추구하는 삶은 끊임없이 먹이를 공급받아야 하는 괴물로 진화한다.

크레이그도 이렇듯 소모적인 욕망에 사로잡혀 있었다. 그는 집이 자기 삶을 게걸스럽게 삼키고 있다고 호소했다. 아내와 아이들과 아름다운 집에서 생활하기 위해서 왕복 4시간을 출퇴근에 써야 했다. 풍족한 생활수준이나 높은 사회적 지위를 좇는 많은 가족과 달리 크레이그 가족은 남편, 아빠와 더 많은 시간을 함께 보내고 싶다는 뜻을 분명히 밝혔다. 하지만 크레이그는 멋진 집에서 살고, 좋은 자동차를 굴릴 때 느끼는 자부심을 포기할 수 없었다. 결과적으로 온갖 고통이 따랐다.

직업적으로 사람들이 보이는 과잉보상overcompensation(상상이나 실제의 결핍을 메우려고 개인이 지독하게 노력하는 것-옮긴이) 행동은 부분적으로 '커브 어필curb appeal'에서 생겨난 왜곡 때문에 발생한다. 커브 어필은 앞에서 봤을 때 한눈에 들어오는 집의 시각적 매력을 일컫는 부동산 용어이다. 현관에 놓인 원목 흔들의자를 보고 마음이 훈훈해지고, 현관 머리 위로 흐드러지게 피어 늘어진 진홍색과 보라색 부겐빌레아 넝쿨에 시선을 빼앗기다보면 금이 간 바닥을 결코 보지 못한다.

직장에서 커브 어필은 개인, 팀, 기업에 담긴 온전한 진실이 아니라 외부에서 바라보는 시선이다. 그렇다면 무엇이 진실인지 누가 알겠는 가? 시답잖은 말들이 오가는 행사에 참석했다고 치자. 성장과 이익에 대해 늘어놓는 허풍, 지나치게 멋져서 사실이라고 믿기 힘든 이야기들 이 오간다. 진실을 실토하게 만드는 액체를 촉에 바른 화살을 쏴서 이 말들을 애초에 잠재우고 싶은 마음이 굴뚝같다. 어떤 CEO도 기업도 사 업가도 외부 평판이나 웹 페이지에 소개된 모습을 전부 갖추고 있지는 않다. 나는 지금껏 커튼 뒤에서 펼쳐지는 그들의 실체를 목격해 왔다. 하지만 표면적으로 그들이 성공하고, 행복하고, 영리하고, 더 열심히 일 하는 것처럼 보인다는 건 분명하다. 이러한 커브 어필은 얄팍한 피상적 관찰에 뿌리를 내리면서 '더 많이' 일하라고, 지금 정도로는 결코 충분하 지 않다고 거듭 강조한다.

문제는 '더 많이'를 추구하는 과정은 지속 가능하지 않는다는 것이다. 건전하고 인간적인 작업 방식을 갖추도록 기업이 나서서 지원하지 않으 면, 직원은 개인적인 고통을 겪을 것이고 회사 안에서도 자신의 가치를 제대로 발휘하지 못할 것이다. 노동자가 극도의 피로에 시달리는 것은 현실이다. 어느 때보다 노동자의 삶은 위협받고 있다. 갤럽 조사에서 노 동자의 44%는 이따금씩 극도의 피로를 느끼고, 23%는 자주 피로를 느 낀다고 응답했다. 딜로이트Deloitte에 따르면 오늘날 직원의 3분의 2는 "일이 버겁다"고 느끼고, 남성 노동자의 무려 80%는 노동시간을 줄이고 싶어 한다. 우리는 노동시간이 줄어든 세상을 상상하면서 그러한 세상 을 의도적으로 만들어내야 한다.

'더 적게' 개념이 우리를 해방시킨다. 휴식의 가능성을 열어준다. 더욱 현명하고 생산적으로 일하도록 돕는다. 마이크로소프트재팬은 사내에서 주 4일 근무제의 효과를 검토하고 나서, 간접비가 4분의 1 가까이 감소하고 생산성은 40% 증가했다고 발표했다. 찰스 다윈과 찰스 디킨스는 편지를 쓰고, 사람을 만나 점심 식사를 하고, 오후에 한참 동안 산책하면서 하루 4~5시간 일하면서 책을 각각 19권과 21권이나 썼다. 우리가 제대로 시도한다면 '더 적게'는 새로운 형식의 '더 많이'가 될 수 있다.

어떤 기업은 '더 적게'를 사업 계획의 일부로 삼는다. 사우스웨스트항공에서 28년 이상 근무하면서 현재 최고커뮤니케이션책임자로 재직하고 있는 린다 러더퍼드Linda Rutherford는 사우스웨스트항공이 세계에서 유일하게 단일 기종을 운행한다고 언급했다. 사우스웨스트항공은 보잉737만 운행한다. 애초에 그렇게 결정한 것은 경제적 이유 때문이었다. 보잉737의 공급이 과잉되면서 재고가 발생해 가격이 쌌으므로 신생 항공사 입장에서는 투자를 극대화할 수 있었다. 하지만 다른 방향으로 생각하는 기류가 사내에 형성되기 시작했다고 린다는 설명했다. "나름대로 장점이 있었어요. 단지 한 종류의 비행기를 대상으로 승무원, 조종사, 기술자를 훈련시킬 수 있었죠. 정비소에는 단일 기종에 들어가는 부품을 쌓아둘 수 있었고요." 모두 '더 적게'를 선택하면서 얻은 효율성과 단순함에서 얻은 이익이었다.

심지어 돈을 더 적게 벌더라도 직원에게 더 나은 경험을 안기는 여지를 만들어내는 기업들도 있다. 나는 미국 서부에서 인기를 끌고 있는 인앤아웃버거 체인점과 일할 때 이러한 자제력을 발휘한 고무적인 사례를 목격했다. 그들은 신선도를 유지하며 군침 도는 햄버거, 감자튀김, 밀크 셰이크를 만든다. 메뉴의 제조 방식을 익히 알고 있는 고객들은 지금은 더 이상 비밀이 아니지만 여러 해 동안 '비밀 메뉴'를 즐기며 열광 팬 층을 구축했다(인앤아웃은 창업 이래 적은 수의 메뉴만을 판매하고 있으며, 소비자는 이를 다양하게 조합해 입맛에 맞춰 '비밀 메뉴'를 주문할 수 있다-옮긴이).

인앤아웃은 직원들에 대한 대우가 좋기로 유명하다. 인앤아웃은 직원과 직원 가족들에게 지불하는 보상의 일환으로 상당한 돈을 써서 호화로운 여행을 보내준다. 나는 이 정책에 대해 부사장인 아니 웬싱어 Arnie Wensinger에게 물었다. 웬싱어는 인앤아웃이 사기업이지만 최대 이윤을 추구하기보다는 축하와 인정을 선택하려 한다고 대답했다. 무엇보다 그가 말했던 한마디를 결코 잊을 수 없다. "우리 회사는 이익을 많이 거두고 있으며 조금이라도 더 거두기 위해 쥐어짜지 않습니다."

프로젝트 관리 소프트웨어 기업인 베이스캠프 Basecamp에서 CEO로 재직하는 제이슨 프라이드 Jason Fried는 스스로 말하듯 "억제하지 않은 행동은 승인한 행동이다"라는 신념을 가지고 '덜함'이라는 건전한 전략을 중심으로 기업을 운영한다. 자신의 저서 《일을 버려라 It Doesn't Have to Be Crazy at Work》에서는 배구 경기 시즌 동안 업무를 줄임으로써 직원들이 주당 32시간만 일하며 기분을 전환하고, 감사한 마음을 품고, 업무에 더욱 집중하게 만들 수 있었던 과정을 설명했다. 그리고 베이스캠프는 "차분한 calm" 기업으로 성장한다는 목표를 세우고, 방해받지 않는 시간을 할애해 주의를 분산시키지 않고 소프트웨어를 신속하게 개발할 수 있도록 회의 수를 줄였다. 베이스캠프에는 덜함 개념이 많이 존재하므로 혼란이 적고, 위계질서가 약하고, 프라이드의 표현대로 허튼소리가 적다.

　이러한 기업들의 선택 이면에는 숨은 의도가 있다. 각 선택은 단순성, 논리, 자제의 가치에서 싹터서 현실로 나타난다. 정말 신선한 관점이지 않은가! 설사 선택이 규범을 거스른다 하더라도 우리 스스로 선택하므로 정말 위안을 받는다! 우리에게는 이처럼 설계하는 자유가 필요하다. 하지만 이런 자유를 활용하려면 정반대로 행동하려는 경향이 자신에게 있음을 이해해야 한다. 다시 말해서 무조건적이고 탐욕스럽게 순응하는 자세를 취해서 마치 주머니쥐처럼 절벽을 향해 맹목적으로 나아가는 경향이 있음을 깨달아야 한다.

순응

●

　사실 직장에서 덜함을 채택하고 정기적으로 멈춤을 실천하도록 승인받기는 힘들다. 주위에 그런 사람이 많지 않기 때문이다. 오늘날 화이트 스페이스가 부족한 데는 이러한 환경이 야기하는 순응의 문화가 강력히 작용한다. 내 아버지인 앨런 펀트Allen Funt는 순응에 담긴 미묘한 뜻과 효과를 매우 적절하게 설명했다. 좀 더 젊은 세대는 기억하지 못하겠지만 아버지가 진행했던 '**몰래 카메라**Candid Camera'는 사람들이 연출된 상황에 실제로 어떻게 반응하는지를 최초로 관찰한 텔레비전 프로그램이었다. 일요일 밤마다 여러 세대를 아우른 가족들이 팝콘을 앞에 놓고 모여 앉아서 최근 에피소드를 시청했는데, 이 프로그램은 나중에 생긴 후속 프로그램들과 달리 출연자들의 행동을 비웃지 않고 모두 함께 웃으며 즐겼다. 아버지도 시청자만큼 프로그램을 사랑했고, 혼자 앉아 편집본을 보다가 너무 심하게 웃는 바람에 의자에서 떨어지기도 했다.

굉장히 유명한 장면의 하나는 "뒤쪽을 향해 돌아서라Face the Rear"였다. 실험 도우미들이 엘리베이터를 타고 실제 승객이 들어올 때까지 기다린다. 그러다가 신호를 받으면 돌아서서 엘리베이터 뒤쪽을 바라본다. 그러자 피험자들도 뒤따라 돌아선다. 실험 도우미들이 왼쪽을 향해 몸을 돌리자, 피험자들도 따라 한다. 실험 도우미들이 모자를 벗자, 피험자들도 따라서 모자를 벗는다.

이 무의식적인 모방은 '사회적 순응social conformity'이라 불린다. 우리는 남을 따르고, 따르고, 또 따른다. 다른 직원들이 퇴근 시간 이후에도 계속 일하면 우리도 그렇게 한다. 남들이 나무를 쪼는 딱따구리처럼 쉴 새 없이 이메일을 확인하면 우리도 그렇게 한다. 동료들이 정보를 수집하면 우리는 더욱 더 많은 정보를 수집한다. 이렇듯 피드백 고리는 연속적이고 상호적으로 작용한다. 동료들은 더 빨리 달리면서 결코 멈추지 않고, 우리도 동료들을 따라 똑같이 행동한다.

사회적 순응의 효과는 일종의 세뇌 작용을 거치며 증폭된다. 《맨츄리안 캔디데이트Manchurian Candidate('세뇌당한 사람'이라는 뜻으로 리처드 콘던의 동명 소설이 영화로 제작되었다—옮긴이)》나 조지 오웰George Orwell의 작품에 나오는 세뇌를 가리키는 것도 아니고, 고의적인 악의가 담겨 있다고 말하는 것도 아니다. 그렇지만 직업을 가져본 사람이라면 노동자들이 특정 방식으로 세상을 보도록 '무의식적으로 재교육받고 있다'는 말에 고개를 끄덕일 것이다. 현명한 사람들이 비논리적인 개념에 익숙해지고 이를 용인하는 것은 바로 이 같은 미묘한 심리적 전환psychological conversion 을 통해서다.

대형 회계 법인에서 막강한 권력과 지위를 행사하는 고위 중역인 데 본의 사례를 살펴보자. 데본은 책임자 자리에 있지만 매일 쉴 틈 없이 빽빽한 일정을 소화하느라 화장실에 갈 시간조차 내기 힘들다. 한번은 연속으로 네 건의 회의에 참석하기도 했다. 전술적으로는 네 건 중에서 마지막 회의에만 참석하면 됐지만 팀에서 데본이 회의에 참석해 주길 원했기에 데본은 거절하지 않았다. 네 번째 회의를 시작할 무렵에 이르러선 데본은 회의 내용을 거의 외우다시피 했고, 그러다보니 포획되어 밧줄에 묶인 코끼리처럼 무기력하게 앉아있었다. 막강한 권한을 행사하는 리더가 어떻게 이렇게 시간을 낭비하게 되었을까? 데본이 과도한 노동을 숭배하는 문화에 세뇌되어 이를 맹목적으로 따랐기 때문이다.

직접 만나서 대화하자고 요구하는 것 또한 화이트 스페이스를 위협하는 강력한 순응적 문화에서 비롯한다. 내 경험으로 보건대 전형적인 기업 환경에서 근무했던 직원은 대면 근무 방식에 젖어 있다. 그래서 메일을 보낼 때마다 나를 참조인에 포함시키지만 좀 더 폭넓게 생각해 보자. 그러면 우리 기업의 문화가 '결과 중심 근무 환경Results Only Work Environment, ROWE'을 지향한다는 사실을 깨달을 수 있을 것이다. ROWE는 직원의 근무시간이나 장소가 아니라 결과에만 신경을 쓴다는 뜻이다. 결과만 좋다면 직원들이 주말에 일하든, 주중에 일하든, 저녁에 일하든, 아침에 일하든, 사무실에 틀어박혀 일하든, 잔디밭에서 뒹굴며 일하든, 카페에서 음악을 들으며 일하든 신경 쓰지 않겠다는 뜻이다.

과도기에 한 팀원이 겪은 경험이 내 기억에 남아 있다. 어린아이 둘을 키우며 투철한 직업의식을 가졌던 그 팀원은 근무한 지 2주가 지났을 때 내게 이메일을 보내 "목요일에 딸을 소아과에 데려가야 하는데 외출해도 될까요?"라고 물었다. 나는 제목 칸에 ROWE라고 적고 내용 없이 웃는 얼굴만 띄워 답장을 보냈다. 그 후에 그녀에게 다시 메일을 받았다. "다가오는 결혼기념일에 부부 여행을 다녀올까 생각하고 있습니다." 나는 다시 "ROWE: 축하해요"라고 답장을 보냈다. 그 팀원이 미리 정해져 있는 업무 시간에는 자리를 지켜야 한다는 뿌리 깊은 습관을 깨기까지는 몇 달이 걸렸다.

기존 질서에 순응하고 세뇌당한 사람들은 기업이 벌이는 헝거 게임 hunger game(무차별적으로 서로 죽이고 마지막 생존자가 이기는 게임-옮긴이)에 뛰어들어 경쟁하듯 말한다. "나는 새벽 두 시까지 일했어요." "나는 점심시간에 쉬지 않아도 돼요." 상당히 많은 노동자들이 고통스러운 상황을 견뎌내면서 자신을 더욱 단단히 무장하려 한다. 그러면 일은 점점 바빠지고, 책임은 더욱 무거워지고, 좌절감은 계속 쌓일 뿐이다.

이처럼 다른 사람들을 모방하는 데서 벗어나는 것이야말로 화이트 스페이스를 확보하기 위한 기본 단계이다. 또 다른 사람들도 그렇게 하라고 격려할 수 있다. 사회적 순응에 관한 연구를 선도하는 솔로몬 애쉬 Solomon Asch는 소규모 집단에서 다수의 선택에 한 사람만 반대하더라도 이러한 순응성을 80% 감소시킬 수 있다고 밝혔다. 규모가 더 큰 집단에서 반대자 한 사람이 미치는 영향은 그 정도까진 아니지만 그래도 상당히 크다. 만약 당신이 경력이 많지 많거나 다른 이유들 때문에 이러한 종류의 영향력을 행사할 힘이 없다고 느낀다면, 야망을 절제하되 포기 하지는 말라. 만약 당신의 용감하고 지적인 선택이 자신, 팀, 부서의 생 각을 전환하는 촉매제로 작용한다면 어떨까? 당신의 일상에 산소를 불 어넣어 동력을 생성하고, 팀원에게 본보기를 보이고, 모방에서 벗어나 는 사고방식을 갖도록 소속 집단을 움직인다면 어떨까? 당신의 행동이 주변에 '긍정적인 순응'을 일으키는 도화선이 될 수 있지 않을까?

낭비
●

탐욕은 '더 많이 일해야 해'라고 외치고, 순응은 '다들 그렇게 하니까'라고 타이른다. 그리고 낭비는 '어리석게 일하게 만들어서' 우리 에게 필요한 멈춤을 실천하지 못하도록 방해한다. 특히 가치가 별로 없 는 일은 멈춤을 위협하는 가장 유감스러운 요인이다. 비용이 많이 들 뿐 아니라 사람을 몹시 지치게 만든다.

〈하버드비즈니스리뷰Harvard Business Review〉는 관료주의 비만지수 Bureaucracy Mass Index, BMI를 만들어서, 기업의 '관료주의적 경화증bureaucratic sclerosis' 수준을 측정했다. 조사에 따르면 사람들은 지루한 회의에 참석하 거나, 사내 업무를 처리하거나, 결재를 하거나, 불필요한 보고서를 준비 하는 등 관료주의적 잡무를 처리하느라 노동시간의 평균 28퍼센트, 즉 일주일에 하루 이상을 소비한다. 이것은 매우 일반적인 현상이다. 하지만 일반적이라고 해서 바람직한 것은 아니다. 10대 남자아이가 비디오 게임에 사용하는 시간이 또래와 비슷하더라도 여전히 걱정거리일 수 있다. 호텔 객실에 있는 전기 콘센트의 수가 평균치라 하더라도 정작 사용할 때는 상당히 부족할 수 있는 것과 같은 이치다.

현장에서 일하는 사람들과 대화해 보면 매일 가차 없이 밀려드는 소비적인 업무를 처리하며 스트레스를 받아 가슴이 먹먹하고 화가 치밀어 오른나는 말을 듣곤 한다. 그럼에도 그들은 아침이면 언제 그랬냐는 듯 다시 씩씩하게 출근해서 미소를 지으며 일한다. 하지만 이러한 불행을 애써 참으면 기업은 직원의 유지, 사기, 만족, 참여 측면에서 톡톡히 대가를 치러야 한다. 현실적으로 건강, 행복, 일과 삶의 균형 면에서 개인이 치르는 대가도 상당히 크다. 이 상태로는 계속 힘차게 일할 수 없을 뿐더러 감옥에서 탈출할 수 있는 방법을 절대 찾을 수 없다.

바쁨으로 지출되는 숨겨진 비용

●

바쁨이 기업과 개인에게 미치는 악영향을 조사하는 것만으로 변화의 필요성을 충분히 느끼지 못한다면, 재정적인 측면을 살펴보자. 돈은 모든 사람이 사용하는 공용 언어이므로, 바쁘기만 하고 쓸데없는 일busywork에 대해 살펴보려면 돈에 귀를 기울여야 한다.

시간을 낭비하는 활동으로 일정을 채워 인재를 임계점까지 밀어붙이는 기업들은 달러를 문밖으로 던져버리는 것과 다름없다. 하지만 돈을 얼마나 낭비하고 있는지 측정하고 있지 않으니 변화를 시도하지 않는다. 회의가 너무 지루해서 참석자들이 펜과 종이로 행맨 게임hangman (교수대에 매달려 있는 사람을 그려가면서 단어 철자를 맞춰가는 게임-옮긴이)을 하거나 아무도 읽지 않을 낙서를 끼적일 때 발생하는 손실은 기업의 손익표에 전혀 드러나지 않기 때문이다. 이러한 행동은 눈에 띄지 않게 조용히 이루어지지만 이 때문에 치러야 하는 대가는 엄청나게 크다. 우리는 고속도로를 가로지르는 주머니쥐처럼 미래에 어떤 일이 생길지 모르는 상태로 정처 없이 걷는다. 바쁨으로 인한 손실을 깨달으려면 훨씬 더 큰 고통이 필요하다. 레고 블록을 밟았을 때 느끼는 수준의 고통을 겪어야 한다. 현실을 깨닫는 최고의 방법은 계산기를 두드리는 것이다.

연봉 10만 달러를 주기로 하고 한나를 최고운영책임자COO로 고용한다고 치자. 한나는 가치 있는 업무와 낭비하는 업무에 시간을 어떻게 배분하든 같은 연봉을 받을 것이다. 매 순간 가치 있는 업무를 수행하거나, 사업을 혁신하거나, 업계에서 수여하는 상을 받거나, 회의실에서 주주들이 어깨춤이라도 출 만큼 실적을 올리더라도 한나는 같은 연봉인 10만 달러를 받을 것이다. 이와 반대로 받은 메일함이라는 울창한 숲에서 헤어나오지 못하고, 목적 없이 허둥대느라 하루의 절반을 보내고, 불필요한 회의에서 실속 없이 이런저런 일을 하느라 나머지 절반을 찔끔찔끔 낭비하더라도 한나는 같은 연봉인 10만 달러를 받을 것이다. 진실은 어떤 모습일까?

재능 있는 직원으로부터 최대의 이익을 끌어내고 싶다면 기업은 직원이 가치가 낮은 업무에 매달릴수록 손실이 발생한다는 사실을 이해하

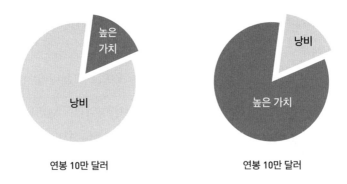

높은
가치

낭비

낭비

높은 가치

연봉 10만 달러

연봉 10만 달러

고 기업의 '선택'을 직원에게 알려야 한다. 여러 해 동안 우리 회사는 저 가치 업무에 붙은 가격표를 계산할 수 있도록 조직을 돕는 일을 해왔다. 우리는 중견 기업부터 〈포천Fortune〉 선정 100대 기업까지를 대상으로 기존의 정보를 수집해서, 조직 입장에서 줄이고 싶은 낭비의 기준선을 파악하는 작업부터 시작한다. 급여 데이터를 사용해 비용을 철저하게 분석함으로써 매시간의 가치를 결정한다. 기업에서 시간 낭비가 발생하는 영역은 어디일까? 기업은 무의미한 회의를 열고, 수신자나 참조자로 받은 불필요한 이메일에 대한 답장을 작성하여 주고받고, 채팅과 메신저와 기타 여러 디지털 채널을 사용해 추가로 의사소통한다. 사업에 전술적으로 적합한 정도보다 더 깊은 수준으로 보고서를 작성하고, 일시적인 기분에 따라 서로를 방해해 업무로 복귀하는 시간을 지연시키고, 업무 과부하 환경에서 발생하는 직원의 이직과 유지에 따른 비용을 지불한다. 바쁘기만 하고 쓸데없는 업무를 처리하느라 **기업이 낭비하는 금**

액은 전문 인력 50명당 평균 잡아 연간 100만 달러 이상이다. 이 계산에 담긴 진실을 살펴보자. 나는 이 내용을 읽으면서 당신이 약간 화가 나기를 바란다. 특히 돈을 지불하는 입장인 고용자라면 특히 그러기를 바란다. 아니, 가능하다면 화를 내는 정도를 넘어서서 분노하기를 바란다. 제조업계라면 이 정도의 비효율성을 결코 용납하지 않을 것이다. 만약 공장에서 이 정도로 많은 낭비가 발생한다면 경고음과 함께 영화 〈미션 임파서블Mission: Impossible〉의 주제곡이 울려 퍼지면서 린 식스 시그마Lean Six Sigma(품질, 문제 해결, 변동 최소화에 초점을 맞춘 식스 시그마의 원칙과 가치, 지속적인 개선, 낭비 제거에 초점을 맞춘 린과 결합해 만든 원칙-옮긴이) 컨설턴트들이 비효율성을 종식시키라는 임무를 부여받고 가는 줄을 타고 천장에서 내려올 것이다. 하지만 지식 노동자들이 근무하는 환경에서는 대개 어깨를 으쓱하며 "이것이 우리가 일하는 방식이야"라는 대꾸만 나올 것이다.

반드시 이런 방식으로 일할 필요가 없다는 걸 알았으면 좋겠다. 팀의 규모를 줄이면 마땅히 처리해야 하는 업무량을 제대로 소화할 수 없다고들 말하는가? "이런 식으로는 업무를 처리할 수 없어요. 이미 9명이 14명 몫의 업무를 처리하고 있는 걸요." 이렇게 말하는 사람들이 깨닫지 못하고 있는 사실이 있다. 팀의 업무 방식을 검토해 보면 다르게 활용할 수 있는, 잘못 사용되고 있는 시간이 숨어 있다. 만약 이러한 시간들을 줄이면 9명이 9명 몫의 업무량을 처리할 수 있을 뿐 아니라 약간의 화이트 스페이스까지 확보할 수 있다. 전문직 종사자들이 이러한 이익을 누리려면 무관심의 고리를 끊고, 건전한 수준에서 불편하지만 필요한 질문을 스스로에게 해야 한다.

- 보유한 재능의 가치를 감안해서 계산했을 때, 바쁘지만 쓸데없는 저가치 업무로 소비되는 숨은 비용은 무엇일까?
- 불필요한 업무에 집중하느라 너무 바쁜 나머지 팀이 혁신, 문제 해결, 고객 서비스 분야에서 놓치고 있는 귀중한 기회는 무엇일까?
- 이따금 일성을 비우고 뒤로 물러서서 각 고객에 대해 좀 더 깊이 생각할 수 있다면 영업 사원들은 어떤 식으로 계약 성공률을 높일 수 있을까?
- 리더가 결정을 내려야 하는 책임에서 벗어나 시간을 자유롭게 사용하는 경우에는 무엇을 달성할 수 있을까?

여기서 한 가지 질문을 더 던져야 한다. 즉 당신 역시 치르고 있을 개인적 대가와 인적 비용에 관해 물어야 한다. 위 질문들에 **'나는 어떤가?'** 라고 스스럼없이 자문하고 대답을 들을 용기가 있는가? 본디 일이란 목표를 달성하는 동시에 헛된 노력이 될 가능성을 내포한다. 위 질문은 이두 가지 근본적인 지점을 자극한다. **'나는 어떤가?'** 아마 당신도 그동안 나와 내 고객처럼 대가를 치렀을 것이다. 후회는 받아들이기 쉬운 감정은 아니지만 잘못된 경로를 수정하도록 도울 것이다.

온통 벽돌뿐 모르타르가 없다

●

이 책을 읽고 있을 많은 독자들이 이제 깨닫기 시작할 것이다. '나와 동료들은 생각할 시간이 없다. 그래서 매일 내 최고의 모습을 끌어내기 위해 에너지를 재충전할 수 없다. 멈춤의 시간을 반드시 확보해야 하지만 현재로서는 능력 밖이다.' 자, 이제 당신이 목적지에 도달할 수 있도록 내가 도와주겠다. 일단 당신이 근무하는 조직의 규모가 크다면, 무엇보다 먼저 당신의 좋은 의도를 해칠 수 있는 몇 가지 실수를 피해야 한다.

보통 이러한 문제를 해결하기 위해 대기업은 단순화, 효율성 향상, 생산성 훈련을 앞세워 목표를 언급하고, 업무 조직과 관련한 예측 가능한 사항부터 조정하기 시작한다. 가장 먼저 조직 개편을 반복해 실시한다. 하지만 안타깝게도 인사이동만으로는 근무 방식을 바꿀 수 없다.

다음 단계에서 리더들은 기술 향상, 자동화, 린 식스 시그마나 표준 작업 등 업무를 단순화하는 방법들을 검토하고 선택한다. 이런 조정은 나름대로 가치가 있다. 우리 회사에서는 업무 조직상의 변화를 가리켜 효율성의 집을 쌓는다는 맥락에서 **벽돌**bricks이라 부른다.

하지만 대부분의 기업들은 업무 조직의 변화들 사이에, 즉 벽돌과 벽돌 사이에 **모르타르**(주로 벽돌을 접착시킬 용도로 사용하는 반죽-옮긴이)를 채워 넣지 않는다. 모르타르는 행동 변화를 가리킨다. 모르타르를 사용하지 않은 집은 전체적으로 불안정하다. 팀원이 불필요한 요청을 거절하거나, 글을 간결하게 쓰거나, 방해받지 않고 집중하는 능력을 서로 지켜주기 위해 충동을 억제하는 방법을 알지 못하면 매우 오랫동안 업무 조직을 개편하더라도 효율적인 상태에 도달할 수 없다.

기업들이 모르타르를 간과하는 것은 노력이 부족하기 때문이 아니라, 모르타르의 중요성을 배우지 못했기 때문이다. 다국적 보험사에서 최고교육책임자Chief Learning Officer로 재직 중인 코리 르위스Corey Rewis는 작업 흐름을 개선하기 위한 조직적 전략 중 하나는 공모전이었다고 말했다. 직원들은 업무를 간소화하기 위해 아이디어를 제출했고, 시간이나 돈을 가장 많이 절약하는 아이디어를 제출한 직원에게 상이 돌아갔다. 양식과 서류 작업의 간소화, 고객 트래킹 소프트웨어에서 필드 축소, 스프레드시트 계산의 자동화, 기타 수십 가지의 업무 개선책을 포함해 3년 동안 많은 긍정적인 제안이 채택되었다. 하지만 행동에 관한 제안, 즉 직원이 행동하고 상호작용하는 방식에 관한 제안은 얼마나 있었느냐는 내 질문에 르위스는 몹시 당황했다. 순간적으로 정곡을 찔리자 계면쩍은 듯 미소를 지으며 전혀 없었다고 대답했다. 벽돌은 쌓았지만 모르타르를 채워 넣지 않았던 것이다.

기업들이 직원의 행동을 변화시킨다면서 단속적이고 근거 없는 조치를 취하는 경우가 많은데, 이러한 움직임은 쉽게 역풍을 불러온다. 당신 회사만 보더라도 아주 일반적인 예로 금요일에 회의를 금지하거나, 이메일 에티켓 수업을 실시하거나, 발표용 슬라이드의 수를 줄이거나, 포스터로 작성하기에는 멋있지만 일관성 있게 통합되지 않는 효율성을 높이기 위한 규칙이나 슬로건들을 발표했을 것이다.

이러한 단속적인 변화가 어떻게 흘러갈지는 충분히 예측할 수 있다.

금요일에 회의를 금지하는 규칙을 정했다 치자. 첫 달에는 모두 충실하게 지킨다. 두 번째 달에는 너 나 할 것 없이 낮은 목소리로 토를 달기 시작한다. "금요일이라는 것은 알지만 **정말** 만나서 의논해야 합니다." 세 번째 달에는 금요일에 회의를 금지한다는 규칙이 떠난 먼지 풀풀 날리는 폐허 속에서 콧방귀를 뀌며 버젓이 금요일에 회의를 한다. 이러한 패턴은 실패보다 더 좋지 않은 상황을 초래한다. 항생제에 내성이 생긴 박테리아를 만들어내는 것이다. 바쁨에 맞선 싸움에서 공개적으로 패배할 때마다 결코 바쁨을 누를 수 없다는 믿음이 강건해진다. 싸우려 해봤자 헛수고라고 스스로 입증하는 계기가 될뿐더러 이때 생긴 체념이 이러한 믿음을 굳힌다.

나는 클라이언트 기업의 주민이 아니라 구경꾼이다. 그 기업의 직원으로 일해본 적이 없다. 하지만 조직 내부의 '주민'과 함께 일하며 깊은 공감 능력을 발달시킬 수 있었고 그 능력은 시간과 더불어 계속 풍부해졌다. 덕택에 직원에게는 보이지 않지만 바쁨에서 벗어나는 번쩍이는 출구 표지를 식별할 수 있는 객관성을 갖출 수 있었다. 따라서 나는 계속해서 더욱 바람직한 방법을 찾을 수 있는데 이 책을 읽는 당신 역시 곧 그럴 것이다. 모든 사람을 결집시킬 수 있는 기준이 되는 틀을 제공하는 동시에 행동 변화를 가리키는 모르타르를 채워 넣어 벽돌을 강화하는 방법을 찾아 소개할 것이니 기다려 달라.

승리할 수 있다

●

솔선수범하는 직원들이 있다. 그들은 조직 안에서 일어나는 현상을 정직한 시선으로 보려고 할 뿐 아니라 기꺼이 거울을 들여다보며 자신을 되돌아본다. 영업 담당 임원인 케빈도 그랬다. 배려하고 공감하는 태도로 사명감을 갖고 부하 직원을 대했다. 직원들에게 많은 걸 요구했고, 직원들은 그 요구에 부응했다. 하지만 담당 부서에서 화이트 스페이스 솔루션을 실시한 첫날 케빈은 냉혹한 사실에 직면했다. 자신이 생각했던 만큼 팀은 집중력을 발휘하지 못해왔으며 업무에도 만족하지 못했던 것이다. 우리 회사가 케빈 밑에서 일하는 관리자들을 대상으로 실시한 설문 조사의 결과를 보여주었을 때, "당신은 직장에서 매일 스트레스를 받고 있나요?"라는 항목에 대한 대답을 뚫어져라 들여다보던 케빈의 표정을 지금도 잊을 수 없다. 모든 사람이 스트레스를 느낀다고 대답했던 것이다. 100퍼센트였다. 수십 년 동안 회사에 헌신해온 케빈에게 찬물을 끼얹는 결과였다. 케빈은 고개를 들면서 내게 비장하게 말했다. "이 문제를 바로잡을 수 없으면 자리에서 물러나겠습니다."

우리와 함께 일하면서 케빈의 팀은 업무 전반에 화이트 스페이스를 적용하는 새로운 사고방식을 채택했다. 그들은 쓸데없는 업무를 용인하지 않는 정책을 세우고, 그 일환으로 정규직 직원들이 해마다 근무시간의 58퍼센트에 해당하는 1,200시간을 소모하는 걸로 파악된 특정 월간 보고서를 없앴다. 대신 자료를 정리하는 데 직원 1인당 매달 3분밖에 안 걸리는 "월간 최고 성과" 발표로 대체했다.

케빈의 팀은 할 일이 정해져 있지 않은 시간을 몹시 싫어하는 기업의 속성을 알고 있으므로, 새로 얻은 자유 시간을 치열하게 보호했다. 이유를 납득하지 못하고 언제라도 접촉하고 싶어 하는 외부 동료들이 항의했지만 팀은 오전 8시에서 9시까지를 "생각하는 시간"으로 정했다. 회의와 회의 사이에 25~45분의 공백을 할애해 엄격하게 지켰다. 일 년 후 추적 조사를 실시한 결과를 보면 다른 성과들 말고도 스트레스가 20퍼센트 감소하고 업무 달성도는 22퍼센트 증가했다. 케빈은 수치상으로 성과를 거둔 것을 뿌듯해하면서도, 무엇보다 팀원들이 더욱 차분해지고 업무를 스스로 통제한다고 느끼게 되었다며 고마워했다.

불길을 일으키기 위하여

·

이 책 1부의 목표는 탐욕의 문화가 만든 일종의 최면 상태를 깨는 것이다. 지금까지 우리는 과부하로 인한 고통을 더욱 예리하게 인식하고, 바쁨에 따르는 비용을 계산하고, 더 많은 걸 추구하는 습관에 따른 오류를 살펴보았다. 2부 '화이트 스페이스로 향하는 길'에서는 새로움으로 우리를 끌어당기려는 비전에서 밀려난다는 생각이 야기하는 고통에서 우리를 구원할 방법을 알아볼 것이다.

꿈을 실현하고픈 마음을 북돋우기 위해 짬을 내서 자신의 업무에 대해 다시 상상해 보자. 머릿속을 깨끗이 비우고 내가 일하고 싶은 이상적인 환경을 그린 뒤 자신이 어떤 모습으로 비치고 싶은지 상상하라. 업무는 어떻게 느껴질까? 차분하고 창의적이고 역동적이라 느껴질까? 팀원들과의 상호작용은 어떨까? 명료하면서 편하게 얘기할 수 있으며 신뢰가 느껴지는 관계인가? 자신은 어떤가? 꺼져가는 불 속에 묻힌 불씨를 다시 훨훨 타오르게 하고 싶은 재능이나 목표가 있는가?

그 꿈이 진정한 서비스를 제공하는 것이든, 창의성을 펼치는 것이든, 진심을 다해 직원을 이끄는 것이든, 품위 있고 효율적으로 일하는 직장 문화를 설계하는 것이든 화이트 스페이스라는 강력한 풀무를 사용해 바쁨에 산소를 공급할 차례다.

바쁨이라는 우상에 관해
생각하는 시간을 가지라

- 탐욕은 더 좋은 것을 더 많이, 끊임없이 원하는 욕망이다. 자신의 탐욕에 의구심을 품어야 하고 다른 사람을 납득시킬 수 있어야 한다.

- 사회적 순응은 문제가 되는 신념과 습관을 강화한다. 긍정적인 순응은 이러한 틀을 바꿀 수 있다.

- 우리는 시간의 측면에서 자신의 에너지와 재능을 심각하게 낭비하는 저가치 업무에 지나치다 싶게 안주한다.

- 벽돌(조직 변화)에 모르타르(행동 변화)를 채워 넣으면 효율성이라는 집을 더욱 안정적으로 지을 수 있다.

▶▶ 생각해 보기

나는 바쁨을 숭배하느라 어떤 대가를 치르고 있을까?

WHITE SPACE

2부
화이트 스페이스로 향하는 길

3장

전략적 멈춤

현실이 되는 매일 누리는 비어있는 시간

○

매일 약간의 산소가
당신을 불타오르게
할 것이다

대니엘 비숍Danielle Bishop은 노스캐롤라이나
주에 있는 파인허스트리조트Pinehurst Resort에
서 홍보 담당 이사로 일했다. 충분히 만족할 만한 직책이었다. 우아한
저녁 식사 메뉴로 스테이크 다이앤steak Diane(20세기 중반 뉴욕에서 유행했던
팬프라이 방식의 스테이크 요리-옮긴이)과 다크 초콜릿 수플레를 선정하고,
고개를 들면 아홉 번째 홀 위를 날아가는 홍관조의 모습을 지켜볼 수 있
었다. 대니엘의 화려한 직장 생활이 다른 사람의 부러움을 살 만하다고
많이들 생각할 것이다. 하지만 대니엘은 20대부터 줄곧 미래가 불투명
할지라도 언젠가 창업을 하겠다는 속내를 품어왔다. 그래서 성공을 다
짐하고 열심히 뛰었고, 아이디어가 따라가기 힘들 정도로 발 빠르게 움
직였던 것이다.

그러다 화이트 스페이스의 힘을 발견하고 새로운 방식으로 전략적 사고를 받아들이기 시작했다. 늦은 오후 그녀는 샤르도네를 담은 잔을 들고 호박색 조명을 받으며 자리에 앉아 생각했다(누구나 화이트 스페이스보다 유일하게 좋은 시간은 와인을 마시는 시간, 와인 스페이스라는 데 공감할 것이다). "진정으로 정신을 집중하면서 나의 마음이 어디로 향하는지, 마음속에서 무엇이 끓어오르는지 알아내는 시간을 자신에게 허락하는 것이 정말 중요하다."

몇 달 후 대니엘은 자신의 꿈을 믿고 휴대전화와 스프레드시트만 달랑 든 채로 직장에 사표를 던지고 에이치비하스피텔리티HB Hospitality를 창업했다. 미국 콜로라도주에 있는 브로드무어Broadmoor나 페블비치리조트Pebble Beach Resort와 같은 일을 하는 곳으로, 뛰어난 리조트를 운영하는 다국적기업들을 대상으로 그곳에서 근무하는 회의 기획자들을 한자리에 모아 행사를 개최하는 회사였다. 이를 통해 대니엘은 업계에 화이트 스페이스를 도입하고 있다는 평가를 받고 있다.

행사를 연간 10회, 나아가 20회를 개최하겠다고 목표를 세울 때도, 마침내 연간 75회를 개최하는 쾌거를 이루겠다고 결심할 때도 대니엘은 전략적으로 생각하는 시간을 할애해 자신의 열망을 스며들게 했다. 그러면서 "이때 바로 마법이 일어납니다"라고 설명했다.

2020년 경제 위기로 수입의 대부분이 증발하자 대니엘은 해결책을 찾기 위해 다시 한 번 화이트 스페이스로 눈을 돌렸다. 그녀는 이렇게 말했다. "내 정신이 자유롭게 사고하도록 내버려 두면서 머릿속에 떠오르는 아이디어를 관찰하기만 했습니다. 개중에는 좋은 아이디어도, 그렇지 않은 아이디어도 있었어요. 좋은 아이디어를 취해 팀에 전달했죠. 두 달이 채 지나지 않아서 사업 모델을 더욱 개선해 회사를 완전히 탈바꿈시킬 수 있었어요. 그 과정을 다시 거치고 싶지는 않지만 덕분에 회사는 더욱 튼튼해졌습니다."

대니엘이 특별한 사람이라 이러한 성과를 거둔 것이 아니다. 필요할 때마다 거듭해서 '멈춤'을 자신에게 허락했을 뿐이다. 멈춤을 실천하는 습관이 대니엘의 삶을 송두리째 바꾸었다고 해도 과언이 아니다. 이 장을 읽으면 대니엘이 겪은 과정을 당신도 경험할 수 있을 것이다.

화이트 스페이스로 향하는 여정을 따라가다 보면 당신을 전진시킬 4가지 중추적 변화를 마주할 것이다.

- 화이트 스페이스를 사용해 **전략적 멈춤**을 실시함으로써 업무의 속도를 늦추고, 자신에게 생각할 시간을 주는 법을 깨달을 것이다.
- 내가 지닌 최대 강점이 어떻게 업무의 품질을 최선의 상태로 수행하지 못하게 방해하는지 인식하고 이와 같은 **시간 도둑**Thieves of Time에 맞서 강점의 형태를 띈 도둑의 가면을 벗길 것이다.
- 요점을 예리하게 꿰뚫도록 하는 단어들을 사용해 정말 중요한 사항에 신속하게 초점을 맞추게 해줄 **단순화 질문**Simplification Questions들을 배울 것이다.
- **긴급하다는 환각**Hallucinated Urgency을 일소해서, 주의를 기울여야 할 위기가 주변에서 발생하더라도 평정심을 찾고 유지하는 법을 배울 것이다.

또한 이 장에서는 대니엘처럼 화이트 스페이스를 실천함으로써 영감을 얻는 것은 물론 다른 방식으로도 일할 수 있다는 확신을 가질 수 있도록 비약적인 발전 사례를 살펴볼 것이다. 이 방법론으로 무장하면, 매일 현실에서 '생각할 시간'을 만들어내는 한편 자신 있게 '최고'를 추구할 수 있는 삶을 살 수 있을 것이다.

화이트 스페이스를 사랑하는 뇌

전략적 멈춤이 업무 수행 능력을 높인다는 건 과학적으로 입증된 사실이다.

다양한 상을 수상하였으며 샌프란시스코에서 활동하는 신경과학자 애덤 개절리Adam Gazzaley는 주기적으로 업무를 중단하는 것이 매우 필요하고 효과적이라고 주장하면서 그 이유를 설명했다. 뇌가 회복할 시간을 주지 않고 복잡하고 집중적인 업무를 수행할 경우 인간은 인지적 피로cognitive fatigue를 겪는다. 그러면 뇌의 한정된 자원이 고갈되어 수행 능력에도 부정적 영향을 미친다. 연구에 따르면 뇌에서 최고 수준의 인지 기능과 실행 기능을 관장하는 전두엽은 인지적 피로에 특히 취약하다. 전두엽의 실행 기능이 떨어지면 복잡한 계획을 능숙하고 효과적으로 수립하고 실행할 수 없다. 애덤이 설명했듯 인지 고갈을 진정으로 회복시킨다고 알려진 유일한 방법은 뇌를 쉬게 하는 것이다.

일상에서 화이트 스페이스를 사용하면 전두엽을 다시 정비하고 가동할 수 있으므로 신경 처리 과정을 더욱 효율적으로 진행해 생산성을 높이고 창의성까지 증가시킬 수 있다. 통찰력을 발휘해 문제를 해결하려면 **현재의 생각과 과거의 경험을 연결하는 능력**을 반드시 갖춰야 한다. 그러려면 뇌에서 실행을 담당하는 전두엽과 기억을 담당하는 영역이 서로 소통해야 한다. 그런데 열린 시간이자 고찰하는 시간을 갖지 못하면 뇌에서 이 두 영역 사이에 진행되는 의사소통이 정신적 피로와 인지 과부하 탓에 자주 손상을 입는다.

사람이 조용하게 멈춰 있는 동안 MRI로 뇌를 스캔하면 정신의 기본 신경망default neural network(뇌의 실행 센터)에서 일어나고 통찰, 자기 성찰, 기억, 창의력과 연결되는 놀랍도록 복잡한 활동들을 실제로 관찰할 수 있다. 전략적 멈춤을 실시하면 과부하 상태에 빠진 뇌가 신선한 관점을 갖는 데 필요한 정신적 연결을 형성할 수 있다. 전략적 멈춤은 비탈 아래로 물을 흐르게 만드는 것과 같은 방식으로 창의성을 북돋운다. 이때 우리는 물이 내려가는 **길을 치워놓기만 하면 된다.**

학술지인 〈인지Cognition〉에 실린 연구를 살펴봄으로써, 전문직 종사자의 지구력과 노력의 질을 증진하는데 멈춤이 대단히 중요한 이유를 살펴보자. 4개 피험자 집단에 같은 과제를 50분 동안 수행시키면서 각 집단의 집중력을 조사했다. 주요 활동을 하는 동안 4개 집단 중에서 1개 집단에만 멈춤을 실시하고 과제의 초점을 두 번 옮겼다가 돌아가라고 지시했다.

3개 집단의 집중력은 50분 동안 현저하게 떨어졌지만 두 차례 초점을 전환한 1개 집단은 꾸준하게 집중력을 유지했다. 연구에 따르면 과제를 수행하는 동안 아주 잠깐의 정신적 휴식을 취하더라도 오래도록 집중하는 능력이 극적으로 향상된다. 연구를 수행한 알레한드로 예라스Alejandro Lleras는 이러한 멈춤이 완전한 휴식은 아니더라도 "목표를 활성화했다가 비활성화하는 것으로 집중력을 유지하도록 한다"라고 설명했다. 요점을 정리하면 이렇다. 핵심 과제에서 한 발자국 뒤로 물러서면 뇌를 재설정할 수 있어, 다시 과제로 복귀했을 때 과제를 더욱 열심히, 그리고 효율적으로 수행할 수 있다.

코넬대학교 연구자들이 도출한 결과에 따르면, 월스트리트에 있는 한 기업의 사무직 직원들은 잠시 일을 멈추고 쉬라는 말을 들은 이후 업무 정확도가 13퍼센트 증가했다. 카네기멜런대학교 연구자들은 3초에서 30초 정도만 휴식하더라도 집중력이 필요한 업무를 더 오래 수행할 수 있고, 업무 참여도도 향상시킬 수 있었다고 밝혔다. 남아프리카와 네덜란드의 연구자들이 실시한 합동 연구에서 자신의 에너지 수위를 감지하고 정신을 정비하거나 휴식하기 위해 멈춤을 실천하면서 "적극적으로 활력 관리"를 실시한 직원들은 동료들보다 창의성을 더욱 발휘했다.

취하는 휴식의 '종류'도 중요하다. 일리노이대학교 어바나샴페인캠퍼스와 조지메이슨대학교 연구자들은 약 100명에 이르는 사무직 노동자들의 휴식 습관을 관찰했다. 연구 참가자들은 근무하는 10일 동안 일기를 쓰라는 과제를 받고, 점심 식사 후에 업무 때문에 얼마나 많은 스트레스를 느꼈는지, 근무 중간에 휴식하는 동안 어떤 활동을 했는지, 일과를 끝내고 나서 얼마나 피로를 느꼈는지 기록했다. 연구자들은 실험자들의 휴식 활동을 긴장 해소(공상이나 스트레칭), 영양 보충(간식 섭취), 사교 활동(동료와 잡담하기), 인지 활동(책 읽기, 이메일과 소셜 미디어 확인하기)으로 나누었다. 이 중에서 직원에게 유익했던 활동은 긴장 해소와 사교 활동뿐이었다. 휴식 시간에 벌이는 인지 활동은 회복 과정에 있는 정신에 부담을 주기 때문에 오히려 피로를 **악화시켰다**. 멈추어서 휴식하면 업무를 더욱 잘 처리할 수 있다고 입증하는 연구 결과들이 신경과학에서 인지적 처리 과정, 창의성을 포함한 폭넓은 분야에 걸쳐 축적되고 있다.

휴식은 수행 능력을 강화하지만 지나친 시간 압박은 수행 능력을 약화한다. 하버드대학교 경영대학원 교수인 테레사 아마빌레Teresa Amabile는 스트레스를 많이 받는 사람들은 기한 안에 업무를 완수하라는 강한 압박을 받을 때 창의성을 발휘한다고 느낄 가능성이 있지만 최종적으로는 기한에 대한 압박이 크지 않아서 뇌에 생각할 여지가 있을 때 더욱 좋은 결과를 산출할 수 있다고 설명했다. 그러면서 자신의 연구 결과를 이렇게 정리했다. "대체로 사람들은 업무를 수행할 시간이 충분하다고 느끼지 않고, 업무를 자신이 원하는 만큼 창의적이고 혁신적으로 수행할 시간이 정말 부족하다고 느낀다."

화이트 스페이스로 오해하면 안 되는 것들

●

전략적 멈춤을 실시하면 실제로 어떤 현상이 일어날까? 개념을 시험하고, 가정에 의문을 제기하고, 객관성을 확보하고, 몸과 마음에 에너지를 불어넣고, 아이디어가 떠오를 여지를 만드는 등 실제로 많은 현상이 일어날 수 있다. 하지만 대부분의 사람들은 개방적이고 유연한 시간을 갖는 데 익숙하지 않으며, 그 시간을 어떻게 느끼고 체험해야 하는지 확실히 알지 못한다. 범위를 좁히기 위해 비슷하기는 하지만 화이트 스페이스가 **아닌** 몇 가지 개념을 제외해 보자. 우선 각 개념을 공원에서 강아지를 산책시키는 활동에 비유해 상상해 보겠다. 여기서 강아지는 우리의 마음이다.

우선 화이트 스페이스는 명상하는 시간과 다르다. 기본적으로 명상은 마음을 단련하는 활동이다. 명상은 주문이나 촛불, 특정한 단어, 호흡법처럼 주의를 집중시키기 위한 초점이 되어줄 방법을 택해, 그 초점으로 반복해 돌아가도록 마음을 가볍게 다독이며 진행된다. 단 1분 동안에도 마음이 수없이 방황할 때, 떠오르는 생각과 감정을 판단하지 않고 현재로 돌아오도록 이끈다. 목줄을 한 강아지가 멀어지기 시작하면 부드럽게 "따라와!"라고 말하는 것과 같다.

그러나 화이트 스페이스는 마음의 방황이 아니라 '비자발적 경험non-volitional experience'에 가깝다. 드물게 있는 연구 상황이 아니고서야 현실에서 화이트 스페이스는 대개 우리의 의사와 관계없이 일어난다. 빈번하게 발생하는 이러한 상황에서 우리의 마음은 자신도 모르는 사이에 자리를 이탈한다. 책상에 앉아 중요한 보고서를 작성하다가 불현듯 '휙!' 마음이 보고서에서 멀어진다. 갑자기 인터넷 쇼핑몰에 들어가 전기밥솥 가격을 알아보는 식이다. 마음은 왜 그곳으로 향했을까? 전혀 이유를 알 수 없는 경우가 많다. 마음의 방황을 비유를 들어 설명하자면 우리가 허리를 굽혀 신발 끈을 묶는 사이에 어느 틈엔가 강아지가 목줄에서 빠져나와 들판을 가로지르는 것과 같다. 우리는 그 사실을 알아차리고 깜짝 놀란다.

마지막으로 소개할 개념인 '마음챙김mindfulness'은 화이트 스페이스와 밀접하게 연결되어 있지만 명상과 마찬가지로 지도指導에 의존한다는 것이 핵심이다. 마음챙김은 집중력과 에너지를 끌어모아 감각적 자극, 대화, 과제와 같은 일 중 한 가지에 곧장 투입한다. 이때 강아지는 공원을 걷는 동안 주변 대상들을 깊이 인식한다. 고양된 감각적 인식을 동원해 새가 짹짹 지저귀는 소리를 듣고 푸드 트럭에서 풍기는 따뜻한 프레즐 냄새를 맡는다. 강아지는 주변과 주파수를 완전히 맞추면서 그곳에 깊이 존재한다.

마음챙김과 명상의 근본적 전제는 우리의 마음을 부드럽게 이끌어야 한다는 것이다. 우리는 지속적으로 끼어드는 생각과 새롭게 형성한 관계를 마음에 가르친다. 우리는 마음챙김이나 명상을 수행하는 동안 떠오르는 생각을 감지하지만 그렇다고 그 생각에 빠져들지는 않는다. 생각이 향하는 곳을 좇아가지 않는 것이다. 어떤 사람은 자신을 찾아온 생각을 구름으로 상상해 둥둥 떠다니거나 거품처럼 탁! 터지는 장면으로 시각화한다.

화이트 스페이스가 마음챙김과 명상과 다른 것은 바로 이 지점이다. 화이트 스페이스에서는 생각을 좇아갈 수 있다. 아이디어를 좇아갈 수 있다. 생각에 가해지는 제약을 온전히 제거한다. 강아지는 **목줄이 없이** 공원을 이리저리 뛰어다닐 수 있다. 우리의 마음은 궁극적인 자유를 누리며 탐험하고 확장하고 회복한다.

멈춤의 사용

•

과학적 상식에서 휴식을 취하고 주의를 기울이는 멈춤은 에너지, 창의성, 문제 해결력을 향상시키는 길이라고 말하는데 이러한 멈춤에는 4가지 형태가 있다.

- 회복하기recuperate 위한 선략석 멈춤
- 줄이기reduce 위한 전략적 멈춤
- 깊이 생각하기reflect 위한 전략적 멈춤
- 건설하기construct 위한 전략적 멈춤

첫째, 지칠 대로 지친 뇌와 몸을 회복하고 재가동하기 위해 멈춤을 사용할 수 있다. 대부분의 사람들은 이 전략적 멈춤을 화이트 스페이스라고 추측한다. 이처럼 회복하기 위한 시간은 우리에게 절실히 필요하다. 만약 한낮에 비행기를 타게 된다면 얼마나 많은 사람이 비행기 안에서 잠을 자고 있는지 관찰해 보라. 평소에 얼마나 쉴 틈이 없었기에, 정오에도 다들 잠을 청할 것이다! 성취욕이 높은 사람들 중 많은 이들이 에너지를 충전하지 않고, 피로의 임계점을 훨씬 넘어서도록 자신을 밀어붙이며 일에만 매달린다. 내 고객 중에는 보행성 폐렴에 걸렸는데도 여전히 회의를 소집하는 사람들마저 있다.

둘째, 자신이 져야 할 짐을 줄이기 위해 멈춤을 사용한다. 줄이기 위한 전략적 멈춤은 불필요한 것을 버리고 불도저처럼 밀어내서 다른 것이 들어설 공간을 만든다. 추후 5장에서 자세히 살펴볼 이러한 유형의 멈춤은 오늘날과 같은 과부하 시대를 살아갈 때 매우 중요하다.

셋째, 깊이 생각하기 위해 멈춤을 사용한다. 생각하기 위한 멈춤으로 우리는 한 발자국 뒤로 물러서서 일을 객관적으로 바라보는 관점을 키우고 새싹 수준의 아이디어들을 다음 수준으로 끌어올릴 수 있다. 이 멈춤은 주의를 집중해서 의사를 결정하고, 자신과 자신의 내면에서 일어나는 현상을 이해하기 위한 시간이다. 금융 전문가들에게 깊이 생각하기 위한 멈춤은 수치를 검토하고, 그 수치가 알려주는 과거와 미래에 대해 듣는 시간이다. 마케터들에게는 고객의 마음과 니즈에 대해 더욱 깊이 상상하는 시간이다.

링크드인LinkedIn의 CEO인 제프 와이너Jeff Weiner는 글래스도어Glassdoor (세계 최대 직장 평가 사이트-옮긴이)에서 경영자로서 거의 완벽한 평가를 받고, 자선 활동에서도 인상적인 실적을 남겨왔다. 그는 '깊이 생각하기 위한 멈춤'을 성공적인 커리어를 더욱 발전시키기 위한 주요 도구로써 사용해 왔다. 와이너는 업무를 추진하기 위해 이 멈춤이 "절대적으로 필요하다"고 강조하면서 일정표에 "빈칸을 넣는 것"으로 유명하다. 나이키를 창업한 필 나이트Phil Knight는 거실에 공상할 때 앉는 의자를 비치했다. GE의 전 CEO인 잭 웰치Jack Welch는 하루에 한 시간 동안 스스로 말한 대로 "창밖을 내다보는 시간"을 가졌다. 매우 유명한 사례를 인용하겠다. 빌 게이츠는 마이크로소프트에 재직하는 동안 일 년에 두 차례 "생각 주간think weeks"을 정해놓고 숲속에 있는 외딴 오두막에 칩거했다. 생각 주간 동안 논문, 책, 기사를 숙독하고 깊이 생각하고 나서 머릿속에 떠오르는 아이디어를 기록했다. 달리 신경 쓰는 것이라고는 매일 두 번 배달되는 식사와 냉장고에 가득 채워 넣을 다이어트 오렌지 소다뿐이었다. 그곳에는 인터넷도 없고, 친구와 가족도 없고, 회사 운영에 따르는 업무도 없었다. 게이츠가 그곳에서 한 일은 매일 18시간 동안 책을 읽은 것뿐이었지만, 책 내용에 대해 깊이 생각함으로써 업무에 복귀한 뒤 사업을 발전시킬 수 있었다.

깊이 생각하기 위한 멈춤은 영업 팀에 매우 중요하다. 심지어 듣는 사람의 입이 떡 벌어질 정도로 탁월한 영업 실력을 발휘하는 달변가인 영업자들에게도 그렇다. 예를 들어보자. 레인메이커들rainmaker(기우제에서 비를 부르는 주술사에서 유래한 단어이고, 뛰어난 능력을 발휘해 조직 성장에 단비를 내리는 사람을 가리킨다-옮긴이)은 오후 2시 전화 통화를 앞두고 마치 신경외과 의사처럼 칼 같이 1시 59분에 커피 잔을 손에 들고 의자에 앉아 헤드셋을 쓰고 생각에 잠긴다.

통화를 하기 전에 잠깐 동안 화이트 스페이스를 실천하는 습관을 들이고 나면, 협상 테이블에서 놓치고 있는 사항이 있다는 점을 깨닫기도 한다. 앞으로 상대방과 나눌 이야기에 대해 단 3~4분 동안이라도 깊이 생각하면서 다음 질문을 던져보면 대화에 **제대로** 대비할 수 있다. "가장 최근 통화에서 좋았던 점과 나빴던 점은 무엇이었을까?" "상대방은 어떤 사람이고, 무엇에 신경을 쓸까?" "이 관계를 어떻게 진전시킬 수 있을까?" 이렇게 준비 과정을 거치고 나면 순조롭게 잡담을 나누며 협상할 수 있고 성공률도 상당히 끌어올릴 수 있다.

넷째, 건설하기 위해 멈춤을 사용한다. 이 멈춤은 고찰을 위한 시간이자 새로운 사업을 생성하는 도구이다. 계획을 세우고, 제품을 만들어 내고, 메시지를 구상하는 등 마음속으로 무언가를 창출할 수 있다. 이 멈춤은 성장하고, 혁신하고, 문제를 해결하기 위한 시간이다. 건설하기 위한 멈춤을 통해 마케터들과 크리에이티브들은 다음에 추진할 사업의 토대를 수립할 수 있다. 간부들은 복도를 휘젓고 다니는 동안에는 생각할 수 없는 걸 떠올리기 위해 전략적으로 이 멈춤을 실천한다.

건설하기 위한 멈춤이 일어날 때 생각은 결승선을 향해 돌진하는 사냥개가 아니라, 예측할 수 없는 장소에 멈췄다가 꿀을 물고 돌아오는 나비에 더 가깝다. 즉 사고 과정이 유동적이기에 당면한 주제에서 멀어졌다가 가까워지고, 다시 멀어졌다가 가까워질 수 있다.

원하는 결과를 얻으려면 이러한 유연성이 반드시 필요하다. **어떤 문제에 직면했을 때 우리는 같은 선택지와 연상 작용을 되풀이하는 경우가 많다.** 하지만 한 걸음 뒤로 물러서면 '배양 기간incubation period', 즉 창의적으로 문제를 해결하는 데 유용한 무의식적 정신 과정에 진입한다. 과학자들은 이를 '유익한 망각beneficial forgetting'으로 표현한다. 이 과정을 거치며 우리는 사고를 새롭게 정비하고, 유익하지 않은 연상에 의문을 품고 이를 새롭고 독특한 해결책으로 대체할 수 있다.

《몰입Flow》을 집필하며 응용 창의성 분야에서 독보적인 존재감을 구축한 미하이 칙센트미하이Mihaly Csikszentmihalyi는 이러한 진실을 다음과 같이 요약했다. "정신적 에너지를 창의적으로 사용하는 관점에서 사람들 사이에 드러나는 가장 근본적인 차이점은, 새로운 문제에 쏟을 수 있는 어디에도 얽매여 있지 않은 주의력이 얼마나 남아있는지에 따라 결정된다."

나는 몬티 파이선Monty Python의 공동 설립자인 전설적 인물 존 클리즈
John Cleese를 만나 화이트 스페이스를 활용한 경험에 관해 대화하는 행운
을 누렸다. 클리즈는 기업과 회사의 중역들을 대상으로 여러 해 동안 강
연을 해오며 업무에는 "개방형 방식open mode(창의적이고, 물 흐르듯 흐르고,
조직화되지 않은 업무 방식)"과 "폐쇄형 방식closed mode(수행하고 행동하는 업
무 방식)" 두 가지 형태가 있다고 말해왔다. 업무 초기의 산만한 상태를
벗어나 **생각이 자유롭게 뛰어놀 수 있도록** 터를 닦기 위해선 오롯이 활
용할 수 있을 정도의 시간, 이상적으로는 90분 동안 개방형 방식에 발을
들여놓아야 한다고 클리즈는 믿는다. 이 책의 내용대로라면 '건설하기
위한 전략적 멈춤'과 같은 맥락이다.

그는 개방형 방식에 진입하려면 특정 기간 동안 사람도 멀리하고 의
무도 벗어던지고 "공간과 시간에 경계"를 그어야 한다고 강조하면서, 성
과를 거둘 때까지 그저 사색에 잠기라고 조언한다. "당면한 주제를 거슬
러 우호적이지만 끈질기게 휴식한다면 조만간 잠재의식으로부터 보상
을 받을 것이다. 깊이 생각하는 시간이 선행된다면 아마도 이후 샤워를
하거나 아침 식사를 하다가 불현듯 새로운 아이디어가 떠오를 것이다."

예를 들어 3M이 보호 테이프와 포스트잇을 발명하고, 구글이 구글
애드센스Google AdSense(개방형 광고 게재 프로그램-옮긴이)를 개발해 수십 억
달러의 수익을 거두는 모습을 지켜보면서 기업들은 '생각하는 시간'을
사내에 공식적으로 지정하고 있다. 예전에는 사업과 관련한 개방형 방
식 개념을 대부분 이해하지 못했을 경영진은 두 기업의 사례 등에서 수

익성 있는 돌파구를 목격하며 확신을 얻고 있다.

클리즈와 이름은 같지만 내가 만났던 다른 인물인 존도 화이트 스페이스를 건설적으로 사용한다. 존은 혁신적인 특허들을 보유하고 있다는 자부심을 갖고 있는 〈포천〉 선정 200대 기업에서 경비원으로 일한다. 뛰어난 혁신 전문가들로 구성된 팀이 있지만, 정작 대부분의 특허 기록을 보유하고 있는 사람은 감시 모니터 앞에서 일하는 존이다.

존은 독특한 사고를 바탕으로 대단한 창의성을 발휘한다. 하지만 존이 새로운 아이디어를 떠올릴 수 있는 것은 근무시간의 2퍼센트를 주어진 업무에, 98퍼센트를 화이트 스페이스에 사용하기 때문에 가능할지 모른다. 존은 이메일에 답장하지도 않고, 데이터를 그저 확인하기 위한 용도로 자세히 조사하는 업무도 하지 않으며, 관료주의적인 장애물에 부딪히지도 않는다. 기본적으로 업무 때문에 옆길로 빗나가지 않는다. 게다가 생각하는 시간이 타당한지 판단하려는 사람들의 입김에서도 보호를 받는다. 사실 존은 보안 부서에서 일하다가 혁신 부서로 두 차례 승진했지만, 혁신 부서에서 자신에게 주어진 업무가 오히려 창의성 발휘를 방해한다는 사실을 깨닫고 보안 부서로 돌아왔다.

쐐기

●

앞에서 예로 들었던 클리즈와 존은 개방적이고 자유롭게 생각할 시간을 길게 누릴 수 있었지만 대부분의 사람들은 그럴 수 없다.

그나마 운이 따라야 전자레인지에 부리토를 데워 먹을 정도의 시간을 낼 수 있을 뿐이다. 따라서 이들에게는 나 역시 실천하고 있는, 짧지만 강력한 효과를 내는 화이트 스페이스가 필요하다. 나는 이를 시간의 **쐐기**Wedge(나무나 쇠를 비스듬하게 깎아서 주로 문을 괴거나 틈새를 가르는 데 사용하는 물건-옮긴이)라 부른다. 쐐기는 대단히 우아하고 유연성 있는 화이트 스페이스이다.

쐐기는 두 활동 사이에 끼워 넣는 짧은 화이트 스페이스이다. 구체적으로 말해서 쐐기가 없다면 서로 이어졌을 행동이나 사건을 '분리'하는 용도로 쓰인다. 쐐기는 생각하거나 계획을 세우거나 마음을 가라앉힐 수 있는 짬을 제공한다. 또 쐐기는 다재다능하다. 누구나 활용할 수 있으며 민첩하고 강력하게 작동한다. 쐐기를 팀에 적용하면 획기적으로 스트레스 수위를 낮추고 의사소통 효율과 응집력을 향상시킬 수 있다.

예를 들어 근무를 시작하고 이메일을 확인하기 전에 쐐기를 끼워 넣어 오전 계획을 세울 수 있다. 불필요한 회의에 참석을 요청받고 별생각 없이 승낙하기 전에 생각할 시간을 갖고 자신에게 필요한 회의가 아니라고 판단되면 정중하게 거절할 수 있다. 상대방에게 피드백을 받고 방어적인 태도를 취하기 전에 잠시 멈춰서 성장을 대하는 자신의 태도를 재정비한 후 좀 더 자세한 정보를 알려달라고 상대방에게 차분하게 부탁할 수 있다.

쐐기를 끼워 넣으면 별다른 생각 없이 다음 행동으로 넘어가 결국 실수를 하는 사태가 벌어지기 전에 자신을 멈출 수 있다. 재빨리 기분을 전환하거나 집중력을 발휘해 실수하지 않을 수 있다. 하드뉴스hard news

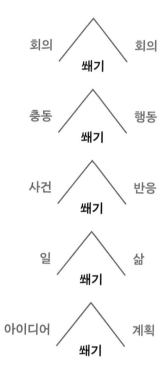

(사회적, 국제적으로 영향이 큰 뉴스-옮긴이)에 과잉 반응하지 않고 대응할 수 있다. 이는 체스에서 다음 말을 움직이기 전에 생각할 시간을 갖는 것과 같다.

쐐기는 북엔드처럼 작용하며 보통 시간이 짧다. 그러면서 두 가지 행동이나 경험 사이에 신속하게 틈을 벌려 산소를 드나들게 해준다.

1장에서 살펴보았듯 '왕벌의 비행'처럼 미친 듯이 돌아가는 직장인의 하루를 기억해 보자. 직장인은 켜켜이 쌓이는 업무를 동시에 몇 가지씩 처리하느라 스트레스를 받는다. 이제 쐐기가 큰 역할을 하는 다른 세상을 그려보자.

아침에 잠에서 깬다. 휴대전화부터 들여다보고 싶은 마음이 굴뚝같지만 참는다. 대신 1분 미만의 짧은 화이트 스페이스를, 마치 쐐기를 박듯 밀어 넣는다. 먼저 눈을 뜨며 하루를 맞이하고, 옆에서 자고 있는 배우자를 살짝 안는다. 사춘기 자녀가 시비를 걸 요량으로 던진 미끼를 덥석 물기 전에 몇 초 동안 작은 쐐기를 끼워 넣어, 자녀가 그렇게 행동하는 이유는 호르몬 때문이라는 것을 인지하고 아이를 포용한다.

출근을 했는데 부산스럽게 돌아다니던 두 사람이 사무실 입구에 서서 당신에게 오늘 해야 할 일을 빠르게 쏟아낸다. 당신은 곧장 일의 바다로 잠수하기 전에 작은 쐐기를 끼워 넣고, 사무실을 뒤흔들고 있는 소동 때문에 들쑤셔진 감정을 가라앉힌다. 그리고 무슨 일을 해야 할지 잠깐 동안, 아마도 2~3분가량 생각에 빠진다. 오늘 계획에서 몇 가지 업무를 빼서 다른 날로 옮기고, 업무를 명확히 파악하기 위한 질문을 작성하고, 자신의 노력 범위가 정확한지 확인한다. 그런 다음 비로소 업무의 바다에 뛰어든다. 하루 종일 쉴 새 없이 회의에 참석하더라도, 회의 하나를 마칠 때마다 작은 쐐기(아마도 5~10분 정도)를 끼워 넣어 잠시 멈추고, 이전 회의에서 수집한 정보를 소화하거나 메모하거나 다음 회의에 대비한다. 그날 저녁 퇴근길에도 작은 쐐기를 박아 넣고, 현관 앞에 잠깐 멈춰서 직장인으로서의 모습을 의도적으로 버리고 본연의 모습을 소환한 후에 비로소 현관문을 열고 집안으로 들어간다.

이러한 삶을 살 수 있을지는 모두 당신 손에 달려 있다. 쐐기는 우리가 다음에 도전할 항목을 선택할 때 중요해진다. 우리는 일정에서 한 가지 일을 완수하고 나서 "다음에는 무슨 일을 하지?"라고 묻는 순간을 맞이한다. 결정적으로 중요한 시점이다. 자신에게 선택권이 있다는 사실을 인지하지 못하면 지나치게 활동적이고 흥분하는 본성의 노예가 되어 항상 '그렇고 그런 일에' 성급히 뛰어들기 마련이다. 할 일 목록은 별생각 없이 벌이는 활동을 시작하기 좋은 완벽한 경로를 제공해서 이러한 문제를 심화시킨다.

예컨대 제안서를 작성한 후 보내기 버튼을 막 눌렀거나, 연구 프로젝트를 종료한 후에 인터넷 브라우저를 막 닫았다고 치자. 당신은 다음에 무엇을 할지 생각하거나, 그저 무언가를 하기 시작할 것이다. 대개는 후자를 선택한다. 이때 쐐기를 끼워 넣어 시간을 통제함으로써 최고의 가치를 만들 다음에 시도할 일을 결정해야 한다. 특히 생각의 방향을 전환해야 하는 일정이 잡혀 있는 경우에는 이러한 종류의 전략적 멈춤을 실시해야 한다. 좌뇌(좌뇌는 이성적 판단, 우뇌는 창의와 직관에 관여한다─옮긴이)를 주로 써야 하는 예산 회의에 참석했다가 연이어 고객과의 관계를 구축해야 하는 회의에 참석하거나, 머릿속은 화면을 너무 들여다봐서 피곤하다고 외치지만 당장 VWR Virtual Waiting Room(웹사이트로 수신되는 사용자의 요청을 버퍼링하는 기능을 제공하는 서비스로 주로 블랙프라이데이와 같은 할인 행사, 대형 마케팅이 동반된 판촉 등에 이용된다─옮긴이)이 꽉 차 있는 경우에도 쐐기를 끼워 넣으라.

스트레스에 맞서서 평정심을 유지하기 위해 쐐기를 사용할수록 일과 삶의 균형을 더욱 잘 유지할 수 있다. 예상치 못한 실망과 좌절, 분노가 찾아오거나 직장에서 위기에 직면하는 순간 쐐기를 끼워 넣으면 충동적으로 반응하는 대신 냉정을 되찾을 수 있다. 쐐기의 또 다른 이점은 기다림에 대한 자세를 새롭게 정립시켜 준다는 것이다. 주유가 끝나기를 기다리거나, 줄을 서서 기다리거나, 커피가 끓을 때까지 기다리는 순간들, 의도하지 않았더라도 무심결에 멈추게 된 시간을 행운과 자유를 누릴 수 있는 기회로 여기게 해준다.

긍정적인 라이프 스타일 브랜드인 '라이프이즈굿Life is Good'은 포근하고 다양한 색채를 담은 티셔츠를 입고 환하게 웃는 얼굴에 몸은 젓가락처럼 마른 마스코트 제이크로 소비자에게 친숙하다. 라이프이즈굿은 주로 의류를 판매하지만 커뮤니케이션 기업으로서 자사 제품에 단순함, 유머, 감사 등의 가치를 담아 긍정적 메시지를 전달하는 매개체로 활용한다. 형인 버트Bert와 회사를 공동 설립한 존 제이콥스John Jacobs는 자칭 "합리적인 낙관주의rational optimism"를 증진하기 위해 쐐기를 사용했다. 합리적인 낙관주의에서는 삶의 장애물을 부정하지 않는다. 장애물을 인정하되 기회에 더 많은 에너지를 집중하는 쪽을 택한다. 그래서 우리는 매일 멈춤을 실천해서 긍정적인 마음가짐을 구축해 나가는 방식을 궁리했다.

멈춤의 순간마다 우리 앞에는 각각 냉소주의와 낙관주의라는 두 가지 선택지가 놓인다. 낙관주의로 들어가는 문을 여는 삶의 태도를 지닌 사람은 물컵에 물이 반이나 차 있다고 믿는 사람이다. 이들은 멈춤을 사용해 자신의 낙관적인 인식을 높이는 동시에, 다시 전진하기 전에 쐐기를 끼워 넣어서 자신이 거둔 승리를 깊이 음미하고 마음에 새길 수 있다. 판매 실적을 달성하거나 멋진 아이디어를 떠올렸는가? 의자에 등을 대고 느긋하게 앉아 자부심을 한껏 즐기라. 슈퍼볼에서 우승을 거머쥐기가 무섭게 경기장을 빠져나와 다시 훈련을 시작하는 팀이 되지 말자. 우승 반지를 손가락에 끼고 두 팔을 번쩍 들라. 아이를 힘껏 껴안으라. 공중에서 내려오는 색종이 조각을 온몸으로 맞으라. 승리를 확인하고 축하의 순간을 즐기는 것이 하루 종일 쌓인 피로를 말끔히 씻고 앞으로 해야 할 중요한 일에 집중할 수 있도록 하는 힘이다.

네트워크 시스템 붕괴

기술적 오류는 사람들을 엄청난 소용돌이에 몰아넣곤 한다. 초등학교에서 네트워크 엔지니어로 일하는 션 맥도널드Sean McDonald도 이런 류의 스트레스를 몇 번 겪었다. 하루는 그의 휴대전화가 미친 듯 울려대기 시작했다. 네트워크가 엉키고 전화는 불통이며 인터넷이 끊겼다는 것이다. 충분히 예측할 수 있듯 사람들의 신경이 날카로워지기 시작했다. 션은 서버실로 향했고 세 사람이 뒤를 따랐다. 션은 문제를 일으킬 수 있는 항목을 하나씩 짚어가며 점검했다. 서버에 문제가 생긴 걸까? 악성 코드에 감염된 것일까? 무엇이 고장 났을까? 모두 아니었다. 션은 문제를 찾기 위해 장비를 분해하기 시작했다. 사람들이 서버실 밖에 점차 모여들었고, 인터넷을 하지 못하게 된 사람들의 중얼거림은 속삭임에서 시작해 어느새 시끌벅적한 아우성으로 커졌다. 자칫 폭동이라도 일어날 태세였다.

선은 불현듯 **쐐기**를 떠올렸다. 모든 활동을 멈추고 복도로 나가 생각에 잠겼다. 신호상으로 네트워크 시스템 붕괴broadcast storm는 분명했다. 하지만 왜 시스템 붕괴가 일어났을까? 곰곰이 원인을 따져보고 있는데 그날 새로 깐 카펫에서 접착제 냄새가 올라와 정신을 집중하기 힘들었다.

'잠깐, 카펫을 새로 깔았다면 일꾼들이 가구를 움직였을 테고… 그렇다면 당연히 컴퓨터를 옮겼을 테고… 내가 아닌 다른 사람이 컴퓨터를 다시 조립했다는 뜻일 것이다….'

그 길로 서버실로 뛰어들어 간 선은 같은 케이블의 양쪽 끝을 서로 다른 포트에 연결하는 바람에 네트워크 트래픽이 무한정 충돌했다는 사실을 깨달았다. 케이블을 다시 제대로 꽂자 인터넷이 가동하기 시작했고, 희망을 알리는 파랑새가 다시 지저귀기 시작했다. 선은 문제에서 한 발자국 물러나서 정답을 찾았고 영웅이 되었다.

쐐기는 어디에든 끼워 넣을 수 있다. 재택근무를 하는 마테오가 좋아하는 쐐기는 지하실에서 일하다 퇴근 시간이 되어 짐을 정리한 후 층계를 오르며 아빠와 남편으로 되돌아가는 시간이었다. 패트리스는 직장 생활로 스트레스에 시달리다가 위기를 맞으면 쐐기를 사용해서 자신에게 애정을 담아 부드럽게 말을 건넨다. "제 자신에게 멈추라고 말하죠. 쐐기 화이트 스페이스를 실천하고 나면 해답이 보이리라고 스스로를 다독입니다." 하루를 채우는 웅성거림이 당신 머릿속에 있는 전기 회로망을 태워버리기 전에 유리를 깨고 비상용 쐐기를 꺼내라. 모든 사람과 기술에서 멀어지라. 봉제 인형처럼 온몸에서 힘을 빼고 아무것도 하지 말라. 앉아서 응시하며 공상에 잠기라. 그러다가 적절한 시기에 천천히 플러그를 다시 꽂고 현실로 돌아오면 된다.

부정성 편향

●

비자카드 설립자이자 CEO이면서 통찰력 있는 경제계 리더인 디 호크Dee Hock는 "마음 한구석에 빈 공간을 만들어두면 이내 창의력이 들어설 것이다"라고 말했다. 이 말은 전적으로 사실이며 전략적 멈춤이 선사하는 근본적인 약속이다. 하지만 우리는 '부정성 편향negativity bias'과 싸우기 마련이다. 부정성 편향은 마음이 부정적인 것에 자석처럼 이끌리면서 이것에 대해 곰곰이 생각하는 경향이다. 한 회의 참석자가 화상 회의를 하는 내내 얼굴을 찌푸리고 있다고 치자. 당신은 만족한 표정을 지으며 고개를 끄덕이는 다른 참석자 6명보다 얼굴을 찌푸린 참석자 한 명이 훨씬 신경 쓰일 것이다. 언제나 부정적인 뉴스에 조회 수가 몰리는 것과 같은 이치이다. 이와 비슷하게 부정적인 생각들은 늘 말끔하게 비워진 화이트 스페이스 안으로 비집고 들어오려고 한다. 심지어 당신이 그저 1분이라도 멈춤을 실행하고자 했을 때, 크든 작든 당신을 짓누르고 있는 문제들이 가장 먼저 떠오를 수도 있다. 이로 인해 **개방성**을 두려워할 가능성이 있다.

이러한 궁지에서 빠져나가려면 첫째, 감정과 걱정을 분리해야 한다.

마치 재채기를 참을 수 없듯이 감정이 느껴지면 실시간으로 이를 받아들이는 것이 매우 중요하다. 감정을 느끼고 감정이 전달하는 중요한 메시지에 귀를 기울이는 것이 정신 건강에 결정적으로 중요하다. 감정을 사회에서 용인되는 방향으로 전환하면 마치 미열처럼 남아 개인의 에너지를 고갈시킨다. 끊임없이 바삐 움직이는 것은 일시적으로 증상만 치료하는 아스피린이다. 반면에 감정을 느끼는 것은 실질적으로 문제를 해결하는 페니실린이다.

바쁨을 이용해 감정을 억제해 왔던 고객이 생각난다. 내가 만났을 당시 그 고객은 남편을 3년 전에 잃은 상태였다. 그녀는 한동안 샤워 시간이 2분을 넘지 않았다고 했다. 아주 짧은 시간이라도 행동을 멈추면 마치 수문이 열린 댐처럼 슬픔이 터져 나오리라는 것을 알았기 때문이다. 그래서 무감각하게 생활하는 쪽을 선택했다. **감정을 마비시키며 바쁘게 산 것이다.** 그래선 안 된다. 슬픔, 두려움, 분노가 찾아오면 조용한 곳을 찾아가 이러한 감정들과 악수해야 한다.

걱정은 감정과 다르다. 걱정은 입속에 들어가 한쪽 뺨에서 반대편 뺨으로 뒹구는 단단한 사탕 같다. 아주 잠깐이라도 걱정을 제쳐두기는 어려우므로 걱정을 무시하지 않고 억제할 수 있는 방법을 찾아야 한다. 걱정을 길들이는 효과적인 기술은 걱정과 약속을 잡고 만나는 것이다. 무언가 마음에 걸리는 게 있는가? 그 무거운 생각과 만날 약속을 하고, 스스로 정한 시간에 하루에 딱 한 번 그 생각을 찾아가라. 내 경우에는 마음의 짐을 아침 일찍 처리해 버린다. 자신에게 "나는 매일 아침 7시에 이 문제에 대해 5분 동안 완전히 집중해서 생각할 것이다"라는 방식으로 말하라.

마음의 짐은 장모가 딸과 사위의 결혼 생활에 대해 끼어들어 조언하듯 끈질기게 되풀이해서 등장할 것이다. 물론 걱정거리들이 계속 떠오르겠지만 걱정과 만날 약속을 잡아놓았다는 사실을 기억하고 앞으로 나아가라. 사랑하는 사람의 건강, 재정적인 불안, 사업 위기처럼 근본적인 문제에 대한 두려움에 사로잡혀 있을 때는 걱정하는 목소리에 하루에도 수십 차례 대꾸해야 할 수 있다. 하지만 대대로 걱정과 싸워온 전사들을 배출한 집안에서 성장한 내게도 이 방법은 그동안 시도한 어떤 방법보다 유용했다.

부정적인 생각이 구렁이처럼 힘껏 몸을 칭칭 휘감을 때는 잠깐이라도 화이트 스페이스를 실천해서 폭풍이 지나갈 때까지 긍정적인 일, 긍정적인 자기 대화, 긍정적인 사람들로 자신을 둘러싸며 부정적인 생각이 끌어당기는 힘에 맞서 싸우라.

화이트 스페이스 시도하기

●

이제 더 이상 망설이지 말고 행동할 때다. 여태껏 한 번도 화이트 스페이스를 시도해본 적이 없다면 지금 당장 시도하자. 옳은 방법도 그른 방법도 없다. 그저 마음이 하고 싶어 하는 대로 맡기라.

타이머로 1분을 설정한다. 준비되었는가? 시작.

이제 돌아온다.

자, 한 번 더 시도해보자. 이번에도 1분이다. 준비되었는가? 시작.

그리고 다시 돌아온다.

불편했는가? 어색했는가? 황홀했는가? 아마 마음이 뒤죽박죽이었을 것이다. 가동하는 믹서를 멈추더라도 안에 들어있는 액체는 한동안 계속 돈다. 마음도 그렇다. 통찰도, 평정심도, 열린 공간감도 즉시 느끼진 못한다. 오히려 계획하고 있는 수련회 일정, 떠나보내야 하는 사람, 깜빡 잊고 사지 못한 커피 필터처럼 긴급하게 처리해야 하는 일들이 마음속에서 뒤섞여 뿌옇게 소용돌이칠 것이다. 멈춤이라곤 찾아볼 수 없을 것이다. **사회가 용인하는 방향**으로 전환된 생각들이 동요할 뿐이다.

전략적 멈춤을 능숙하게 실천하기까지 시간이 걸릴 수 있다. 하지만 마음이 '성질을 부리고' 난 후에 실천하는 약간의 화이트 스페이스는 뿌연 안개를 헤치며 보상을 제공할 것이다. 포기하지 않고 연습하면 더욱 청명한 정신의 고속도로가 눈앞에 펼쳐질 것이다. 화이트 스페이스를 경험하도록 도와줄 보조 바퀴 같은 연습 방법을 살펴보자.

- 출퇴근 시간을 이용해 마음을 자유롭게 방황하게 한다.
- 특정한 신호를 정하고 신호를 받을 때마다 화이트 스페이스를 실천한다. 예를 들어 햇볕이 얼굴에 닿을 때마다 멈춤을 시도한다.
- 혼자 식사를 할 때 텔레비전이나 팟캐스트를 보지 않는다.
- 1~2분 정도 화이트 스페이스를 실천하면서 하루를 시작한다.
- 설거지처럼 몸을 써서 일하는 동안 공상에 잠긴다.

이 지점에서 규칙에 매인 사람들은 화이트 스페이스를 연습하는 방법을 찾기 위해 다음과 같은 구체적인 질문을 던질 것이다. 최적의 연습 시간은 하루에 몇 시간인가요? 눈을 떠야 하나요, 감아야 하나요? 사람들은 어떤 방법을 추천하나요? 타이머, 차트, 체크리스트가 필요할까요? 생산성을 중시하는 팬들에게는 미안한 말이지만 이 멋진 신세계에는 규칙이 없다.

팀, 회사, 심지어 가족까지, 화이트 스페이스를 공유하기 위해서는 자신만의 화이트 스페이스를 만들어내야 한다. 몇 가지 유용한 지침을 살펴보자. 만약 마음이 목줄 없이 공원을 이리저리 뛰어다니는 것 같다고 느낀다면 화이트 스페이스를 제대로 실천하고 있다고 생각해도 무방하다. 본능에 따르는 경험은 어떤 형태로든 정신을 자유롭게 풀어주어야 가능하므로 헤드폰을 쓰지 않고 산책하는 것도 화이트 스페이스를 실천하는 방식이라 할 수 있다. 드라마를 보며 러닝머신을 타는 것은 드라마에 마음이 매여 있는 것이므로 화이트 스페이스를 제대로 실천한다고 볼 수 없다.

화이트 스페이스라는 용어는 개인의 입장에서 일정이 없는 시간과 맺는 관계를 재정립하는 데 유용하다. 이 용어가 없다면 우리는 '열린 시간'에 '가치 없는 시간'이라는 꼬리표를 대뜸 붙일지 모른다. 마음이라는 엄한 감독자는 "나는 아무것도 하고 있지 않아"라거나 "나는 게으름을 피우고 있어"라고 말할 수 있다. 하지만 화이트 스페이스라는 용어를 사용하기 시작하면 그 가치를 인식하고, 자신과 동료에 대한 기대치를 재설정하기가 더욱 쉬워진다.

정신적 시간이 텅 빈 상태로 남아서 영원히 채워지지 않는 경우는 결코 있을 수 없다. 내가 설명한 대로 시간을 개방하면 다른 요소들이 들어선다. 화이트 스페이스에서 옛날 생각, 새로운 생각, 난해한 생각, 혁신, 계시, 통찰, 인식, 즐거움을 만날 수 있다. 그러므로 이런 경우를 대비해 마음의 문을 열어놓으라.

함께할 때 더 좋은 화이트 스페이스

많은 사람들이 화이트 스페이스를 개인적인 측면에서 마음을 가라앉히고 더욱 효과적으로 일하기 위해 사용하겠지만, 업무적으로 팀 단위에도 매우 유용하게 적용할 수 있다. 우리가 공동체에 속해서 허락과 강화reinforcement를 주고받을 때 반복적으로 작용하는 중요하고 대담한 마법이 있다. 화이트 스페이스를 공유하고 그 가치를 소중하게 생각하는 팀들은 다음과 같은 가치 구현을 목표로 삼는다.

- 충동 제어: 즉시 모든 것을 손에 넣으려는 자기 집중적 열망을 억제하는 능력
- 경계: 시간, 기술, 개인적인 에너지에 대해 설정한 한계
- 전방위 간결성: 모든 의사소통에서 단어를 적게 사용한다는 목표
- 자기 성찰: 자신의 감정과 행동을 정직하게 들여다보는 능력
- 의미: 올바른 일을 수행할 시간이 있을 때 느끼는 의의

- 창의적 자유: 탁월한 아이디어가 개방된 경로를 통해 흐르는 환경
- 균형: 모두에게 해당하는 일, 삶, 기여, 즐거움을 위한 처방
- 안락함: 자기 주변에 있는 모든 것이 더욱 원활하게 돌아가는 훌륭한 무형자산

이렇게 주장하는 것은 나뿐이 아니다. 화이트 스페이스를 실천할 뿐 아니라 자기 팀의 규범으로 선택한 제트 버틀러Jett Butler와 동료들을 만나보자. 실제로 만날 기회가 있다면 제트의 기가 막힌 스타일 감각에 놀라고, 그가 오스틴에 설립한 디자인 회사 푀다FÖDA의 탁월한 역량에 재차 놀랄 것이다. 제트와 제트가 이끄는 소규모 팀은 공항 디자인 개념을 개발하고, 유명한 휴가 예약 사이트를 리브랜딩하고, 수공으로 각인한 병으로 고급 와인을 포장하는 등 다양한 프로젝트를 성공적으로 완수하며 평판을 구축하고 있다.

하지만 이 같은 성공의 이면에는 미친 듯이 일하느라 더 이상 버티기 힘들 정도로 기진맥진한 상태에 빠진 팀원들이 있었다. 그들은 자신의 사생활보다 고객의 까다로운 요구를 우선순위에 두었다는 사실을 깨달았다. 게다가 프로젝트의 저가 입찰과 완벽주의 탓에 뚫린 구멍으로 수익이 빠져나가고 있었다.

디자인 프로젝트를 담당하는 임무를 맡은 제프는 우리 회사와 함께 시간을 보내면서 자신이 처한 상황을 새로운 관점으로 보기 시작했다. 자랑스럽고 멋진 창의적 혼돈 상태가 아니라 기능장애 상태에 빠졌다는 사실을 깨닫기 시작한 것이다. 그래서 자신과 팀에 깊이 '생각할 시간'이

라는 단순한 선물을 주기로 결정하고, 누구든 무엇이든 절대 침범할 수 없는 화이트 스페이스를 매달 여러 차례 만들어냈다. 회사가 이러한 시도를 하는 동안에 고객들이 기다려주리라고 믿기는 힘들었다. 하지만 팀과 고객들은 부두에서 함께 뛰어들어 서비스 일시 정지라는 차가운 물속으로 깊이 잠수했다. 그렇게 하기까지 감정적인 두려움에 쫓겼지만 잠시 멈춘다고 하늘은 무너지지 않는다는 사실을 수면으로 다시 올라오는 즉시 깨달았다.

제트의 팀 전체는 이러한 사실을 인식했으며 지금도 이러한 사고방식에 따라 업무를 수행한다. 아침 시간에 푀다는 회사라기보다 대학교 도서관에 더 가깝다고 느낄 정도로 조용하다. 그러다가 오전 10시 30분이면 이메일, 전화, 고객의 요구가 서서히 빗발치기 시작하지만 모두 차분히, 동요하지 않고 활기차게 바쁜 하루 일정으로 진입한다. 그렇다면 푀다가 디자인상을 40개 이상 수상하고, 사바나에서 서울까지 수많은 곳에서 초청을 받는 것은 모두 화이트 스페이스 덕택일까? 물론 아니다. **하지만** 화이트 스페이스를 갖지 않았다면 회사는 살아남지 못했을 것이라고 푀다는 강조한다.

전략적 멈춤에 관해
생각할 시간을 가지라

- 다각적으로 수행한 연구의 결과에 따르면 멈춤은 수행력, 창의성, 지구력 향상에 효과가 있다.

- 많은 성공한 리더들은 집중적으로 '생각하는 시간'을 가진 것이 자신들의 성공에 핵심적인 요소였다고 꼽는다.

- 회복하고, 줄이고, 깊이 생각하고, 건설하기 위해 전략적 멈춤을 사용할 수 있다.

- 업무와 활동 사이에 쐐기를 끼워 넣는 것은 깊이 생각하고 침착함을 되찾을 수 있는 강력한 방법이다.

- 부정적인 생각이 화이트 스페이스를 강탈할 수 있지만, 약속을 정하고 걱정과 만나는 것을 통해 걱정을 억제할 수 있다.

▶▶ 생각해 보기

내가 화이트 스페이스를 시도할 수 있는 영역을 하나 꼽자면 무엇일까?

4장

시간 도둑

우리에게 대항하는 세력 감지하기

○

과부하 시대를 살아가느라
지친 사람에게 장점은
오히려 단점이 될 수 있다

바다를 수영하면서 조류를 이해하지 못하면 심각한 곤경에 빠진다. 조류에 갇히면 젤리처럼 흐느적거릴 때까지 두 팔을 맹렬하게 휘젓더라도 조류의 힘을 당할 수 없다. 조류끼리 충돌해 물살이 거세지기라도 하면 대단히 위험하다. 조류가 물을 해안으로 끌어당겼다가 다시 먼 바다로 밀어 내보낼 때 격랑이 발생하기 때문이다. 수영하는 사람이 아무리 강인하더라도 격랑 앞에서는 속수무책이다.

수영 선수는 두 팔을 죽어라 휘저으며 허우적대는 것이 모두 자기 탓이라 생각할지 모른다. 공황 상태에 빠졌다가 결국 자신에게 비난의 화살을 돌릴 가능성이 있다. '제대로 수영하는 법을 배웠어야 했어.' '체력을 더 키웠어야 했어.' 하지만 실제로 수영 선수가 무력감을 느끼는 원인에는 조류라는 외부적인 요인이 있다. 조류의 성질을 학습한 수영 선수들은 조류에 몸을 맡기거나, 피하거나, 좀 더 쉽게 헤쳐나갈 수 있다. 이러한 원리는 화이트 스페이스를 추구하는 여정에도 똑같이 작용한다. 화이트 스페이스는 잔잔한 수영장에서 일어나지 않고 야생의 바다에서 일어나기 때문이다. 따라서 눈에 보이지 않는 조류를 읽고 타는 법을 배워야 한다. 그렇지 않으면 조류에 휩쓸려 바다로 떠내려가고 만다.

직장에서 사악한 조류와 마주쳤을 때 가장 먼저 떠오르는 생각은 대개 죄책감이다. 죄책감은 비난을 불러일으켜 개인을 괴롭힌다. "내가 적절한 팟캐스트나 파일링 시스템을 찾았더라면, 사내 교육을 더욱 철저하게 받았더라면 업무가 이 정도까지 버겁지 않을 텐데." 하지만 당신에게 회복할 짬이 부족한 것은 단순한 문제도 아니고 개인의 문제도 아니다. 그리고 당신이 잘못했기 때문도 아니다. 우리가 수행한 연구를 살펴보더라도 기술, 리더의 행동, 보상 구조, 의사소통 통로의 유형, 특정 과정을 포함해 업무 과부하를 유발하는 많은 요인이 개인에게 무거운 짐을 지운다. 이처럼 위에서 계속 내리누르는 압력을 최종적으로 받는 사람은 '개인'이다.

지나치게 커진 자산

●

회사, 팀, 일하는 개인을 이끄는 4가지 주요 동인은 추진력, 탁월함, 정보, 부지런함이다. 나는 이러한 동인을 '**시간 도둑**Thieves of Time'

으로 부른다. 시간 도둑은 기본적으로 긍정적이고 유용한 영향을 끼치는 성질을 가졌지만, 화이트 스페이스를 고사시키는 최대 원인이기도 하다.

시간 도둑하면 나팔꽃 덩굴이 떠오른다. 사랑 혹은 죽음을 상징하는 이 향기로운 식물은 화려한 보라색 꽃을 피우면서 가느다란 덩굴을 배배 꼬며 위로 올라가 마침내 동화에 등장할 것 같은 몽환적인 자태를 뽐낸다. 나팔꽃 덩굴은 생동감을 발산하면서 보는 사람의 눈길을 사로잡지만 당신의 소유물에 손길을 뻗자마자 배배 꼬인 덩굴손으로 의자를 휘휘 감고, 창문이며 처마 사이를 파고들고, 급기야 개집 문까지 막아버린다. 이웃은 전화를 걸어 나팔꽃 덩굴이 자기네 정원을 침범해 장미의 숨통을 누리기 시작했다고 투덜댄다. 잎을 뽑아버리더라도 뿌리는 여보란 듯 신나게 뻗어내려 살충제를 뿌려도 웬만해서는 죽지 않는다.

시간 도둑도 이렇게 작용한다. 자신을 담고 있던 화분 밖으로 튀어나올 정도로 무성하게 자라 결국 잘라내야 하는 자산이 되는 것이다. 시간 도둑은 일상에 활력과 스릴을 제공하는 강점으로 작용하기도 하지만 때로 손을 쓸 수 없게 미친 듯이 날뛴다. 무엇보다 시간 도둑은 극단으로 흐르면 타락한다. 추진력은 과잉 추진력이 되고, 탁월함은 완벽주의가 된다. 정보는 정보 과부하가 되고, 부지런함은 영락없는 광란이 된다.

삶에서 시간 도둑은 다음과 같은 모습으로 나타난다.

- 의욕이 앞서서 회의 초대를 별생각 없이 수락한다.
- 탁월하다는 평가를 받고 싶어서 발표 내용을 과도하게 비튼다.

- 상황에 정통하다는 평가를 받고 싶어서 대시보드와 데이터를 지나치게 깊이 파고든다.
- 언제나 적극적인 태도를 지녀야 한다고 느껴서 할 일 목록에 다음에 할 일을 충동적으로 추가한다.

시간 도둑 특유의 페이스와 압박감은 실제로 일의 효율성을 떨어뜨릴 수 있다. 자극을 주고 사소한 성과를 거두게 해서 우리를 매우 바쁘게 만들 뿐 영웅적인 승리는 결코 거두지 못하게 한다. 얼른 움직이라고 재촉하면서 보상과 인정을 주겠다는 막연한 약속을 우리 귀에 퍼붓는다. 이처럼 기만적인 속성을 지닌 시간 도둑은 다음과 같은 속임수와 그 속의 진실을 숨기고 있다.

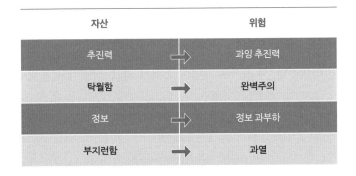

장점을 단점으로 바꾸는 시간 도둑

자산	위험
추진력	과잉 추진력
탁월함	완벽주의
정보	정보 과부하
부지런함	과열

- **추진력**
  - 속임수: 처리할 수 있는 한계까지 업무를 많이 맡아야 한다.
  - 진실: 목표를 잘 선별해야 좀 더 양질의 결과를 얻는다.
- **탁월함**
  - 속임수: 모든 접점touch point은 최적화할 가치가 있다.
  - 진실: 불필요한 디테일에 얽매이면 시간과 에너지를 잃는다.
- **정보**
  - 속임수: 지식은 아무리 많아도 지나치지 않다.
  - 진실: 인간의 뇌가 소화할 수 있는 지식의 양에는 한계가 있다.
- **부지런함**
  - 속임수: 바쁘게 움직일수록 생산성이 오른다.
  - 진실: 과한 행동은 생각을 제한하고 에너지를 고갈시킬 수 있다.

각 시간 도둑에는 나름대로의 장점과 단점이 있다. 따라서 어떤 도둑으로부터 자신의 영혼이 홀리고 있는지 알아채고 '과정에 대한 통제권'을 되찾아야 한다.

물론 한 명 이상의 도둑에게 영향을 받고 있을 수 있으며, 자신이 4명의 시간 도둑에게 발목을 잡혔다고 깨닫게 되는 사람도 많다. 특정한 도둑으로부터 지나치게 휘둘리는 경우도 있는데, 대개 이러한 사실은 자신보다 동료를 통해 발견한다. 정보를 중요하게 생각하는 사람은 뉴스를 읽지 않는 동료를 이해하지 못해 화까지 치민다. 추진력을 중요하게 생각하는 사람은 업무를 감당하지 못하고 허덕이는 동료를 견디지 못한다. 시간 도둑이 주는 선물이 없다면 평범함과 수동성의 바다에 빠져 조난당할 것이므로, 각 시간 도둑이 어떤 방식으로 모습을 드러내든 시간 도둑이 제공하는 장점에 감사하면서도 시간 도둑에 얽매이지 않도록 조심해야 한다.

내가 대학을 졸업하고 잡은 첫 직장에서 만난 상사는 지나치게 비대해진 직업상 자질에 담긴 양가적 성질을 간파하는 예리한 사람이었다. 조지 네제임George NeJame은 여태껏 내가 만난 사람 중에서 가장 현실감각이 뛰어나고 인정이 많았다. 당시 직장은 로스앤젤레스에 있는 텔레비전 프로그램 제작사였는데, 나는 하루 종일 서로에게 말 그대로 소리를 질러대는 이기적인 아수라장에서 베이글과 커피로 끼니를 때워가며 일했다. 하지만 조지 밑에서 일하는 것이 정말 즐거웠으므로 수시로 사기가 꺾이고, 언제 사표를 써도 이상할 것이 없는 환경에서 2년을 버텼다.

내가 프로그램에 사용할 물건을 준비하느라 지나치게 돈을 많이 쓰면, 조지는 내가 품질에 다소 지나치다 싶게 집착한다고 말했다. 내가 뜻이 불확실한 어휘를 늘어놓으며 지식을 과시하듯 장황하게 글을 쓰면, 조지는 그저 훌륭한 의사소통 기술이 낳은 부작용일 뿐이라고 말했다. 조지는 긍정적인 특성이 잔을 채우는 걸 넘어 가장자리로 흘러넘친 것을 실패로 간주했다. 비록 조지가 공식적으로 시간 도둑을 언급하진 않았더라도 그는 시간 도둑의 역설을 간파했던 것이다.

시간 도둑①: 추진력이라는 도둑

●

추진력은 지금껏 세상에 창조된 모든 행동을 이면에서 조종해 왔던 동인이다. 추진력 강한 개인이 열매를 맺기 위해 달려들지 않았다면 인류의 어떤 업적도 달성되지 못하고, 어떤 회사, 자선 활동, 명분도 성공하지 못했을 것이다. 추진력 없이 이루어질 수 있는 일은 없으며, 직장 안에서든 밖에서든 가치 있는 일을 위해 분투하는 장면은 사람들의 마음을 사로잡는다. 뛰어난 운동선수인 캐스 코셸Kath Koschel은 크리켓 프로 경기에 출전했다가 등뼈 골절을 당하고, 의사에게 다시 걸을 수 없다는 말을 들었지만 당당히 부상을 극복하고 다시 걸었다. 하지만 철인 경기에 출전하기 위해 훈련하던 도중에 자전거 사고를 당하면서 등뼈가 부러져 과거와 같은 상황에 **다시** 놓였다. 요즈음 코셸은 전 세계인에게 온정을 북돋워주고 영감을 주겠다는 사명을 갖고 비영리단체를 운영하고 있다. 당신도 추진력에 매이지 않으면서 이러한 활동들을 시도해보라.

탐욕스러운 추진력은 개인에게 점점 더 많은 일을 떠맡기면서 어떤 일에서도 손을 떼지 말고 '모조리 하라'고 말하는 세상에서 탄생한다. 추진력에 매우 강하게 휘말리는 사람들은 새로운 영역에 뛰어들면서 점점 더 힘든 과제에 연이어 도전하고 싶어 한다. 우리 회사에서는 시간 도둑에 대한 취약성을 측정하기 위해 사람들에게 이렇게 질문한다.

• 지나치게 많은 업무를 맡고 있나요?

- 저가치 업무를 손에서 놓지 못해 힘든가요?

- 'NO'라고 거절하는 경우보다 'YES'라고 수용하는 경우가 많은가요?

- 더 크게 성공하기를 늘 갈망하나요?

추진력은 우리를 기진맥진하게 만들 수 있다. 성공은 등반할수록 점점 더 높아지는 정상이기 때문이다. 하늘을 찌를 듯 높은 추진력을 갖춘 리더들은 팀을 지나치게 여러 방향으로 뛰게 만들고, 업무를 추진할 때 회복할 시간이 필요하다는 사실을 거의 인식하지 못한다.

뉴욕에는 막강한 추진력을 갖춘 사람이 넘쳐나는데 어니스트Ernest는 그중에서도 단연코 으뜸이다. 그가 작성한 할 일 목록은 읽기만 해도 기가 막히다. 어니스트는 아이들을 뒷마당에서 뛰어놀게 해주고 싶다는 소망과 식품 체인점을 인수하겠다는 야심을 품고 내슈빌로 이사했다. 체인점 수를 늘리는 것을 목표로 정하고 첫 체인점을 인수해 자리를 잡아갔다. 그 과정에서 팀원들은 어니스트의 비즈니스 전략 구사력에 감탄했다. 때로 어니스트가 성질을 이기지 못하고 폭발하기도 했지만 오토바이가 늘 밖에 대기하고 있었으므로, 팀원들은 그때마다 어니스트에게 "오토바이로 한 바퀴 돌고 오실래요?"라고 권했다(이것은 어니스트가 화이트 스페이스라는 용어를 알기 전에, 화이트 스페이스를 가지라는 뜻으로 한 말이었다).

하지만 막강한 추진력을 갖춘 사람이 그렇듯 어니스트는 인내심을 발휘하고 업무를 선별하여 추진하는 것에 미숙했다. 그래서 첫 체인점이 걸음마를 떼기도 전에 사업을 세게 밀어붙여서 두 번째 체인점을 열었다. 어니스트는 사업 단계를 차례대로 신속하게 밟아나가는 과정을 즐겼지만, 설익은 지시를 내리면서 자신조차 깊이 생각하지 않은 계획을 수행하라고 팀원들을 닦달했다. 지칠 대로 지친 팀원들이 하나둘씩 떠나기 시작했다. 어니스트가 구사한 것은 좋은 경영 방식이 아닐뿐더러 특히 남성의 경우에는 나중에 훨씬 심각한 대가를 치러야 할 수 있다.

성별에 따른 고정관념처럼 들릴 수 있지만 내가 그동안 관찰한 사실에 따르면 추진력을 사랑하는 남성들 중 다수는 자신이 스트레스를 받고 있지 않으며 몹시 지쳐 있지도 않다고 말한다. 나는 그렇게 말하는 남성들에게 자신의 호르몬에 물어보라고 말하고 싶다. 감정 지능을 구성하는 중요 요소인 감정 인식 수준은 남성이 여성보다 낮다. 남성은 자신의 감정을 객관적으로 인식하지 못하고, 자신이 언제 화가 나는지, 지치는지, 패배감을 맛보는지 제대로 판단하지 못하면서 그저 앞으로 나아가기 쉽다. 추진력을 지향하는 남성들은 자기 능력을 한계 너머까지 밀어붙여야 한다고 생각하면서 사고가 발생하는 순간까지도 어떤 대가를 치르게 될지 예상하지 못한다. 그러다가 몸이 아프거나, 경제적 문제에 부딪히거나, 인간관계가 위기에 빠지거나, 사업이 타격을 받으면 정신이 번쩍 든다. 물론 이때라도 깨달으면 다행이지만 빨리 정신을 차릴 수 있는 다른 방법을 찾기 바란다.

시간 도둑②: 탁월함이라는 도둑

●

내가 사랑하는 시간 도둑인 탁월함은 직장을 예술과 아름다움의 장소로 탈바꿈시킬 수 있는 놀라운 특이성과 디테일을 이끌어낸다. 꼼꼼하게 주의를 기울이며 세부 사항을 챙기는 태도는 세상을 더욱 정확하고 신뢰할 만한 곳으로 발전시킨다.

솔직히 말하면 나는 탁월함의 단점에 대해 글을 쓰는 것이 쉽지 않다. 탁월함은 주로, 그것도 지나치다 싶게 내 시간을 도둑질하지만 어떤 대가를 치르더라도 완벽함을 달성하기만 하면 짜릿함을 선사하기 때문이다. 높이와 색상을 맞춰 말끔하게 책을 진열한 책꽂이, 완벽한 피라미드 모양으로 쌓아 올린 채소, 심을 뾰족하게 깎아놓은 연필들. 대칭이다! 만세! 어쩌다보니 내 남편도 뼛속까지 완벽주의자다. 남편의 책상에는 브라이언 윌슨Brian Wilson(그룹 비치 보이스의 리드보컬이자 작곡가-옮긴이)의 말을 새겨넣은 액자가 세워져 있다. "평범함이라는 막대 사탕을 조심하라. 한 번 빨기 시작하면 영원히 빨아야 한다."

탁월함을 숭배하는 사람들은 이 지점에서 길을 잃기 십상이다. **부서 대항 소프트볼 시합을 알리는 사내 전단과 같은 사소한 일부터 중요한 고객에게 제출하는 최종 제안서까지 모든 업무에 똑같이 높은 기준을 적용하고 싶어 한다.** 탁월함에 관한 다음 질문에 어떤 대답을 하느냐에 따라 당신도 그런 사람일 수 있다.

· 가끔씩 디테일에 지나치게 집착하는가?

- 저가치 업무에 지나치게 열심히 매달리고 있는 자신의 모습을 발견한 적이 있는가?
- 이 일에 어느 정도까지 노력해야 하는지 결정하기 어려운가?
- 프로젝트를 완수하기까지 다른 사람보다 시간이 오래 걸리는가?

탁월함에 치우치는 사람들은 디테일을 실행하는 자신들의 능력이 무한하다고 생각한다. 그래서 매일 소비할 수 있는 탁월함의 양에는 **한계**가 있다는 사실을 망각한다. 금화를 담고 끈으로 입구를 묶은 스웨이드 가죽 주머니를 허리춤에 매달고 있다고 치자. 자그마한 주머니에 담긴 금화들이 하루에 쓸 수 있는 탁월함이다. 금화는 무한정 샘솟지 않는다. 손에 닿는 물건마다 사려고 한다면 금화는 곧 바닥날 것이다. 이렇듯 자원은 유한하다.

시간 도둑③: 정보라는 도둑

·

〈뉴욕타임스〉의 주간판 하나에는 17세기에 살았던 사람이 평생 접했던 것보다 많은 정보가 담겨 있다. 오늘날에는 지나치게 많은 정보를 받아들이고, 인터넷 검색을 지나치게 많이 하는 동시에 정보를 과도하게 파고들어 조사하는 사람들이 많다. 그러는 동안 우리 머릿속에 있는 자그마한 뇌는 흡수하려는 모든 정보를 분류하고 저장하고 우선순위를 결정하느라 허덕인다. 2010년 렉시스넥시스LexisNexis가 사무직 노동자 1,700명을 대상으로 조사한 결과를 보면, 직원들은 근무시간의 절반 이상을 업무를 수행하는 것이 아닌 정보를 취하고 관리하는 데 쓴다. 지식을 습득하는 것은 좋지만 정보 중독자들은 대시보드, 점수판, 스프레드시트, 인터넷이라는 끝없이 깊은 바다에 빠져 허우적댈 수 있다.

스티브 마틴Steve Martin은 이러한 함정을 잘 알고 있었다. 마이크로소프트에서 수석 데이터 과학자로 근무했던 스티브는 지적 능력이 엄청 뛰어난 사람이었다. 미래를 생각하는 많은 중역들처럼 타고난 화이트 스페이스 추종자여서 생각하는 시간을 하루 단위와 주 단위로 정해놓고 규칙적으로 실천했다.

스티브는 분석 작업을 매우 좋아했기에 마이크로소프트에서 일하는 게 적성에 잘 맞았다. 하지만 본능적으로 또 약간 아이러니컬하게도 정보라는 도둑에 시간을 빼앗기지 않도록 팀원들을 보호했다. 정보가 시간을 잠식한다는 사실을 알았기 때문이다. 한번은 영업 팀이 사용할 발표 자료와 미디어를 포함해 22개 부대 항목으로 구성된 상세한 자료를 준비해 달라는 요청을 받았다. 스티브는 작업의 효율성에 의구심을 품었지만 어쨌거나 요청에 따랐다. "나는 궤도를 벗어나는 요청이라고 생각했어요. 그럴 만한 가치가 콘텐츠 자체에 있는지 확인하는 과정을 거치지 않은 요청이었으니까요."

스티브는 효율성을 시험할 때 흔히 사용하는 장난을 활용해 자신의 가설을 시험하기로 하고, 자료에 있는 22개 항목마다 다음과 같은 메모를 적어넣었다. 각주나 부록처럼 은밀한 곳이 아니라 자료를 읽는 사람이라면 누구라도 볼 수 있는 곳에 적었다. "이 부분을 읽으셨다면 제게 이메일을 보내주세요. 50달러짜리 아마존 선물 카드를 보내드리겠습니다." 이메일을 보낸 사람이 있었느냐는 내 질문에 스티브는 단 한 명도 없었다고 대답했다.

그리고 이렇게 덧붙였다. "훨씬 흥미로운 일이 다음 해에 제품 업데이트를 준비할 때 일어났습니다. 동일한 팀이 이전보다 훨씬 방대한 자료 목록을 요청했거든요. 그때 저는 '아뇨, 이런 자료들은 필요 없으실 겁니다. 단 한 가지도요. 여기 증거가 있습니다'라고 당당하게 말할 수 있었어요." 영업 팀은 정말 깜짝 놀랐다. 게다가 자료를 발표하기 전에 검토하는 자리에서도 스티브의 메모를 전혀 보지 못했다는 사실을 깨닫고 입도 뻥긋하지 못했다.

정보의 수렁에 빠져 있는 사람이라면 다음 평가 질문에서 높은 점수를 받을 것이다.

- 알림을 보면 항상 응답하는가?
- 컴퓨터에서 떨어져 있을 때도 자주 이메일을 확인하는가?
- 다른 사람과 정보를 주고받는 것을 좋아하는가?
- 프로젝트에 대해 어느 정도 연구해야 충분한지 판단하기 어려운가?

정보의 수렁에 빨려 들어가기는 쉽다. 우리는 인터넷 덕택에 콘텐츠라는 사탕 가게에 둥지를 틀 수 있었고, 일상생활도 엄청나게 수월해졌다. '빨리 지혈하는 방법'이나 '급하게 준비할 수 있는 최고의 결혼기념일 선물'이 무엇인지 신속하게 검색할 수 없다면 어떨까? 마케팅 부서가 사용자의 클릭을 추적할 수 없거나, 재무 부서가 분기별로 실적을 추적할 수 없다면 어떨까? 회사든 개인이든 제대로 맥을 추지 못할 것이다. 하지만 전 세계 전문직 종사자의 거의 3분의 2는 정보 과부하가 작업의 질에 부정적인 영향을 미친다고 보고한다. 추측하기로 아마 나머지 3분의 1은 정보 과부하에 밀려 설문지에 응답하지 못했을 것이다. 인간의 정신은 정보의 양에 관해 이 정도는 알아야 한다고 오해하고 수많은 정보가 주는 자극 때문에 멍해진다.

시간 도둑④: 부지런함이라는 도둑

●

벨벳 같은 검은 털로 몸을 감싼 두더지는 땅굴을 뚫기에 최적인 강력한 발톱을 지녔다. 흥미롭게도 두더지는 아무 계획도 세우지 않은 채로 아침마다 땅을 파기 시작해 종일 일한다. 작은 머리를 아무 방향으로나 숙이고 그냥 앞으로 땅을 파들어간다! 혹시 누군가 생각나지 않는가? 모두가 그러고 있지 않는가? 슈퍼마켓에서 수프투고Soup to Go나 고거트Go-Gurt를 판매하는 이유는 무엇일까? 부지런함을 억제하지 않고 닥치는 대로 소화하기 위해 점심 식사도 인스턴트 제품으로 때우며 일하는 사람들 때문이다. 우리는 아무리 부산을 떨며 바쁘게 일해도 충분하다고 느끼지 않는다. 오죽하면 '이완으로 야기된 불안relaxation-induced anxiety'이라 불리는 의학적 상태가 있겠는가?

활동광은 할 일 목록을 만들고 할 일을 마친 후에 하나씩 지워나가는 것을 좋아한다. 그런 다음 다시 할 일 목록을 만들고 지운다. 활동광들이여, 솔직해지자. 단순히 목록을 지운 흔적을 남기기 위해, 일을 마치고 나서 거꾸로 목록을 적는 속임수를 가끔씩 쓰지 않는가? 활동광이 움직이는 모습은 마치 800마력의 힘이 작용하는 경이로운 광경이다. 부지런함은 주어진 일을 완수할 수 있는 동력을 제공한다. 동시에 하루 종일 날아다니다시피 바쁘게 일하라고 부추기면서 우리를 쳇바퀴에서 빠져나오기 힘들게 만들기도 한다. 11개의 개별 연구에서 피험자들은 혼자 조용히 보내는 6~15분의 시간을 매우 싫어해서 그저 무엇이라도 하기 위해 차라리 고통스러운 전기 충격을 받겠다고 선택했다.

자기 평가의 측면에서 살펴보면 다른 세 도둑보다 부지런함이라는 도둑에 더 큰 비중을 두는 사람이 많다. 다음과 같은 질문에 스스로 답해보면 부지런함을 향한 욕구를 확인할 수 있다.

- 일을 서두르는 경향이 있는가?
- 대개 멀티태스킹을 하는가?
- 자신이 매우 바쁘다고 자주 느끼는가?
- 일이 끝나면 대개 지치는가?

우리는 미국 중서부에서 신앙을 기반으로 설립된 조직과 함께 일한 적이 있다. 나와 대화하는 동안 안드레 목사는 일반적으로 목사들은 "게으르다"는 말을 듣는다면서 이 말을 평생 꼬리표처럼 달고 살아야 할 수 있다고 언급했다. 일하는 모습이 주말에만 눈에 띈다면 나머지 시간에는 게으름을 피운다는 말을 들을 수 있다. 안드레는 이렇게 설명했다. "제가 목사로 처음 부름을 받았을 때였어요. 왜 그랬는지 모르겠지만 어쨌거나 사람들에게 게으른 설교자로 비치고 싶지 않다는 생각이 가장 먼저 떠오르더군요. 엄청나게 바쁘게 일해야겠다는 욕망이 그 후로 수십 년 동안 저를 끈질기게 따라다니고 있습니다."

다른 목사도 이 말에 공감했다. "저는 교회에 처음 부임할 때 신도들 앞에서 선언했습니다. '저는《프린세스 브라이드Princess Bride》의 등장인물인 공포의 해적 로버츠Dread Pirate Roberts가 되려 합니다. 부임한 첫해에 누가 보더라도 정말 굉장히 바빠 보인다는 말을 들을 수 있도록 정말 소처럼 일하고, 그 명성을 유지하며 남은 임기를 보내겠습니다.'" 이 방법이 제대로 통했다고 했다. 요즈음도 신도들은 부탁할 일이 있어 자신에게 전화할 때는 쭈뼛거리며 "목사님이 매우 바쁘신 줄은 알지만…"이라고 말을 시작한다고 했다. 앞에서 목사들이 사용한 작은 전술은 바쁜 삶을 강요하는 세상에서 자신을 보호하기 위해 고안한 것들이다.

게으르다는 인상을 줄까 봐 두려운 사람들은 계속 일을 벌이기 쉽다. 비영리 부문에서 활동하는 사람들은 흔히 깊은 열정을 품고 활동에 몰두한다. 그러면서 아무리 헌신적으로 일하더라도 충분하다고 느끼지 않는다. 계속 일하려는 동기는 여전히 자괴감을 느끼는 자신의 과거 모습에 대한 강한 반동에서 생겨날 수 있다. 의욕이 없거나, 의존적이거나, 목표 없이 살았던 과거의 자신을 향해 "본때를 보여주겠어"라고 이따금 씩 큰소리친다. 무기력하게 살았던 시절을 떠올리고 후회하면서 잃어버린 시간을 만회하기 위해 일에 몰두한다.

'내 시간 도둑은 훌륭해!'라는 착각

．

당신의 시간을 가장 많이 앗아가는 시간 도둑에 대해 생각해 보자. 물론 그 시간 도둑의 단점이 자신에게는 해당하지 않는다고 생각할 수 있다. 시간 도둑을 좋아하면 단점이 보이지 않을 수 있다. 시간 도둑에 그만큼 마음을 사로잡혔기 때문에 그토록 오랫동안 당신의 주변을 맴돌았을 것이다. 하지만 객관적으로 생각해 보자. 도둑에게 흥미를 느낀다는 자체가 바로 도둑이 위험한 이유이다.

더 많이 추구하는 가치 체계가 그렇듯 시간 도둑들은 '우리는 가지고 있는 것에 적응할 것이고 이내 더 많이 원할 것이다'를 뜻하는 심리학 개념인 '**쾌락 쳇바퀴**hedonic treadmill' 원리를 좇아 작용한다. '쾌락 적응hedonic adaptation'으로도 불리는 쾌락 쳇바퀴는 시간이 지날수록 만족 수준을 재설정하는 경향을 가리킨다. 우리는 더 많은 목표를 달성하고(추진력), 솜씨를 더욱 능숙하게 발휘하고(탁월함), 더 많은 지식을 쌓고(정보), 더 많이 행동할수록(부지런함) 새로 올라선 고원에 익숙해지는 동시에 흥미를 금세 약간씩 잃는다. 목적지라고 생각한 곳에 도달할 때마다 결승선은 이동한다.

개인 차원에서 생각하면 쾌락 쳇바퀴 때문에 결코 승리를 거뒀다고 선언할 수 없으므로 목적지에 도달했다거나 충분히 일했다고 느낄 기회를 만성적으로 박탈당한다. 조직 차원에서 생각하면 쾌락 쳇바퀴는 더 많은 프로젝트, 측정, 시스템, 문서주의를 숭배하는 복잡성의 세계로 개인을 줄기차게 밀어 넣는다. 영화 〈스타트렉Star Trek〉에서 끊임없이 번식하는 트리블tribble처럼 업무는 계속 늘어나며 얽히고설킨다. 기업은 결재 양식에 서명을 두 군데 하라고 요구하지만, 다음에는 세 군데, 조만간 네 군데 하라고 요구할 것이다. 고도로 세분화되고 체계적인 조직들이 점과 점을 연결하며 얽히고설킨 거미줄로 우리를 휘감는다.

시간 도둑들은 우리를 얄팍한 보상에 취해 비틀대게 만들면서, 멈출 수 있는 능력을 강탈한다. 의미 있는 일과 창의적인 통찰력으로 나아갈 수 있는 고속도로 출구를 쏜살같이 지나쳐버리게 만든다. 또 세상을 수용하는 능력을 약화시킨다. 이처럼 인간이 만들어낸 우두머리에 머리를 조아리고 진땀을 뻘뻘 흘리며 섬기는 경우에는 훌륭한 아이디어에도 주변 사람들과 주고받는 미묘한 단서에도 열린 태도를 취하기 힘들다.

심하게는 팀과 기업 전체가 시간 도둑 하나에 휘둘릴 수도 있다.

우리가 컨설팅 서비스를 제공했던 한 다국적기업은 그야말로 솟구치는 추진력을 발휘했었다. 대외적으로 대담하고 눈에 띄게 공격적인 마케팅 전략을 펼쳤고, 대내적으로도 맹렬한 추진력을 보였다. 이러한 성향은 그 기업에 보상을 주기도 했고 손해를 입히기도 했다.

내가 참석한 회의에서 고위 경영진은 휴식할 틈을 조금도 갖지 않고 밤에 비행기에 탑승해 오후에 공항에 내리자마자 곧장 회의에 들어갔다. 다른 외부 회의에 참석했던 팀은 하루에 14시간씩 일하기 전이나 후에 운동을 한다며 어둠을 뚫고 조깅을 했다. 사내에서 발표할 자료에 대해 팀이 요구한 수준은 심미적으로 인상적이기는 하지만 전술적으로 그 정도 수준까지 필요한지 의심스러웠다. 물론 팀의 재능과 열정은 존중을 받아 마땅하지만, 팀이 각 행보마다 쏟은 노력은 구성원들이 탈진할 정도로 위협적이었다.

다수의 대기업과 마찬가지로 아스텔라스제약Astellas Pharma에도 거슬러 싸워야 할 몇 가지 시간 도둑이 존재했다. 이곳을 쥐락펴락하는 우두머리 시간 도둑은 '정보'였다. 아스텔라스제약은 일본에 본사를 두고 시카고 외곽에 미국 지사를 두고 있었으므로, 미국과 일본의 문화를 아우를 수 있는 두 개념, 즉 효율성을 창출하기 위한 지속적인 향상과 협업을 달성해야 했다.

아스텔라스제약은 이 두 가지 가치를 지향한다는 자부심을 갖고 업무를 수행했다. 빠른 업무 진행, 치열한 경쟁, 자원 집약이 특징인 사업을 수행할 때, 이 중요한 개념에는 엄청난 양의 의사소통을 창출해 협력을 이끌어낼 수 있는 잠재력이 있었다. 하지만 프로젝트를 수행하는 동안 의사소통 양이 지나치게 많아지자 업데이트, 보고서, 설계도, 시청각 자료, 일대일 대화의 양이 증가하면서 중역들이 "방대해요, 그냥 방대하기만 해요"라고 불평할 지경에 이르렀다. 참고로 아스텔라스제약이 어떻게 정보와 휴전하는 법을 배우고, 어떻게 온건한 보완책으로 화이트 스페이스를 조직적으로 사용해 탁월한 결과를 얻을 수 있었는지는 책의 끝부분에서 다룰 것이다.

우리가 대개 시간 도둑에 보이는 반응은 선택적이 아니라 반사적이다. 그래서 다음과 같이 묻는 것을 망각한다. "내가 이렇게 행동하는 것은 습관이기 때문일까, 아니면 개인적 만족을 얻기 위해서일까? 내 선택이 업무 결과에 영향을 미칠까?" 하지만 필요하다고 느껴서 멈춤을 실천하고 화이트 스페이스라는 쐐기를 사용해야 한다고 기억한다면, 반사적으로 반응하지 말고 의도적으로 반응하면서, 어떤 도둑이 접근하든 그 도둑을 곰곰이 분석하고 평가하고 무장해제 시킬 수 있다.

일을 하다가 문득 팀 프로젝트를 한 달에 9건이나 계획하고 있다는 사실을 깨닫는가? 그렇다면 멈춰 서서 "잠깐, 이것은 추진력이라는 도둑이군"이라고 말하라. 프로 농구팀 시카고불스에서 뛰면서 쉴 새 없이 공을 공급하는 포인트가드처럼 주요 보고서 항목을 다듬느라 끝도 한도 없이 씨름하고 있다는 사실을 깨닫는가? 뒤로 물러서서 "잠깐, 기다려 봐. 이것은 탁월함이라는 도둑이군"이라고 말하라. 자신이 어떤 도둑에게 사로잡혀 있는지 자신과 다른 사람에게 소리 내어 말하면 도둑의 힘을 약화시킬 수 있다. 어릴 때 갖고 놀던 장난감이 나중에는 작아 보이지 않는가? 하지만 실제로 변한 것은 장난감이 아니라 자신이듯 시간 도둑을 점차 다른 관점에서 보기 시작할 것이다.

시간 도둑에 관해
생각할 시간을 가지라

- 업무 과부하를 부채질하는 4가지 시간 도둑은 추진력, 탁월함, 정보, 부지 런함이다. 이 요인들은 자산이지만 극단으로 치달으면 부패한다.

- 추진력이라는 도둑은 "전부 하라"라고 우리에게 말하며, 극도의 피로와 과잉 추진을 부른다.

- 탁월함이라는 도둑은 모든 업무에 엄격하게 높은 기준을 적용하라고 우리에게 말하며, 완벽주의로 몰아간다.

- 정보라는 도둑은 데이터와 연구는 언제든 많을수록 좋다고 우리에게 말하며, 업무 과부하를 초래한다.

- 부지런함이라는 도둑은 계속 전진하면서 행동해야 한다고 우리에게 말하며, 정신없이 일하도록 부추긴다.

▶▶ **생각해 보기**

시간 도둑들은 내가 하는 일을 어떻게 방해하고 있을까?

5장

단순화 질문

쓸모없는 부분을 깎아내 걸작을 탄생시키기

○

잠재력은 목표를 양에서
가치로 대체할 때
폭발한다

시간 도둑인 추진력, 탁월함, 정보, 부지런함은 귀중한 성장의 본질을 담고 있지만, 무엇이든 늘리고 어떤 것도 손에서 놓치지 말라고 개인과 회사를 너무나 빈번하게 압박한다. 시간 도둑의 탐욕은 우리 내면에 깜빡이는 소중하고 숭고한 위대함의 불꽃, 다시 말해 첫 업무를 제대로 완수하고 싶어 조바심 내던 그때의 그 정신을 타오르지 못하게 짓누른다. 그 불꽃을 다시 점화하려면 주변에 산소를 불어넣어 주어야 한다.

이제 전략적 멈춤을 실시해 업무량을 줄이거나, 여기에 그치지 않고 더 나아가 이른바 '**환원주의 사고방식**reductive mindset'을 채택해 자신의 하루를 **복원해야**de-crapify 한다. 환원주의라는 용어를 수학적 맥락에서 해석하면 '감량한다'는 뜻이다. 화이트 스페이스를 만든다는 관점에서 생각한다면, 환원주의 사고방식은 불필요한 요소를 줄이는 것을 제2의 본질로 삼아 세상을 보는 방식을 뜻한다. 또 복잡성, 할 일 목록, 낭비, 방해, 불필요한 접점과 회의를 줄이는 우아하고 발전적인 느낌을 축하하는 방식이다.

미켈란젤로는 어떻게 아무 형태도 없는 대리석 덩어리를 가져다가 다비드상을 조각했을까? 커다란 돌덩어리에서 **다비드David가 아닌 부분**을 모두 깎아냈다.

그렇다면 우리에게 있어 드러낼 수 있는 다비드는 무엇일까?

자신이 달성할 수 있는 최고의 일과 삶이다. 아침에 자신을 침대에서 벌떡 일어나게 만드는 의미 있는 일이다. 이렇게 살아가면 순간을 온전히 음미할 수 있고 유의미한 무엇 하나 놓치지 않는다. 그러므로 끝을 꺼내 필요 없는 부분들을 깎아내야 한다. 환원하는 태도는 불필요한 요소를 포기하거나, 줄이거나, 삼가거나, 끊거나, 건너뛰거나, 잘라내는 경향이나 반사작용을 발달시키는 것이다. 이러한 태도는 대부분의 회사와 전문가가 경력을 쌓는 내내 발전시켜왔을, 업무를 더욱 많이 처리하려는 본능을 거슬러야 한다.

혹시 당신의 이모가 여태껏 읽은 잡지와 30개도 넘는 케케묵은 립스틱을 아직도 보관하고 있지는 않은가? 아마도 소중한 물건을 실수로 버릴까 봐 두려워서일 것이다. 같은 심리적인 이유에서 우리는 잡동사니 같은 업무에 집착한다. 우리는 무언가 없애는 것이 낯설고, 뭔가를 없앰으로써 잘못될까 봐 걱정한다. 그래서 새로운 기획과 업무를 추가하면서도 불필요한 기획이나 업무는 거의 제거하지 않는다. 하지만 신중하게 주의를 기울인다면 잘못 제거할 위험을 줄이면서 자신에게 얹힌 짐을 덜어낼 수 있다.

기업은 사내 업무 처리 과정과 형식적인 절차를 줄이는 방법을 터득할 수 있다. 스티브 잡스가 그랬듯 목적이나 시장을 내려놓거나, 제품이나 사양에서 소비자가 고를 선택지를 단순하게 만들 수 있다. 1998년 10년의 공백기를 끝내고 애플에 CEO로 복귀한 잡스는 제품 수가 토끼처럼 늘어났는데도 수익성은 형편없다는 사실을 발견했다. 그래서 손에 끌을 들고 제품군에 손을 대기 시작해서 350개 제품을 10개로 급격히 깎아냈다. 10년 후 잡스는 〈포천〉과 실시한 인터뷰에서 이렇게 말할 수 있었다.

"애플은 300억 달러 규모의 기업이지만 보유한 주요 제품은 30개 미만입니다. 과거에는 생각할 수조차 없던 일이죠."

그럼 감량하려는 기업은 무엇을 살펴봐야 할까? 전부이다. 우선 직장에서 일어나는 모든 행동 범주를 조사해야 한다. 이것이야말로 업무 수행 능력을 증가시키는 방법이다. 귀중한 시간을 투입할 가치가 없는 요소가 책상 위나 삶에 놓여 있는가? 던져버리라. 줄이라. 지워 없애라. 가차 없이 대담하게 그렇게 하라. 지나치게 많은 일로 삶이 꽉 차 있으므로 우리는 일에서 손을 떼는 법을 배워야 한다.

단순화 질문

●

높은 과속방지턱이 자동차 속도를 확실히 늦추듯, **단순화 질문**은 개인의 일과 삶의 속도를 늦추고 멈춤을 제공한다. 당신을 멈추도록 돕는 동시에 추진력, 탁월함, 정보, 부지런함을 긍정적으로 적용하도록 능숙하게 이끌어주는 재치 있는 질문 4가지가 있다. 각 질문은 일의 핵심으로 향하는 길을 안내한다. 개인적으로 나는 이 질문들을 거의 매주 나에게 물어본다.

① 내가 손을 뗄 수 있는 일이 있는가?

② '이 정도면 괜찮아'라고 생각해도 충분한 것은 무엇인가?

③ 내가 정말 알아야 하는 것은 무엇인가?

④ 내가 주의를 기울일 만한 가치가 있는 것은 무엇인가?

각 질문은 시간 도둑이 제기하는 위험을 가리키는 동시에 해결 방법을 제시한다.

• 추진력이 과도해질 때는 이렇게 묻는다.

내가 손을 뗄 수 있는 일이 있는가?

• 탁월함이 완벽주의로 바뀔 때는 이렇게 묻는다.

'이 정도면 괜찮아'라고 생각해도 충분한 것은 무엇인가?

• 정보가 과부하될 때는 이렇게 묻는다.

내가 정말 알아야 하는 것은 무엇인가?

* 제정신이 아닌 듯 과열될 때는 이렇게 묻는다.

내가 주의를 기울일 만한 가치가 있는 것은 무엇인가?

단순화 질문들은 개인, 팀, 조직의 수준에서 모두 사용할 수 있다. 과부하에 걸리거나 더 많이 일하라는 탐욕스러운 요구가 머리를 들 때는 언제든 이 질문들을 던지라. 그러면 습관적으로 시간 도둑에 당하고 있는지, 4가지 자산들을 실질적으로 사용하고 있는지 분별하고, 낭비에서 벗어나 양이 아닌 가치를 추구하는 방향으로 노력을 재분배할 수 있다.

시간 도둑을 제어하는 4가지 단순화 질문		
자산	**위험**	**해결 방법**
추진력	과잉 추진력	내가 손을 뗄 수 있는 일이 있는가?
탁월함	완벽주의	'이 정도면 괜찮아'라고 생각해도 충분한 것은 무엇인가?
정보	정보 과부하	내가 정말 알아야 하는 것은 무엇인가?
부지런함	과열	내가 주의를 기울일 만한 가치가 있는 것은 무엇인가?

단순화 질문 사용하기

●

도나는 열정적인 완벽주의자였다. 실제로 OCD(강박장애를 뜻하는 obsessive compulsive disorder의 약자-옮긴이)조차도 장난삼아 알파벳 순서로 나열해 CDO라고 말할 정도였다. 단점이 드러나기 전까지는 사세가 빠르게 성장하는 음료 브랜드를 지휘하는 마케팅 이사에게 완벽주의는 엄청나게 소중한 자산이었다. 도나는 사업용 완벽주의(새 광고판 색상을 선택할 때)와 취미생활용 완벽주의(형식을 엄격하게 지킬 필요가 없는 스프레드시트를 준비하면서 열의 너비까지 정렬할 때)를 구분하지 못하고, 시간을 잡아먹는 디테일에 빠져들어 사업을 진전시키지 못했다.

어느 날 상사가 도나를 한쪽으로 불러 세우더니 누가 들어도 거칠지만 머릿속에 쏙 박혀 잊히지 않을 말을 했다. "도나, 마케팅에서 완벽주의는 짙은 색 바지에다 오줌을 싸는 것과 같아요. 아무도 눈치채지 못하는데 당사자만 아랫도리 전체에 기분 좋은 따뜻함을 느끼거든요." 상사는 이 말을 하고 한바탕 호탕하게 웃어젖히고는 앞으로 다시는 이 비유를 들지 않겠다고 약속했다. 그러면서 도나와 같은 생각을 가진 팀원 몇 명도 불러서 화이트 스페이스 개념을 설명했다. 도나는 다양한 연습 방법을 습득하기 시작하면서 "이 정도면 괜찮아'라고 생각해도 충분한 것은 무엇인가?"를 주문으로 삼았다. 처음에는 완벽주의를 포기하는 것이 너무 두려웠지만, 곧 자신에게 있는 탁월함이라는 금화를 어디에 쓸지 선택할 때 이러한 정신적 여과 장치가 엄청나게 중요하게 쓰인다는 사실을 깨달았다.

사람마다 공감하는 질문은 다르고 이것이 단순화 질문의 매력이다. 사람들은 자신에게 가장 필요한 질문에 끌리기 마련이다. 마크 보블릿 Mark Baublit은 단순화 질문들 중 하나를 사업 수행의 구심점으로 삼고 있다. 마크는 열여섯 살이었을 때 가족처럼 지내는 친구에게 첫 일자리를 달라고 부탁했다. 그들은 마크를 톱밥으로 뒤덮인 4,645제곱미터 넓이의 진열장 제작소에 일자리를 마련해 주면서 "네가 여기서 무엇을 할 수 있을지 생각해 봐"라고 말했다. 마크는 그 공간을 변화시켰다. 사방에 톱밥 더미가 놓여 있고, 발밑에 나무토막이 여기저기 뒹굴어서 자칫하면 발에 걸려 넘어질 수 있는 위험 지대에서 마크는 아무런 방향도 제시받지 않았지만 혼돈 상태에 질서를 정착시켰다. 상사가 들어와서 작업장을 보고 "세상에!"라고 감탄한 후에 마크는 계속 승진하며 다른 사람들의 부러움을 사는 경력을 쌓아갔다.

마크는 "내가 아는 사람 중에서 가장 열심히 일하는 사람"인 아버지에게 직업윤리를 배웠고 쉼 없이 일하다가 결국 커리어 초반에 건강을 해치고 가족을 희생시켰다. 하지만 자기 사업을 시작하면서 "내가 주의를 기울일 만한 가치가 있는 것은 무엇인가?"라고 자문하며 일의 속도를 늦췄다. 마크는 직원에게 "계획적인 멘토 역할"을 하겠다고 결심했다. 팀의 목적을 추구하도록 직원을 돕고, 자신이 과거에 놓쳤던 자기 관리 교훈을 배우는 것이 자신에게 주어진 사명이라고 믿었다. 마크는 "직원들은 비전에 동의할 때 최대 능력치를 발휘하며 기쁜 마음으로 일한다"라고 말했다. 또 자신이 선호하는 단순화 질문을 정기적으로 활용해 스트레스를 상당량 줄이고, "덜 격렬하지만 더욱 집중해서" 일하도록 팀 전체를 돕고 있다.

개인에게도 팀에도 단순화 질문을 사용하면, 업무를 구성하는 모든 요소가 축소의 표적이 될 수 있다. 발표 자료를 예로 들어보자. 우리가 한 글로벌 금융 기업에서 훈련시켰던 팀들은 발표 자료를 확정하기 전에 24개 이상의 시안을 검토했었다. 당신이 일하는 조직도 비슷하다면 멈춤을 실천해야 하고, 소모적인 노력 때문에 재능을 낭비하지 않도록 단순화 질문을 사용해야 한다.

"'이 정도면 괜찮아'라고 생각해도 충분한 것은 무엇인가?"라는 질문을 던져서 발표 자료의 심미적인 측면을 점검한다. 특히 사내 회의용 발표 자료를 준비할 때 가치에 대비해서 디자인 작업에 들어가는 시간의 비용을 따져보고 논의해야 한다.

발표 자료에 적은 데이터, 숫자, 도표에 대해 "내가 **정말** 알아야 하는 것은 무엇인가?"라고 질문하면 낭비를 방지하는 데 유용할 수 있다. 이 질문은 검토 자료에 어떤 데이터를 포함시킬지를 두고 도전적으로 토론하는 과정을 이끌어낼 수 있다. 토론한 결과에 따라서 세부 데이터의 일부를 색인을 달아 뒤로 옮기거나, 회의 전이나 후에 배포할 자료로 옮길 수 있다.

발표 자료를 작성하는 습관을 확인하기 위해 "내가 손을 뗄 수 있는 일이 있는가?", "내가 주의를 기울일 만한 가치가 있는 것은 무엇인가?" 라고 물어라. 이를 통해 특정 발표 자료를 만드느라 시간을 낭비하고 있다는 사실을 깨달을지 모른다. 이러한 경우에는 깊이 생각해서 내용을 정리한 후에 구두로 대화하는 것으로 발표 자료를 대체할 수 있다.

그러면 토론을 이끄는 사람들의 발표 기술을 연마시킬 수 있는 동시에 많은 시간을 절약할 수 있다.

제인 구달처럼 관찰하라

●

나는 단순화 질문을 사용해 일과 시간을 감량하는 법을 수많은 사람에게 알려왔다. 감량을 조심스럽게 행동으로 옮기는 사람들도 많지만, 의욕이 넘치는 사람들은 재빨리 단순화를 실천하고 싶은 욕구를 느낀다. 그들은 자신에게 주어진 업무나 다른 사람에게 지시한 업무의 일부가 완전히 터무니없는 일이란 사실을 처음으로 깨닫고, 낭비라고 생각하는 대상을 향해 누군가 나서서 말리기 전까지 감량의 칼자루를 휘두르기 시작한다.

성급하게 선택한 '감량'은 위험에 빠지게 할 확률이 높다. 그러다보니 단순화에 대해 알게 된 리더는 감량 첫날 누군가의 환원주의 정신을 억누르고 싶을 수 있다. 그들이 직장에서 몇 가지를 잘못 없애게 놔두고, 고통스러운 결과를 치르게 하라. 업무 진행 속도를 높이고 싶은 마음이 든다면 실제로는 반대로, 먼저 평가와 관찰이라는 느리고 인류학적인 방식으로 바꿔야 한다. 자신에게 주어진 업무를 시작하기 전에 얼마간 시간을 내서 제인 구달의 행동을 모방하길 권한다.

고인류학자 루이스 리키Louis Leakey는 연구를 실시하기 위해 구달을 포함해 젊고 상대적으로 경험이 부족한 여성 3명을 고용해, 각기 다른 야생과 경이의 지역으로 파견했다. 이렇게 해서 다이앤 포시Dian Fossey는 르완다에서 마운틴고릴라를 연구하고, 비루테 갈디카스Birute Galdikas는 인도네시아에서 오랑우탄과 함께 살고, 세 여성 중에서 가장 인지도가 높은 구달은 탄자니아에서 침팬지를 연구했다. 구달은 관찰한 내용을 깊이 사색하고, 주변 환경과 침팬지뿐 아니라 자신의 감정과 행동까지 담은 감동적인 글을 남겼다.

업무를 시작하기 전에 언덕으로 올라가 안개가 자욱한 곳에 있는 당신이 속한 무리를 관찰하라. 일하고 있는 회사, 동료, 자신을 살펴보라. 무엇도 판단하지 말라. 현장에서 메모를 하고 인류학자처럼 호기심을 품고 중립적인 태도로 생각하라. 그리고 나서 이렇게 자문하면 된다.

- 나의 직업에서 무엇이 무의미하게 느껴지는가?
- 사람들에게는 생각할 시간이 있는가?
- 모든 업무를 의미 있게 만드는 요소는 무엇인가?
- 이러한 종류의 업무를 수행할 시간은 충분한가?
- 어떤 특정 접점이 방해가 되는가?
- 기업에서 모든 직원을 미치도록 바쁘게 만드는 터무니없는 요소는 무엇인가?

리더는 마음속으로 품고 있지만 결코 입 밖으로 말하지 않은 생각을 공유하라고 팀원들을 격려해야 한다. 의견을 환영하는 말투를 사용하고, 자신이 어려움을 겪은 이야기를 겸손하게 들려주면 팀원들도 진실을 말할 것이다. 추진력과 부지런함을 지향하는 사람들은 이 단계를 거칠 때까지 끈기 있게 기다리기 힘들겠지만 인내심을 발휘해야 한다. 탁월함과 정보를 지향하는 사람들은 '충분히' 연구하거나 '제대로' 실행하려고 애쓰면서 이 기간을 늘리고 싶은 충동을 느낄 것이다. 이 기간을 1~2주로 절충한다면 출발해도 된다며 녹색 깃발이 올라갈 것이다.

업무 감량 도입기에 신중하게 행동해야 하는 이유가 하나 더 있다. 어설픈 방식으로 감량을 실시함으로써 '전문가가 갖춰야 할 끈기를 보유했다'는 평판이 훼손되는 사람이 아무도 없어야 한다. 즐거움을 좇느라 자신이 어떤 상황에 놓여 있는지, 누구 밑에서 일하는지 잊어서는 안된다. 업무를 줄이고 싶은 사람이 커리어가 위험에 빠지지 않는 안전한 단계를 밟도록 돕고, 발전적인 사고는 하지 못하면서도 직원을 해고하는 데는 꽤나 능력을 발휘하는 고위 리더들에게 대항해 그들이 자리를 지킬 수 있도록 돕는 건 지금 내가 하고 있는 일이기도 하다.

참치 vs. 크릴새우

•

가치 있는 일에 집중하고 열린 시간을 되찾기 위해 단순화 질문을 사용할 때는 두 가지 종류, 즉 참치와 크릴새우의 어획량을 구분해야 한다.

대서양참치는 어마어마하게 큰 물고기다. 번쩍거리는 외관을 뽐내며 먹이사슬의 정상을 차지하고 있는 이 포식자를 잡으면 오랫동안 넉넉하게 먹을 수 있다. 다른 한편으로 크릴새우 같은 작지만 강력한 단백질 공급원을 어획해서 식량을 확보할 수도 있다. 크릴새우는 아주 작은 갑각류 동물인데 물고기보다 항산화 물질을 더 많이 함유하고 있으며, 서식량이 매우 풍부해 지구에서 인류 전체보다 많이 살고 있다.

감량을 추구하는 환원주의 사고방식을 소유한 대부분의 열광적인 초심자들은 참치를 찾는다. 그래서 3일 동안 열리는 외부 일정을 취소하거나, 해외시장에서 철수하거나, 수년 간 진행해온 프로젝트를 중단하고 싶어 한다. 스티브 잡스 같은 인물이 되고 싶어 하고, 그동안 회사에서 낭비되었던 것들이 포획되어 커다란 참치처럼 갑판에 퍽 하고 요란하게 떨어지는 상상을 즐긴다.

하지만 나는 크릴새우가 좋다. 대부분 사람들에게 적용될 텐데, 감량을 시작하기에는 참치보다 크릴새우가 낫다. 화이트 스페이스 사용자들이 모든 회의에서 5분씩 '감량'하기 시작했다고 말하곤 하는데 이런 게 크릴새우다. 고객 트래킹 소프트웨어에서 한 분야를 없애면 각 영업 사원이 0.5초씩 하루 60회를 절약할 수 있고, 여기에 영업 사원 100명을 곱한 만큼의 새로 찾은 시간을 사용해 가치 제안value proposition을 정비할 수 있다. 고객 팀이 복잡한 경비 보고에서 벗어나 하루 단위 보고 방식으로 전환하는 경우에도 내 머릿속에서는 어획한 숫자들이 행복하게 춤을 춘다. 덧붙이자면 크릴새우를 그물로 끌어당길 때는 어깨 근육도 찢어지지 않는다. 부담이 적단 뜻이다.

워싱턴 D. C.에 있는 멋진 강당에서 고객들과 만나는 도중 커다란 크릴새우 어군을 발견했던 일이다. 질의응답 시간에 한 사람이 일어나 설명한 '5-15분 보고서 작성 원칙'은 전적으로 환원주의적 관점에 근거한 생산성 도구였다. 5-15분 원칙은 양이 방대해서 아무도 읽지 않는 보고서를 더 이상 작성하지 않고 성과, 우선순위, 도전 과제를 압축한 보고서를 작성할 때 적용한다. 또 읽는 데 5분, 작성하는 데 15분 이상 걸리지 않는 업데이트 자료를 제공한다.

그리 긴 시간을 사용하는 것은 아니지만 이 창의적 집단에서 5-15분 원칙을 적용하는 것은 여전히 부담이었다. 나는 능률적인 기술을 가동하는 시스템에서도 즉시 크릴새우의 냄새를 맡고 나서 계산을 실시했다. 150명이 주당 20분(보고서를 한 편 읽고 한 편 작성한다고 추측했을 때)을 사용하면 주당 3,000분, 약 50시간이 소요된다. 여기에 연간 50주의 근무시간을 곱하면 연간 2,500시간이다. 전문직 종사자들은 이러한 수치를 새롭게 인식하고 나서, 과연 5-15분 원칙을 적용해 이 시간을 최적으로 사용할 수 있을지, 유용하고 의도적인 업데이트 간격을 늘릴 수 있을지, 모든 사람이 실천해야 할 필요가 있을지를 논의할 수 있었다.

자신의 역할과 조직 내에서 우선 크릴새우를 잡기 위한 질문부터 시작하고, 좀 더 용기를 내고 숙련도를 높여서 참치 질문까지 던지기 시작하라. 어떤 거대한 과정이 당신을 짓누르는가? 사용자가 과거에 제안했지만 지금 반드시 구축해야 한다고 느끼는 새로운 기능은 무엇인가? 미루거나 아예 만들지 않겠다고 결정할 가능성이 있는 제품이나 기능은 무엇인가? 월별 직원 몰입도 조사에 대해 알고 있는가? 분기별로 조사를 실시해도 괜찮은가? 조사는 정말 유용한가?

조직이란 바다에서 참치도 크릴새우도 번식을 멈추지 않으리란 점에 주목하라. **둘 다 돌아올 것이다.** 어지럽혀진 무리를 치우고 돌아서면 어느덧 더 많이 몰려와 있다는 사실을 깨달을 것이다. 이것은 자연스럽게 발생하는 과정이다. 하지만 가능한 한 참치와 크릴새우가 다시 번식하도록 허용하지 말아야 한다. 과제가 없는 시간의 가치, 이러한 시간이 제공하는 회복적·환원적·성찰적·건설적 풍성함을 기억하면서 신념을 지키라.

위임과 미루기

　●

　업무를 '위임delegation'하는 게 열린 시간을 더 많이 만들어내는 것은 확실하지만, 사람들은 대부분 다른 이에게 자신의 일을 맡기는 것을 망설인다. 일반적이거나 구체적인 이유로 인한 불신, 자신이 조직에서 배제당할 수 있다는 걱정, 도움을 요청할 때 느끼는 죄책감, 무슨 일이든 내가 더 잘할 수 있다는 생각 등이 망설임의 이유이다. 어떤 사람들은 프로젝트를 절반 정도 위임한 후에도 감시의 끈을 놓지 않고, 위임받은 사람을 괴롭히면서 화이트 스페이스를 집요하게 없앤다. 매가 머리 위를 빙빙 날며 감시하는 상황에서 일하기는 누구라도 쉽지 않은데 말이다.

　1980년대 후반 애리조나주 사막에 세운 건물로서 공상과학 영화에 나올 법한 바이오스피어2Biosphere2에 대해 알고 있는가? 이 거대한 유리 구조물은 과학자들이 실제 생물권, 즉 생명체를 포함한 지구 표면의 일부를 모방해 지었다. 크기는 생태학에 기술을 접목해 지금껏 지구상에 구축된 폐쇄형 생태계 가운데 가장 컸다. 8명의 과학자들이 파란색 점프 수트를 입고 이 건물에 들어가 자신들을 봉인했다. 바이오스피어2는 열대우림에서 산호초, 인공 사바나까지 7개의 생물군이 복제되어 설치됐었다. 과학자들은 몇 년 동안 그곳에 살면서 자신들이 먹는 식량의 83%를 경작하고, 갈라고원숭이 같은 영장류와 함께 지냈다.

주민 사이에 긴장이 고조되고 산소가 부족해지면서 프로젝트 전체가 붕괴하기 전까지 건물 안에 있는 나무는 이상적인 양의 물과 영양분을 공급받으며 튼튼하게 쑥쑥 자랐다. 그러다가 나무들이 불가사의하게도 죽었다. 왜 그랬을까? 바람을 한 번도 쐬지 못했기 때문이었다. 원래 인간의 눈에는 잘 보이지 않지만 강한 바람에 맞서 버티려는 미묘한 움직임들이 나무 세포를 더욱 강하게 만든다. 그 버티는 힘이 나무 몸통의 생존에 반드시 필요한 연결 세포를 형성한다.

마찬가지로 팀 역시 업무를 위임하고 받으며 바람에 맞서는 과정을 통해 강하게 성장할 것이다. 따라서 신뢰할 수 있는 제1계층 직원에게 업무를 자주 위임하되, 신뢰하기는 하지만 완전히 신뢰하지는 않는 제2계층 직원에게도 업무를 위임할 수 있어야 한다. 이것이 새로운 인재를 발굴해 양성하고 제1계층을 더욱 두텁게 만드는 유일한 방법이다.

이때 실질적으로 아무것도 제거하지 않으면서 불룩 튀어나온 부분을 이리저리 밀어 넣기만 하는 보정속옷 증후군spanx syndrome의 피해자가 되지 않도록 주의해야 한다. 위임과 자동화는 훌륭한 환원주의자들에게 언제나 최우선 선택 사항인 감량을 간과할 구실을 제공할 가능성이 있다. 우리는 내가 '6주 망상Six-Week Delusion'이라고 이름 붙인 사고 착오를 근거로 해서 참치를 끌어올리는 것을 이따금씩 미룬다. 예를 들어 판매 업체로부터 세 번째 만나자는 요청을 받으면 "지금은 가능하지 않지만 8월(약 6주 후)에는 만날 수 있습니다"라고 대답할지 모른다. 일정이 꽉 차 있는 현재와 비교했을 때, 미래의 일정표는 전부 비어있으므로 8월에 만나는 것은 상당히 쉬워 보이기 때문이다. 하지만 돌이켜 생각하면 4월 말 시점에서도 약 6주 후인 6월 중순은 똑같이 여유 있어 보였지만 어쨌거나 일정으로 채워졌다. 따라서 미래의 시간은 현재 시점에서 비어 있더라도 예외 없이 일정으로 채워질 것이다.

이제 8월이 되었다. 시간에 쫓기기는 마찬가지다. 고객은 부담스러운 요구를 하면서 빠른 시간 안에 처리해주기를 기다린다. 새로운 아이디어를 내서 사업 실적을 개선해야 한다는 중압감이 당신의 어깨를 내리누른다. 퇴근하면 아이들에게 구운 치즈샌드위치를 만들어주어야 하고, 아이들이 뛰는 축구 경기에서 인내심을 발휘하며 학부모 심판을 보아야 한다. 일정이 없어서 비어있던 미래의 달력은 환상적인 희망을 만들어내며 당신의 명철한 판단력에 영향을 미쳤다. 하지만 8월이 오면 어쩔 수 없이 판매업체 회의에 참석해야 하고, 참치는 다시 미끄러져 푸른 바닷속으로 돌아간다.

우리는 위임하는 법을 배우고 미래의 시간을 정확하게 가늠하는 기술을 차분히 습득해야 한다. 일에서 손을 떼는 연습을 하면 회복적, 성찰적, 건설적 멈춤을 더욱 많이 실천할 수 있는 시간을 능동적으로 만들어낼 수 있다. 그러면 업무량을 줄이면서도 성과를 늘릴 수 있다. 발목에 차고 있던 모래주머니를 벗고 나면 비로소 자신이 얼마나 빨리 달릴 수 있는지 깨달을 것이다.

내가 좋아하는 것을 삭제하라

●

기사나 원고를 쓸 때 자신이 좋아하는 문장을 삭제하라는 유쾌하지 않은 말은 무슨 뜻일까? 자신이 좋아하는 문장이라도 좀 더 중요한 문장을 조명하기 위해 제거해야 한다는 뜻이다. 이와 마찬가지로 일할 때 자신의 에너지와 재능을 자유롭게 구사하려면 스스로 소중하게 생각하는 프로젝트와 아이디어라도 희생시켜야 한다.

우리 팀은 이러한 과정을 잘 추진할 수 있도록 고객을 돕는 업무를 이따금씩 추진한다. 무엇 하나 손에서 내려놓지 못하는 한 간부의 팀이 있었다. 매일 고객 대면 업무를 주로 수행했으므로 이 팀이 겪는 고충은 더 컸다. 이 집단과 회의하면서 우리는 우선 부서 전체의 업무와 프로젝트에 대해 브레인스토밍을 할 수 있도록 벽에 종이를 붙였다. 늘 그렇듯 업무 목록을 작성하는 것만 해도 시간이 한참 걸렸고 다음 날에도 계속 회의가 이어졌다.

감량할 수 있는 업무가 있는지 판단하기 위해 가장 필수적인 항목을 식별해야 했다. 참석자들은 열띤 의견을 주고받은 후에 가장 중요하다고 전원이 동의한 3가지 주요 항목을 선택하고 빨간색 마커로 네모를 쳤다. 그리고 나서 각자 검은색 마커를 손에 들고 벽에 붙은 종이 주변을 마치 미술관에서 작품을 관람하듯 거닐며 줄일 수 있는 항목을 골랐다. 위임하거나, 연기하거나, 축소하거나, 제거할 수 있는 항목에 표시했다. 대부분 빨간색 네모를 치지 않은 항목이 대상이었다. 참석자들이 이렇게 한 시간 동안 걸으며 일하고 나서 도출한 결과는 맙소사, 감량할 수 있는 항목이 전혀 없다는 것이었다!

나는 이러한 상황이 벌어지리라고 이미 예측했다. 중요하지 않다면 애당초 목록에 넣지도 않았을 것이기 때문이다. 게다가 복잡한 과정으로 이루어진 업무를 바꾸기가 지나치게 버겁다고 느껴질 때가 많다. 한 사람에게 낭비로 비치는 과정이라도 다른 사람은 좋아할 수 있으므로 참석자들의 의견이 일치하기도 힘들다. 누구도 자신이 좋아하는 것을 내려놓고 싶어 하지 않는다.

이것은 '이케아 효과IKEA effect'로 불리는 인지적 편견이다. 이케아 효과는 설사 서랍장 서랍이 부드럽게 닫히지 않더라도 자신이 조립한 물건에 불공정하게 높은 가치를 부여하는 경향을 가리킨다. 우리의 긍정적인 자아 개념은 자신의 일을 중심으로 넘쳐흐른다. 이케아 효과를 이해하려면 인지 부조화의 한 유형인 '노력의 정당화effort justification' 개념을 파악하는 것이 중요하다. 노력의 정당화는 어렵거나 고생스러운 일을 할 때 노력을 쏟아부을 만한 정당한 이유가 있다고 믿고 싶어 한다는 뜻이다. 결과적으로 자신이 시작한 저가치 프로젝트를 포기하기가 매우 힘들어진다.

이 팀은 회의가 끝나갈 무렵 결국 댐에 나 있는 작은 틈새를 찾아냈다. 팀원 하나가 여전히 벽 주위를 끈질기게 서성거리다가 아무에게도 필요하지 않았던 보고서를 하나 찾아냈던 것이다. 다른 팀원 하나가 보고서를 무시하자고 조심스럽게 제안하면서 팀의 업무는 조금씩 원활하게 돌아가기 시작했다. 팀의 리더는 누구에게나 그렇듯 시작은 약간 덜컹거릴 수 있다는 사실을 깨달으면서, 업무와 팀 문화를 급격하게 향상시켜 나갔다.

웃으세요

●

'웃으세요, 몰래 카메라입니다 Smile, you're on Candid Camera**'**라는 말은 텔레비전 프로그램 '몰래 카메라'를 시청한 적이 없더라도 누구나 흔히 들어 귀에 익은 말이다. 영화를 보거나 클래식 텔레비전 프로그램을 즐겨 시청한 사람이라면, 이 프로그램에서 자기 모습을 매우 솔직하게 온전히 드러내는 사람을 보았던 독특한 경험을 떠올릴지 모른다. 이 프로그램의 제작진인 내 아버지는 사람들에게서 솔직한 모습을 끄집어내는 재주를 군대에 복무할 때 개발했다.

나의 아버지는 제2차 세계대전 당시 오클라호마주 머스코지Muskogee에 주둔한 통신 부대에서 소위로 복무하면서 군인들이 사랑하는 사람들에게 보내는 음성 편지를 녹음하는 임무를 맡았다. 하지만 문제가 생겼다. 군인들은 연습할 때는 자연스럽게 말했지만 실제 녹음을 알리는 빨간불이 기계에 켜지기만 하면 여지없이 긴장하면서 말을 더듬었다. 녹음용 디스크가 비싼 데다가 재사용할 수도 없었으므로 아버지는 특단의 조치를 취하기로 결정했다. 빨간불을 끄고, 군인들에게 알리지 않고서 연습하는 음성을 녹음했던 것이다. 그러자 군인들의 솔직하고 진지한 감정이 드러났다. 사람들이 알지 못하는 상태에서 녹음한다는 핵심 아이디어는 '몰래 마이크Candid Microphone'로 발전했고, '몰래 카메라'를 거쳐, 최종적으로는 리얼리티 텔레비전 프로그램의 한 장르로까지 진화했다.

몰래 카메라가 추구하는 사명은 출연자가 진정한 자신의 모습을 드러내는 장면을 포착해 그들의 독특한 개성을 조명하는 것이었다. 이것은 우리가 일을 줄이기 위해 멈춤을 사용할 때 추구하는 목표와 동일하다. 우리는 당신이 낭비라는 베일을 걷어내고 최고의 자기 모습, 즉 어디에도 얽매이지 않고 날아오르는 자유로운 자아를 드러내기를 바란다. 또 시간 도둑으로부터 얻은 동력과 재능을 펼치기를 바란다. 보라색 나팔꽃 덩굴이 지나치게 무성하게 퍼지기 전에 **그 자체만으로 아름다운** 최적의 지점이 있기 마련이다. 이 최적의 지점은 시간 도둑으로부터 획득한 힘을 좋은 용도로 사용하고, 시간 도둑이 자신에 속하지 않은 자원을 끌어다 쓰면서 우리를 압도하기 시작하기 직전에 포착할 수 있다. 모두 힘을 합해 그 지점을 찾아 균형을 잡아야 한다.

현대무용의 전설적 인물인 마사 그레이엄Martha Graham은 이렇게 말했다. "모든 시대를 통틀어 나라는 사람은 유일하다. 나만의 독특한 표현을 차단하면 다른 어떤 매체를 통해서도 결코 존재하지 않고 사라지고 말 것이다."

단순화 질문은 우리의 진짜 모습을 소환한다. 차분함의 물결을 일으키고, 우리를 감정적으로 해방시키고, 기대치를 바꾸도록 돕는다. 그런 다음에는 마음을 쏟아붓고 싶은 일은 무엇이든 하겠다고 나설 수 있도록 우리를 위해 길을 닦아준다.

단순화 질문에 관해
생각할 시간을 가지라

- 전략적 멈춤을 사용해 일을 줄이고 정리하면 의미 있는 일을 추진할 수 있는 여백을 더 많이 발견할 수 있다.

- 다음 4가지 질문은 추진력, 탁월함, 정보, 부지런함을 능숙하게 적용하도록 도울 것이다.

  내가 손을 뗄 수 있는 일이 있는가? (추진력)

  '이 정도면 괜찮아'라고 생각해도 충분한 것은 무엇인가? (탁월함)

  내가 정말 알아야 하는 것은 무엇인가? (정보)

  내가 주의를 기울일 만한 가치가 있는 것은 무엇인가? (부지런함)

- 업무, 프로젝트, 할 일을 제거하기 전에 먼저 일의 진행 속도를 늦추면서 인류학자처럼 차분히 관찰하는 것이 좋다.

- 과부하(어군 번식) 후에 단순화로 감량을 실시하는 경우에 작은 표적(크릴 새우)이 큰 표적(참치)보다 효과는 크고 스트레스는 적을 수 있다.

▶▶ 생각해 보기

내가 시간을 내지 않은 의미 있는 일에는 무엇이 있을까?

6장

환각적 긴급성

당장을 강조하는 문화의 베일 벗기기

○

얼마나 긴급한지
그 값을 측정해야
쉴 틈을 만들 수 있다

산업화 시대 이전에는 농업 노동자들이 코카인의 원료인 코카잎을 씹으며 일하는 사례가 흔했다. 뜨거운 태양 아래서 육체노동을 할 때 화학작용에 힘입어 약간 취한 상태로 노동력을 유지하기 위해서였다.

오늘날 직장인들은 육체노동을 하지 않더라도 알게 모르게 업무를 서둘러 처리하려는 의욕에 취해 매우 복잡하면서 해결해야 할 문제가 산재한 업무에 덤벼든다. 내가 여기서 지적하려는 것은 긴급하다는 환각을 일으키는 정신 상태이다. **환각적 긴급성**hallucinated urgency은 업무에 대한 시간 민감도를 낮춰서 모든 사람을 매일 하루 종일 '투쟁 아니면 도피fight or flight(긴박한 스트레스를 느낄 때 자동적으로 나타나는 생리적 각성 반응—옮긴이)' 상태로 만드는 만성적인 조건이다.

업무를 마치고 재빨리 전송 버튼을 누른 후에 곧장 후회한 적이 있는가? 그랬다면 환각적 긴급성 때문이다. 성급한 대답을 무심코 내뱉은 적이 있는가? 이 또한 환각적 긴급성에 따른 반응이다.

'그 제안서를 보내! 문자에 대답해! 아이쿠, 인스턴트 메시지가 또 왔군! 빨리 대답하지 않으면 게으르거나 묵묵부답이라는 비난을 듣겠지.' 우리는 주변 사람들이 일하는 속도에 동화되어 발끝을 까딱거리거나, 펜을 딸깍거리거나, 다리를 떨며 업무마다 시간에 민감하다고 반사적으로 정의한다. 복도를 걷고 모퉁이를 돌 때마다 "늑대다!"라고 외치는 꼴이다. 이러한 업무 수행 방식을 고수하면서 잠시도 멈추지 않고 자신의 소중한 에너지를 마구잡이로 소모한다.

습하고 어두컴컴한 곳에서 증식하는 곰팡이처럼, 시간 도둑들은 환각적 긴급성이라는 환경에서 번성한다. 그 웅덩이에서 생겨난 부지런함이라는 도둑은 특히 그렇다. 우리가 더욱 빠르고 강하게 반응할수록 '행동하기 전에 생각하자'는 원칙은 힘을 잃는다. 이러한 맥락에서는 매 순간 추진력, 탁월함, 정보, 부지런함의 수준을 의도적으로 선택할 수 없다.

화이트 스페이스를 실천하려 할 때는 환각적 긴급성에 반항하는 것이 중요하다. 전략적 멈춤을 채택하고, 시간 도둑을 이해하고, 단순화 질문을 던지는 방식은 업무 속도를 재촉하지 않는 환경에서 더욱 효과를 발휘한다. 하지만 눈으로 확인하기도 전에 몸이 총알처럼 움직이는 습관이 배어 있다면 신중함이라는 잠재적 도구를 잃고, 내가 경험했던 일처럼 자신을 잘못된 길로 이끄는 기대치를 만들어낸다.

굶주렸던 경험에서 얻은 교훈

•

1998년 화이트 스페이스를 실천하는 길을 찾아가고, 집단을 상대로 문제를 해결하거나 학습을 촉진하는 활동을 연구할 때였다. '동정적 경청compassionate listening'으로 불리는 팔레스타인-이스라엘 평화 프로젝트의 연락책 자격으로 이스라엘을 찾은 적이 있다. 우리는 아랍계 시인, 정통파 유대교 랍비, 이스라엘 국회의원들, 가자Gaza Strip 지구의 청각장애 아동들을 포함해 갈등을 빚고 있는 지역의 사람들과 수십 차례 회의를 했다. 이러한 경험을 하면서 발견한 사실이 있었다. 미국 유대인 여성이 헤브론 소재 팔레스타인해방기구PLO의 간부 집에서 머무르고, 며칠 지나 서안 지구West Bank의 정착민 집에 머무른다면 정치와 종교에 대해 열린 마음을 지녀야 하고, 나중에 깨달은 사실이지만 음식에 대해서도 관대해야 한다. 나는 당시에 여행하는 동안 고대 중동에서 일어났다던 '오이 고문'을 겪었다.

여행을 시작할 때 우리는 아랍 가정을 포함해 초대받을 가정에서 저녁 식사를 제공받을 거라 들었다. 일정표에 따라 움직이다보니 바쁜 여행객처럼 하루 일정을 강행하느라 끼니를 거르거나, 오래되어 퀴퀴한 냄새가 나는 땅콩이나 기름기가 흐르는 감자칩을 먹으며 허기를 달래야 할 때가 많았다. 그때까지도 아랍인들이 정오에 푸짐하고 따뜻한 음식을 먹는다는 사실을 몰랐다. 샤프란 소스를 곁들인 닭고기에 향신료, 채소, 피스타치오, 쌀을 넣어 뭉글하게 모르코식 스튜를 끓였던 솥은 우리가 도착하기 전에 말끔히 비워져 있었기 때문이다. 매일 밤 우리는 허기진 배를 잡고 혹시 먹을 것이 있을지 모른다고 기대하며 초대 가정의 주방을 기웃거리다가 우리에게 차가운 간식거리를 저녁 식사로 준 것은 분명 가난하기 때문이라는 결론을 내렸다. 하지만 하루도 빼지 않고 저녁마다 똑같은 일이 벌어졌다. 식탁에는 맨 먼저 피타(이스트를 넣지 않고 만든 둥근 모양의 납작한 빵-옮긴이)가 나왔다. 다음에는 모형처럼 보일 만큼 지나치게 붉은 살라미가 나오고, 뒤이어 오이가 나왔다. 오이는 찍어 먹는 소스를 곁들여 나오기도 하고, 샐러드에 섞여 나오기도 하고, 단독으로 나오기도 했다. 오이는 마치 텔레마케터가 상품을 판매하려고 일요일 저녁마다 전화를 걸어오듯 꼬박꼬박 식탁에 올랐다.

이쯤 되면 어떤 상황인지 눈치챘어야 했다. 하지만 우리는 매 저녁마다 완전히 새로운 배신감을 느꼈다. 저녁 식사는 거창하고 따뜻하며, 점심 식사는 단출하고 차갑다는 미국식 기대에 젖어 있던 우리 마음은 그만큼 지독하게 완고했다.

직장에서 업무 진행 속도에 대한 기대도 이와 비슷해서, 겉으론 보이지 않지만 사람들 내면에 깊이 새겨져 있다. 업무는 신속하게 진행될수록 좋고, 진행 속도는 주된 평가 요소이자 경쟁 요소이다. 실시간으로 반응하지 못해서 발생하는 시간의 틈은 문젯거리로 인식되고, 다른 사람을 기다리게 만드는 것은 약점으로 비친다. 이메일과 대응 속도 등에 주의를 기울이는 현실에서 우리는 상대가 바라는 걸 당장 만족시켜야 한다는 조건반사적 충동을 느낀다.

한편 우리는 환각적 긴급성에 몰리면서 생각 없이 지속적으로 동료를 방해한다. 압박을 받으면서, 다른 사람에게서 빼앗는 시간보다 자신의 불타오르는 욕구를 더욱 중요하게 생각한다. 이러한 도둑질은 근시안적인 행위이다. 우리는 '뿌린 대로 거둔다'는 숙명적인 진리를 무시한다. 동료를 방해하는 것은 그런 식의 행동을 더욱 기대하고 수용하게 만들어 결국 부메랑이 되어 자신에게 돌아온다.

다른 사람과 대화할 때 환각적 긴급성에 내몰리다 보면 반응하기 전에 생각하거나, 상대방의 '성찰적 멈춤'을 허용할 가능성이 억제된다. 회사에서 소방 훈련을 할 때를 생각해 보자. 뒤로 물러서서 업무 범위, 관련자, 일정, 정확한 요청 범위 등을 명확하게 따질 엄두를 내지 않는다. 오히려 팔을 급히 휘휘 저어서 책상에 있는 물건들을 치우고, 서두르다가 다시 작업해야 할 수 있더라도 무시하고 신속히 대피한다. 병아리처럼 먹이를 달라며 시끄럽게 짹짹 아우성치듯 빗발치는 환각적 긴급성에 쫓기다보면 깊이 있는 업무들에 손대지 못하고, 결국 자신에게는 선택의 여지가 없다고 말할 것이다.

하지만 이것은 **환상**이다. 더욱 빨리 움직이는 것은 시간이 아니라 당신 자신이다. 서두르기로 스스로 선택한 것이다. 당신 고유의 헤어스타일, 취미, 말버릇과 마찬가지로 긴급성도 스스로 선택한 것이다. 상사와 팀은 열광이라는 먼지로 모든 것을 뒤덮는 이야기를 쓸 수 있지만, 당신이 그 이야기를 믿을 이유는 없다. 실제로는 이러한 특정 형태의 사회적 순응을 벗어던지는 것이 개인은 물론 회사에 더욱 이롭다.

정말로 긴급한 일은 많지 않다

우리가 매일 겪는 환각적 긴급성을 긴급함의 '끝판왕'인 응급실과 비교해 보자. 나는 응급간호사협회Emergency Nurses Association에서 다음과 같은 독특한 난제를 주제로 강연을 준비했었다. '환자가 생사를 넘나들고, 목숨을 구할 기회가 더 이상 없을 수 있는 **정말로** 긴급한 상황에서 응급실 간호사들은 상황의 중요도를 어떻게 구분할까?'

의료라는 영웅적인 일을 하려면 사랑을 기반으로 환자들과 관계를 형성해야 하지만, 상황이 잘못 돌아가더라도 슬픔에 압도되지 않을 정도로 단단한 정신도 유지해야 한다. 나는 이러한 균형을 잡는 데 화이트 스페이스가 유용하게 쓰일 수 있다고 생각했다. 경보 장치와 호출기가 울리고, 신체적 활력 징후를 측정하고, 위기에 처한 환자들이 밀려오는 와중에 과연 간호사들은 전략적 멈춤을 실천할 수 있었을까? **가능했다.**

우리는 간호사들을 지켜보며 다음 사실을 집중적으로 파악했다. 간호사들이 아드레날린에만 의존해서 일할 수 있는 순간은 언제일까? 전략적 멈춤을 실천하는 것이 결정적으로 중요한 순간은 언제일까? 즉, 화이트 스페이스가 업무를 더욱 잘 수행할 수 있는 기반이 될 수 있는 순간은 언제일까? 나는 응급실 간호사들의 창의적인 개방성을 목격하고 깊은 인상을 받았다. 간호사들은 루틴대로 정교하게 손을 씻는 동안 정신적 화이트 스페이스를 충분히 누렸다. 팔에 한가득 물건을 안고, 하루에도 수없이 뛰다시피 복도를 오가며 계속 움직이면서도 마음은 잠시 멈추어 휴식할 수 있었다.

나는 당시 경험을 떠올릴 때마다 '긴급성'의 진정한 의미를 상기시키는 질문이 생각난다. 출혈이 있나요? 맥박이 잡히나요? 이것이 진짜 긴급성에 관련한 질문들이다. 제 보고서가 발송되었나요? 이 발표 자료에는 데이터가 충분한가요? **이런 것들은 시급히 확인할 사항이 아니다.**

나는 한 간호사에게 다친 사람들과 겁에 질린 엄마들이 자신들을 주목해 달라고 창구에서 아우성을 치는데도 어떻게 감정적으로 평정심을 유지하는지 물었다. 그 간호사는 이렇게 대답했다. "저는 멈춰서 미소를 짓습니다. 그리고는 줄을 서있는 사람들에게 '한 번에 한 명씩 말씀하세요'라고 말합니다."

긴급성의 3가지 범주

직장에서 화이트 스페이스를 실천할 때, 환각적 긴급성에 반박함으로써 자신의 선택에 힘을 실어줄 수 있다. 개인, 팀, 상호작용을 한 번에 하나씩 다루면 '지금 당장'을 강조하는 문화에서 벗어나 긴급성에 초점을 맞추는 관행을 확산시킬 수 있다. 첫 단계는 이 책의 앞부분에서 살펴보았듯 **쐐기**를 끼워 넣는 것이다. 환각적 긴급성이 작용하는 조직의 맥락에서 '언제' 또는 '얼마나 빨리'라는 질문에 답하라는 요청을 받을 때는 언제든 쐐기를 사용할 수 있다.

이러한 순간에 전략적 멈춤을 실천하면 다른 사람이 정의한 긴급성을 자기 것으로 받아들이는 사태를 피할 수 있다. 긴급하다는 요청을 받앉을 때 쐐기를 사용해 대처하면 충동을 더욱 잘 조절할 수 있다. 다시 말해 즉각적인 욕구를 좇아 행동하기 전에 자신을 멈추는 능력을 강화할 수 있다. 멈추고 속도를 줄이면 어떤 긴급한 상황에 직면하더라도 다음 **3가지 긴급성 범주** 중 하나에 상황을 배치할 수 있다.

긴급성에 대해 쐐기 사용하기

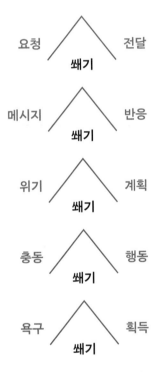

요청 　　　전달
쐐기

메시지 　　　반응
쐐기

위기 　　　계획
쐐기

충동 　　　행동
쐐기

욕구 　　　획득
쐐기

1. **시간에 민감하지 않다.** 분명히 그래 보이더라도 업무가 '시간에 민감하지 않을 수 있다고' 우리가 인정하는 경우는 분명히 드물다. 업무가 이 범주에 해당한다고 팀, 팀원, 스스로에게 명쾌하게 언급하면 일의 우선순위를 매기는 다른 사람들의 능력에 놀라운 영향을 미칠 수 있다. 따라서 당면 업무가 시간에 민감하지 않다고 다른 사람이 깨달을 수 있도록 매우 명확히 의견을 제시해야 한다. 그렇지 않으면 다른 사람들은 직장에 이런 종류의 '긴급성'이 존재하리라 예상하지 못할 것이다.

2. **전술적으로 시간에 민감하다.** 이 범주에 속하는 일은 속도가 사업의 결과와 관련 있다. 화이트 스페이스를 실천하면서 업무가 전술적으로 시간에 민감한 사안이라 판단한다면, 신속하게 진행해서 자신의 비즈니스와 경력을 더욱 발전시킬 수 있다. 하지만 긴급한 상황이라 판단하더라도 비상사태는 아니므로 여전히 침착하게 접근할 수 있다. 더욱 능숙하게 업무량을 줄일수록 저항을 적게 받을 것이고, 고가치 필요를 충족하기 위해 가속하기가 더욱 쉬워질 것이다.

3. **감정적으로 시간에 민감하다.** 이 범주에서 업무는 전술적인 면에서 시간에 민감한 사안으로 변장하지만 실제로는 그렇지 않다. 서두르고 싶은 감정적 욕구와 충동의 출처는 다양하다. 호기심, 불안, 걱정, 통제욕, 모호성에 대한 불편, 부지런함이라는 도둑이 기본적으로 지닌 과도한 활동 속도 등이다. 심지어 긍정적인 감정도 흥분이나 음모와 마찬가지로 충동에 불을 지피는 연료가 될 수 있다. 하지만 중립성의 대가인 발칸

인 스포크Spock(<스타트렉>에 등장하는 부선장이자 과학 장교, 발칸 종족의 특징대로 감정 표현을 억제하고 논리를 중요하게 생각한다-옮긴이)라면 동기부여가 논리적이라기보다 감정적이라고 단언할 것이다.

긴급성의 3가지 범주를 활용해야 하는 몇 가지 예를 살펴보자.

- 어떤 송류의 데이터나 계획에 없던 보고서를 요청하기 전
- 프로젝트의 진척 상황을 묻는 이메일을 보내기 전
- 신제품을 생산 라인에 추가하기 전
- 자신의 사업체에서 상당한 액수의 자금을 쓰기 전
- 직접 만나거나 메시지를 전달해서 누군가를 방해하기 전
- 회의에서 표적에서 빗나간 질문을 하기 전
- 즉석에서 회의 일정을 잡기 전
- 앞에 열거한 모든 경우에서 반대편 입장에 섰을 때

지금 당장 감정적으로 만족하고 싶은 마음을 통제하기 위해 화이트 스페이스를 쐐기로 끼워 넣으라. 3가지 범주를 염두에 두고 이 일이 실질적으로 어느 정도로 급한지 긴급성 수준을 평가하라. 정말 긴급한 업무라면 동료와 공유하거나 행동을 취하면 된다. 물론 전술적으로 시간에 민감한 업무라고 판단하더라도 여전히 다른 업무와 비교해서 얼마나 시간에 민감한지 파악해야 한다. 쐐기를 실천하는 동안 이러한 통찰을 얻을 수 있다. 정말 긴급하다고 판단한 모든 항목을 할 일 목록으로 작

성하되, 반사적으로 처리하지 말고 생각을 거쳐 각 항목을 분류해야 한다.

예를 들어 기업 커뮤니케이션 분야에서 활동하는 우아하고 유능한 리더인 모니크Monique처럼 우선순위를 평가하는 것도 방법이다. 모니크는 환각적 긴급성 개념을 처음 접하고서 자신의 커리어에 적용할 수 있겠다며 반가워했다. 하지만 환각적 긴급성 개념이 중대한 시험대에 오르는 사건이 발생했다. 그녀가 이끄는 소규모 팀이 시카고에 있을 때였다. 2020년 당시 경찰의 잔학 행위를 규탄하고, 인종적 정의正義를 요구하는 시위가 벌어지면서 사회적 긴장이 고조되었다. 모니크 팀은 '긴급해 보이는' 임무를 금요일 늦게 부여받았다. 당시 벌어지고 있는 상황에 대해 회사의 입장을 발표하라는 것이었다.

하얀 거품을 일으키는 파도처럼 감정이 소용돌이치는 와중에 멈춤을 시도하는 것은 불가능에 가까웠다. 주변에선 난리가 났다. 대형 브랜드들은 앞을 다투어 보도 자료를 내놓고, 우려를 언급하고, 돈을 기부했다. 그러면서 너 나 할 것 없이 현재 상황에 관심을 갖고 추이를 관찰하고 있으며 신속하게 행동을 취할 수 있다고 과시했다.

하지만 과거의 경험에 비추어 볼 때 모니크는 멈춤을 실천하면 더욱 현명하고 효과적으로 후속 조치를 취할 수 있다고 직감했다. 그래서 언뜻 생각하기에 이해하기 힘든 과제를 팀원들에게 부과했다. 어떤 조치를 취해야 할지 집에 가서 곰곰이 생각해 보라는 것이었다. 팀원들은 얼마간 시간을 갖고 마음을 가라앉히고 모든 선택지를 꺼내놓고 깊이 생각했다. 그리고 월요일이 되었을 때 후회하지 않을 훌륭하고 사려 깊은 전략을 내놓았다. 팀은 시류에 거슬러 싸웠고 결국 이겼다.

옐로 리스트

●

긴급하다는 환각에 맞서려면 자신이 다른 사람의 시간 틀에 어떻게 반응하는지 성찰하는 동시에, 자신의 업무 진행 속도가 타인에게 어떤 영향을 미치는지 살펴야 한다. 자신이 공유하려는 항목에서 일부만 전술적으로 시간에 민감한 사안이라고 인식했다 치자. 이 경우에는 적절한 시기가 올 때까지 다른 항목들을 저장할 장소가 필요하다고 생각될 것이다.

이때 **옐로 리스트**를 사용해서 문제를 해결할 수 있다. 옐로 리스트는 나중에 논의할 항목들을 '주차'해 놓는 문서이다. 명칭은 아이폰의 메모 앱 아이콘 색상에서 따왔지만, 신호등에서 진행을 가리키는 파란불과 정지를 가리키는 빨간불 사이의 노란불처럼 감속하라는 뜻을 담고 있다. 옐로 리스트를 적극적으로 활용하면 충동을 더욱 잘 통제하고, 긴급성을 완화하고, 불필요한 의사소통을 극적으로 줄일 수 있다.

옐로 리스트는 자신이 자주 접촉하는 사람을 대상으로 시간에 민감하지 않은 질문, 아이디어, 문제를 수집하는 용도로 쓰인다. 사람별로 목록을 만들거나, 항목으로 목록을 만들고 그 안에 사람들을 분류할 수도 있다. 뇌에 들어온 생각을 즉시 내보내지 말고, 시간적으로 여유가 있는 의사소통 주제를 옐로 리스트라는 도구를 사용해 통합한다.

옐로 리스트가 늘어나면 몇 분을 할애해 적절한 상대와 공유하거나 기존 방식대로 일대일로 대화한다. 이러한 의사소통 처리 방식은 대부분의 기업에서 흔히 볼 수 있는 '천 번 베어 당하는 죽음(희생자의 몸에 수없이 작은 상처를 주어서 서서히 고통스럽게 죽게 하는 고대의 고문 방식-옮긴이)' 같은 방식보다 훨씬 생산적이다. 이 방식은 간혹 짧은 임시 회의를 추가해야 할 수 있지만 시도해볼 만한 가치가 있다. 거의 하루 단위로 일정을 확인하는 방식은 무수한 방해를 모두 제거하면서 비서나 팀에 효과적으로 작용할 가능성이 있다.

옐로 리스트는 감량의 마법을 발휘해 실제로 일부 필요를 없앨 수 있다. 막상 회의에 참석했지만 이따금씩 해당 사건이나 문제에 관한 정보가 더 이상 유효하지 않은 경우가 발생하기 때문이다. 한편 리더들은 비서나 팀과 옐로 리스트에 대해 의논하면 결국 그들에게 업무를 위임할 가능성이 커진다는 점을 인지해야 한다. 그리고 막판에 들어오는 긴급한 요청은 비서나 팀이 이미 계획해 놓은 다른 업무에 추가되는 것이 아니라 그 일을 **대체하리라고** 늘 생각해야 한다. 따라서 직원과 동료에게 다른 업무를 부과하기 전에 그들의 기존 업무량을 측정하고 감지하는 것이 중요하다. 이 점을 생각하지 못했던 나는 비서에게 엄청난 양의 자료를 전송하고 나서 홀가분한 기분에 휩싸여 "와, 이제 내 할 일 목록이 비었군"이라고 말했다. 그러자 비서가 낮은 목소리로 "내 목록은 그렇지 않은데요"라고 중얼거렸다. 내가 멈춤을 실천해서 비서의 일에 대해 생각하거나, 공감을 표하거나, 건설적인 선택지를 제시하지 않았던 것이다.

나와 함께 일했던 한 회사 간부는 약간 변형한 형태의 옐로 리스트를 사용했는데, 나와 대화한 후에는 어김없이 이메일 요약본을 보내서 업무량 감량에 따른 효과를 상쇄시켰다. 그러면서 부분적으로는 기록을 남기고(메모 작성용 소프트웨어로 쉽게 대체할 수 있다), 정보를 정확하게 교환했는지 확인하기 위해서(함께 일하는 사람들을 온전히 믿지 않았다)라고 대답했다. 나는 간부에게 그 절차를 생략하라고 과감하게 요청했다. 물론 나중에 참고하고 책임 소재를 파악할 수 있도록 정보를 기록으로 남겨두어야 할 때가 있기는 하다. 따라서 쐐기를 끼워 넣어 멈춤을 실천하고 생각해서 '글로 기록'하는 것이 적절한지, 불필요한지, 두려움에 근거한 습관에서 비롯하는지 판단해야 한다.

이메일에서 파생할 수 있는 가장 위험한 점은 양이 많다는 것이므로 옐로 리스트를 사용해 이메일 사용 방식을 긍정적으로 바꿀 수 있다. 우리가 보내는 이메일은 이메일을 낳고, 그 이메일은 다시 이메일을 낳으므로, 보내는 이메일 양을 줄이는 법을 배워야 한다. 그래서 이메일이 번식하지 않도록 원천 봉쇄해야 한다. 이때 사용하는 도구를 활용해 다른 전자 통신과 온갖 종류의 메시지의 양도 줄일 수 있다. 이메일과 이메일을 둘러싸고 잘못 생겨난 긴급성을 옐로 리스트를 사용해 얼마나 빠르게 줄일 수 있는지를 우리 회사를 예로 들어 설명하려 한다.

우리 회사는 사내에서 주고받는 모든 의사소통 내용을 가능한 한 옐로 리스트에 올리려고 노력한다. 참조, 클릭이 필요한 링크, 비디오, 첨부 파일, 내용을 공유하고 천천히 소화해야 하는 방대한 정보, 기록이 필요한 법률 정보 등 이메일에 의존해야 하거나 메시지를 이메일로 보내는 방식이 더 나은 경우에만 이메일을 사용한다. 만약 시간대가 크게 차이나는 지역으로 출장을 가면 통화를 하기 힘들므로 이메일을 좀 더 많이 사용한다. 전술적으로 시간에 예민한 문제가 발생하면 이메일 대신 동시에 의사소통하기에 좀 더 적합한 수단인 문자나 통화를 사용하고, 나머지는 옐로 리스트로 넘긴다.

내가 개인적으로 옐로 리스트를 사용하는 방식을 잠깐 소개하겠다. 예를 들어 어느 수요일에 고객 중 한 명인 가칭 애크미 타이어에 관한 정보를 불현듯 업데이트하고 싶어졌다고 치자. 이러한 생각은 대부분 사업상 필요하다는 근거가 전혀 없는, 단지 조바심에서 비롯된다. 필요하지 않은데도 업데이트를 간절하게, 그것도 당장 하고 싶어 한다. 이러한 충동을 느끼면 여기에 굴복하지 말고 멈춤을 실천하고, 애크미 타이어 관련 목록(옐로 리스트)을 열어서 "애크미의 현황을 점검할 것"이라고 기록한다. 그러면 어떤 일이 일어날까? 일단 한번 그러고 나면 그에 관한 생각이 내게서 떠난다. 그러다가 다음 달에 판매 실적을 업데이트하는 회의에 참석했을 때 애크미 타이어에 관해 내가 알고 싶었던 업데이트 정보를 보고받는다. 그러면 나는 해당 항목을 목록에서 지우면서 남몰래 마음 뿌듯한 미소를 짓는다.

좀 더 복잡한 예를 들어보자. 나는 특정 동업 관계를 파기해야 한다고 생각하면서도 몇 달째 결단 내리지 못하고 있는 상태였다. 위태로운 동업 관계였고 많은 돈이 걸려있었다. 나는 파기하겠다고 마침내 선언할 때까지 몇 달 동안 감정을 안전하게 분출할 수 있는 장소로 옐로 리스트를 사용했다. 우선 내가 화났던 점이나 말하고 싶었던 점들을 전부 기록했다. 이 방법은 효율성을 증가시키는 동시에 감정이 폭발해 위험에 빠지지 않도록 흡수하는 일종의 치료 도구였다. 부당한 공격을 받지 않도록 다른 사람을 보호하고, 내가 즉각적으로 초점에서 다소 벗어난 반응을 행하지 않도록 이끌어서 나의 존엄성을 지켜주었다. 나는 감정을 기록하고 분출하는 시간을 가지면서 감정을 처리하고 나서 비로소 '사업상 이혼'을 요구할 마음의 준비를 마쳤다. 결국 매우 차분하게 통제력을 발휘하며 동업 관계를 파기했고 상대방과 지금까지 우정을 유지할 수 있었다.

마지막으로 옐로 리스트는 "술에 취해 쓰고, 맨 정신으로 수정하도록" 도와줄 수 있다. 헤밍웨이가 말했다고 잘못 알려진 이 유명한 인용구는 낮술 마시는 행위를 정당화할 의도로 소설가들이 이따금씩 사용한다. 사실 이 구절에는 첫 아이디어와 마지막 아이디어 사이에 정신을 가다듬을 수 있는 시간적 간격이 필요하단 사실을 언급하려는 의도가 담겨 있다. 새로운 영감이 떠오르는 순간 객관성을 잃고 새 아이디어를 숭배하는 희생양이 될 수 있으므로 우리에게는 생각할 틈이 필요하다. 새 연인과 사귀는 처음 몇 달처럼 최초의 순간에는 모든 것이 장밋빛 빛깔로 뒤덮여 결점이 잘 보이지 않기 때문이다. 따라서 새로운 아이디어를 일주일 동안 서서히 숙성시키는 장소로 옐로 리스트를 사용할 수 있다. 창의성과 브레인스토밍을 흐르게 해서 자신의 생각을 점화시키되, 한동안 모든 것을 옐로 리스트에 넣어 과잉된 감정을 닳아 없어지게 하라. 그러면 잠을 푹 자고 일어나서 달걀 몇 개를 먹고 원고 앞에 앉은 재능 있는 작가처럼 아이디어들을 다시 떠올리면서 어느 아이디어가 발전시킬 만한지 판단할 수 있을 것이다.

요구 사항이 많은 까다로운 고객 대처하는 법

•

긴급성에 대해 명확히 정의하면 고객과 대면하는 활동을 할 때도 유용하다. 예컨대 이렇게 물을 수 있다. "월요일이 마감인 업무를 금요일 오후에 받아들여서 받은 부당한 스트레스는 경계를 더욱 확실히 그었다면 피할 수 있었을까?" 또는 글로벌 팀 안에서 "회의 전화를 받을 수 있는 가장 이른 시간과 가장 늦은 시간은 언제인가?"라고 물을 수 있다. 이러한 질문을 던져서 자신을 보호하는 동시에 고객과 서비스 지향적 관계를 구축할 수 있다.

고객과 협력해서 긴급성을 새로 정의하는 첫발을 내디디려면 결코 실패하지 않을 주문, 즉 '고객에게 돌아가는 이익은 무엇인가?'에 초점을 맞춰야 한다. 미안한 말이지만 솔직히 대부분의 고객들은 당신 삶이 좀 더 평온해지든 말든 개의치 않는다. 그저 자신이 맡긴 일을 당신이 빨리 끝내주기를 바랄 뿐이다. 따라서 어떤 행동 변화일지라도 고객의 니즈를 뒷받침하는 것으로 표현해야 한다. 물론 실제로도 그렇다.

다음 장에서 살펴보겠지만 이메일을 수시로 확인하지 않고 시간을 정해 간헐적으로 확인하려 할 때는, 이메일을 확인하는 빈도가 앞으로 줄어들거란 사실을 외부에 알리지 말아야 한다. 다만 좀 더 **예측 가능한 방식으로** 이메일을 확인할 것이라고 설명하라. 이렇게 틀을 바꿔 표현했을 때 일어나는 변화는 입원실 간호사들을 대상으로 입원 환자들이 호출 버튼을 누르는 빈도에 대해 실시한 연구에서도 확인할 수 있다. 라운딩 일정이 따로 정해져 있지 않은 경우에 환자들은 긴급한 정도와 상관없이 수시로 호출 버튼을 눌렀다. 하지만 간호사들이 매시간 정각에 라운딩을 할 것이라고 적극적으로 설명하자 호출 횟수는 즉시 줄었다. 환자들은 다음 번 라운딩까지 기다릴 수 있는 경우와 즉각적인 호출이 필요한 경우를 쉽고 자연스럽게 구분했다.

사방에서 요청이 빗발치는 서비스 부서나 광고대행사에서 일한다고 치자. 다음과 같이 표현을 넣어서 대화하거나 이메일을 보내라. "당신이 **언제** 답변을 받아보실 수 있을지 알 수 있도록 저는 ＿＿＿이메일에 응답하겠습니다." 빈칸에는 하루 3회, 2시간마다 등과 같이 시간 간격을 적어 넣는다. 또 급한 일이 발생했을 때 당신과 고객이 선호하는 '단계적 확대 정책escalation policy'을 명확하게 설명하는 것도 유익하다. 내가 사용하는 긴급성 사다리를 살펴보자. 나는 시간 민감성이 최저일 때는 이메일, 중간일 때는 문자, 최고일 때는 통화를 사용한다. 함께 일하는 사람들은 급한 일이 생겼을 때 당신의 사다리에 오르는 방법을 알아야 한다. 따라서 고객에게 어떤 방법을 선호하는지 묻고 당신의 연락 사다리 단계를 알려줘야 한다.

만약 휴가를 떠나거나, 어떤 방법으로도 연락할 수 없으리라고 알리기 위해 자동 응답기를 틀어놓는 경우에는, 회복하는 시간을 보내고 나서 활기찬 모습으로 새롭게 돌아오겠다고 언급하라. 서비스를 "재설정하거나 재충전할" 것이라고 말하라. 빠듯한 마감 요청을 거절하는 경우에는 당신이 시간이 필요하다고 언급하지 말고, 고객을 위해 충분히 시간을 두고 훌륭하게 작업을 완성하고 싶기 때문이라고 설명하라. 또 어떤 종류의 업무를 맡더라도 "이 일을 **언제까지** 완수할까요?"라고 질문해야 한다. 이 질문은 당신의 고객의 프로젝트와 마감일을 신경 쓰고 있다는 사실을 나타낼 뿐 아니라 과도한 부담을 지지 않으면서도 고객에게 당신의 가치를 부각시킬 수 있다. 이러한 습관을 형성해놓지 않으면, 프로젝트마다 '가능한 한 빨리ASAP, as soon as possible'를 외치는 공급 업체와 서비스 제공 업체가 깜짝 놀랄 만큼 많아질 것이다.

가능한 빨리 일해달라고 재촉하도록 고객들을 '길들인' 것에 대해선 스스로 책임을 져야 한다. 어떤 고객은 재빨리 공을 주고받으며 격렬하게 몸을 움직이는 탁구 선수와 같다. 운동장에서 공을 뻥 차서 여유롭게 포물선을 그리며 패스하는 축구 선수 같은 고객도 있다. 당신이 탁구 경기를 하고 있다면, 그렇게 된 원인을 파악하는 것이 중요하다. 참고로 만약 고객에게 보내는 첫 이메일에 빛의 속도로 답장했다면 이미 경기 종류를 택한 것과 다름 없다.

경기 종류를 바꾸고 싶으면 점진적으로 바꿔야 한다. 어느 정도 자란 아이의 수면 습관을 새롭게 잡아주듯 해야 한다. 이때 부모는 우선 침대 머리맡에 앉아 있다가, 그 후에 문 옆에 놓인 의자로 옮겼다가, 그 다음에는 출입구에 앉아 있다가 마침내 방을 나간다. 아이가 차이를 거의 느끼지 못하도록 부모의 존재감을 단계적으로 줄여가는 것이다. 기존 고객도 이러한 방식으로 재교육해야지 갑자기 문을 쾅 닫고 떠나는 바람에 아이들을 울리는 사태는 방지해야 한다.

새로 형성한 모든 관계에서는 초기에, 특히 긴급성에 관해 대화함으로써 자신이 지속하고 싶은 방식을 사용하기 시작하라. 새 고객에게 축구공을 건네면서 축구 경기를 선택하라. 고객을 확보한 후에는 이렇게 말하라. "응답 시간에 관해 의논하고 싶습니다. 탁월한 서비스를 제공하기 위해 매우 중요하기 때문입니다. 모든 의사소통에 관해 저희는 24시간 안에 이메일로 응답하고, 긴급한 상황에서는 문자를 사용해 좀 더 빨리 응답하고 있습니다. 괜찮으시겠습니까?" 이때는 지킬 수 있는 사항만 약속해야 한다. 시간 틀을 말했다가 지키지 못하면 부정적인 결과가 따를 수 있기 때문이다.

중역의 존재감

·

긴급성을 억제했을 때 따라오는 보상은 또 있다. 중역으로서 존재감이 증가하는 것이다. 중역으로서 존재감은 개인에게 리더의 자질을 부여하는 무형의 특성이다. 개인을 중역답게 만들어주는 속성이고 침착, 자신감, 겸손, 명료성, 권력이 뒤섞여 타인의 부러움을 사게 한다. 화이트 스페이스가 없으면 중역으로서 존재감도 눈에 띄게 손상을 입는다. 중역으로서 존재감을 드러내는 리더들을 묘사해보라는 요청을 받은 워크숍 참석자들은 이렇게 대답했다. "침착하고, 사려 깊고, 다른 사람의 말을 잘 듣습니다." "사무실이나 회의실에 들어올 때 분위기를 압도합니다." 여기에는 상당히 구체적인 표현도 있었다. "전에 마주쳤던 모든 사람에 대해 무언가를 기억하고 있으며, 서두르지 않고 침착한 손 동작을 구사합니다."

이러한 리더들이 긴급하게 다루는 업무는 매우 **적다**. 리더의 이러한 특성은 상호작용할 때 상대방에게 온전히 주의를 쏟고, 신뢰할 수 있으면서 시기적절하게 업무를 수행하고, 침착하고 여유 있는 말투를 구사하는 데서도 드러난다. 서두르지 않고 침착하게 업무를 진행하는 것이 마땅히 취해야 할 태도라고 생각하며 그렇게 행동한다.

이제 장면을 바꾸어 한 편의 영화를 보듯 **당신의** 실제 생활을 들여다보자. 점심을 단백질바로 때우고, 5가지 업무를 동시에 진행하면서 총총걸음으로 복사기로 향한다. 이것은 세련된 리더의 기질인가? 아니면 조급하고, 추종적이고, 마음이 약간 불안정하다는 표시인가? 이것은 스피드메탈speed-metal(헤비메탈보다 빠르고 강한 연주와 보컬을 담은 록 장르의 음악-옮긴이) 음악이 배경음악으로 쩡쩡 울려대는 가운데 정신없이 내달리는 직장인의 모습이다. 우리는 이렇게 생활하지 않는 법을 배워야 한다. 일하는 속도를 의식적으로 늦추라. 리더에게서 찾아볼 수 있는 묵직하고 듬직한 태도를 본뜨고, 일하는 속도가 빨라지면서 스스로 혼란스럽거나 체계적이지 못하다고 느낄 때는 진행 중인 업무를 멈추고 마음을 다잡으라.

많은 사람이 주요 요점에 대해 불분명하고 혼란스럽게 말하면서 성급하게 결론에 도달하려 하는가? 그만큼 긴급하다는 인식에 떠밀렸기 때문이다. 사람들은 긴급성 속도를 따라가려고 애쓸 때 자주 비효율적이고 어울리지 않는 추임새 단어들을 문장에 주섬주섬 끼워 넣곤 한다.

'말하자면' 같은 추임새는 말을 멈출 때 느끼는 두려움에서 비롯된 신경성 증상이고, 사촌 격인 음, 알다시피, 그래서와 마찬가지로 문장의 효율성을 단연코 훼손한다.

나는 전국적으로 방송되는 라디오 프로그램의 진행자이자 유명한 인터뷰 진행자인 켄 콜먼Ken Coleman을 만났을 때, 대화하는 동안 침묵을 허용하기 힘든 이유에 관해 이야기를 나눴다. 콜먼은 내 생각에 동의한다면서 한 대가의 이야기를 들려주었다. 1만 2,000명이 모인 경기장에서 전 버버리Burberry CEO이자 애플의 수석 부사장이었던 앤절라 애런츠Angela Ahrendts를 인터뷰한 적이 있다고 했다. 애런츠는 특정 질문들에 관해 깊이 생각하느라 말 그대로 몇 초 동안 침묵을 지켰다. 켄은 당시를 이렇게 묘사했다. "핀 떨어지는 소리도 들릴 정도로 조용했어요. 매우 인상적인 순간이었죠. 청중은 넋을 잃고, 애런츠가 생각하고, 단어들을 걸러내고, 그런 후에 입을 떼는 광경을 지켜보았어요. 요즈음 주위에서 거의 볼 수 없는 광경이었습니다."

그래서 말하기 전에 몇 초 동안 멈출 수 있을 만큼 용기 있는 사람들이 승리하는 것이다. 콜먼은 이렇게 지적했다. "중요한 것은 응답 시간이 아니라 **응답 자체**이기 때문이죠." 이 말을 출력해 벽에 붙여 놓길 권한다.

휴가의 필요성

•

휴가를 반납하는 것은 긴급한 상황에 밀려 납부하는 세금이며 나중에 크게 후회할 일이다. 멜로 드라마에 등장하는 악당과 같은 존재인 긴급성은 휴가에 가장 사악한 흠집을 낸다. 미국여행협회U.S. Travel Association가 발표한 보고서에 따르면 2018년 절반 이상의 노동자가 유급휴가를 사용할 계획을 세우지 않았다. 유급휴가인데도 그랬다. 그 이유는 다양하다. 휴가 동안 자칫 이메일을 소홀히 다뤘다가 빗발치는 이메일 폭탄 세례를 맞을까 봐 두려워, 여가에 가치를 두는 경영진의 역할 모델이 부족해, 대단히 중요한 업무를 수행하는 과정인데 자신이 유일한 걸림돌이 될까 봐 걱정해서다. 긴급성은 메트로놈과 같아서 자리를 비우고 휴가를 떠나는 것이 불가능하다고 느끼게 만든다. 적어도 북미에 있는 직장에서는 휴가를 가겠다고 마음 편하게 말하기가 여전히 힘들수 있다. 내 남편의 가장 친한 친구인 드류는 토론토에 있는 IT 직장에 다니면서 휴가를 2주 쌓았다. 드류가 유급휴가를 사용하고 싶다고 말하자 상사는 "2주를? **연달아?**"라고 반문했다.

휴가가 만들어내는 이익은 부인할 수 없을 정도로 분명하다. 2006년 언스트앤영Ernst & Young은 사내 연구를 실시하고, 직원들이 휴가를 10시간 추가로 사용할 때마다 연말 성과 평점이 8퍼센트 향상했다고 밝혔다. 노동자의 3분의 2는 휴가를 다녀오고 나서 창의성과 생산성이 증가했다고 느끼고, 휴가를 사용한 직원은 동료에게 더욱 강력한 유대를 느끼며 회사에 대한 충성심이 커졌다고 보고했다.

현명한 고용주들은 성과를 부추기는 동시에 팀에 대한 배려를 보여 주는 일종의 화폐로서 휴가를 사용한다. 풀컨택트FullContact의 CEO인 바트 로랑Bart Lorang은 둘째가라면 서러울 정도로 목적의식이 강하다. 하지만 사진 한 장으로 모든 것이 바뀌었다. 바트는 아내인 당시 여자 친구와 함께 인류의 독창성이 낳은 놀라운 유산인 이집트 피라미드를 여행하며 찍은 사진들을 훑어보고 있었다. 이때 사진 하나에 시선이 꽂혔다. 자신이 낙타를 타고 앉아서 고개를 숙인 채 이메일을 확인하고 있었다. 이 사진은 바트가 자신의 낡은 관점을 깨는 계기를 마련해준 유일한 지푸라기(아무리 가벼운 지푸라기라도 무리하게 계속 실으면 낙타를 쓰러뜨린다는 서양 속담에서 나온 표현-옮긴이)였다.

바트는 이 사진을 보면서 급진적인 변화를 추진하기로 마음먹었다. 자신은 물론이고 빠른 성장세를 보이고 있는 소프트웨어 회사에서 일하는 모든 직원을 대상으로 일과 완전히 단절된 휴가 제도를 채택한 것이다. 바트는 업무에서 손을 떼지 못하도록 직원들을 막는 '영웅 증후군'에 맞서 싸우고 싶었다. 진정한 휴가를 흡족하게 누리는 경험을 직원들에게 안기고 싶었다. 현명한 기업가인 바트는 유급휴가 제도를 만들어서 일주일 동안 휴가를 내고 업무에서 완전히 손을 뗀 모든 직원에게 연간 7,500달러의 보너스를 지불하는 상상하기 힘든 정책을 실시했다(여차해서 이메일을 확인하기라도 하는 날에는 정말 비싼 대가를 치러야 한다).

이 정책의 결과는 다양하게 나타났다. 유급휴가는 사업주들이 꿈꾸는 종류의 동지애를 형성하는 데 유용하게 작용했고, 실질적으로 재능 낭비와 극도의 피로를 없애면서 훌륭한 인재를 끌어들이는 효과를 발휘했다. 휴가에서 돌아온 직원들은 눈에 띄게 높아진 에너지를 보이며 다음 프로젝트들을 추진할 열정을 드러냈다.

나는 바트의 생각에 동의한다. 휴가에서 중요한 점은 마음을 업무에서 점점 더 멀리 떼어놓는 것이다. 업무와 단절되어 있지 않은 휴가는 어떨까? 마치 뉴욕에서 로스앤젤레스로 가고 있으면서도 몇 시간마다 뉴욕으로 돌아가 자신이 정말 필요하지 않은지 확인해야 한다고 느끼는 것과 같다. 자신이 업무에서 진정으로 벗어났다고 느끼지 못할뿐더러, 파도 소리를 들을 수 있을 만큼 휴가를 온전히 누리지도 못한다.

주위를 둘러보니 해변에 앉아서 햇빛 때문에 화면이 보이지 않을까 봐 모자의 챙을 기울이며 노트북을 들여다보고 있는 사람이 당신뿐인가? 그렇다면 '재진입하는 날reentry day'이라는 기술을 시도해 보자. 자신이 사무실을 비우는 경우에 대비해 비상시에 연락할 수 있는 동료를 선택하라. 그런 다음 휴가 첫날, 팀과 상사와 갖는 일대일 회의와 이메일 확인을 하루 종일 차단하라. 이때는 업무를 눈에 띄게 단호하게 차단해야 한다. 그러면 미래에 업무와 단절할 수 있다는 자신감이 더욱 커지면서 다시 업무에 뛰어들어 따라잡기 위해 휴식하는 시간을 보낼 수 있다.

자동 응답기를 사용하는 것도 화이트 스페이스가 추구하는 사명을 촉진하는 방법이다. 사과하지도 변명하지도 말고, 그저 크고 대담하게 경계를 긋는다. 예를 들어 〈디 애틀랜틱The Atlantic〉 잡지사부터 주식회사에까지 널리 사용된, 기가 막히게 멋진 용기가 담겨 사람들에게 끊임없는 경탄을 자아내는 정말 대담한 부재 중 자동 회신 내용을 살펴보자. "저는 현재 사무실에 없으며 이메일을 자주 확인하지 못할 것입니다.

(기간 제시) 동안 도착한 이메일은 지금부터 8시간 후에 서버에서 삭제됩니다. 그러니 (날짜 제시) 후에 메시지를 다시 보내주십시오." 이 방법을 사용하면 휴가를 다녀와서 업무에 평온하게 재진입할 수 있다.

업무에서 단절되었을 때 마음이 불안하고 불편할까? 당연히 그럴 것이다. 이따금씩 삐딱선을 타서 '업무 플러그'를 꽂을까? 아마도 그럴 것이다. 어쩌면 이메일을 슬쩍 들여다보았다가, 다시 눈을 질끈 감고 답장을 쓰지 않을 것이다. 하지만 마음을 단단히 먹는다면 휴가를 갈 때마다 업무와 단절하는 기술이 늘어날 것이다. 환각적 긴급성에서 벗어날 수 있는 가장 효과적인 방법은 모든 업무를 차단하고 신발을 벗고 트로피컬 칵테일에 흠뻑 빠지는 것이다.

놀랄 만큼 참신한 아이디어를 생각해서 직장에 복귀하는 일은 우연히 일어나는 일이 아니다. 업무와 업무 사이에 매일 미니 휴가를 누리라. 환각적 긴급성에 쫓기는 탓에 온전히 휴식을 누리기 더욱 힘들겠지만, 단절과 복귀는 우리의 자원을 재충전하도록 만드는 패턴이다. 재택근무를 하기 때문에 기적이라도 일어나야 일과 삶의 홍해를 가를 수 있을 것 같은가? 업무에서 벗어나고 싶은 시간대를 정하고, 그 시간 동안에는 업무와 관련된 모든 물건을 서랍이나 옷장에 넣어 눈에 띄지 않게 하라.

에너지를 재충전해서 업무에 복귀하려면 자신을 약속의 덫에 가둬야 한다. 자신이 좋아하는 사람들에게 일을 끝냈다고 말하거나, 친구에게 일을 끝냈다고 문자를 보내라. 책상에서 일어서며 태연하게 "자, 일을 끝냈어요." 또는 "오늘은 이제 그만 일할래요"라고 말하라. 중인 앞에서 이렇게 선언하면 퇴근 후에는 업무에서 손을 떼야 한다는 건강한 심리적 압박감을 느낄 것이다.

2부 '화이트 스페이스로 향하는 길'에서 익힌 교훈을 삶의 다른 중요한 영역에 적용하기 전에, 당신이 허리에 두를 슈퍼히어로 벨트에서 가장 중요한 부분을 짚고 넘어가려 한다. 어떤 상황에서든 스트레스가 머리를 들고, 당신에게 있는 자원을 위협한다고 느낀다면, 즉시 다시 집중할 수 있도록 **다음 4가지 도구 중 하나**를 실천하길 권한다.

- 멈춤을 실천한다.
- 시간 도둑을 찾는다.
- 단순화 질문을 던진다.
- 긴급성의 진위를 확인한다.

이 새로운 습관들은 직장과 집에서 따로 또 같이 사용할 수 있고, 우리 앞에 놓인 거의 모든 난제를 이겨낼 수 있도록 도울 것이다.

그러니 계속 앞으로 나아가라.

환각적 긴급성에 관해
생각할 시간을 가지라

- 현실에서 긴급하다고 생각되는 업무는 대부분 긴급하지 않다.

- 긴급성을 다음 세 범주로 나누면 업무를 즉시 처리해야 할지, 조금 있다가 처리해도 될지 가늠하는데 유용하다.

  - 시간에 민감하지 않다: 즉각적으로 처리할 필요가 없다.

  - 전술적으로 시간에 민감하다: 빠른 조치가 결과와 관계가 있다.

  - 감정적으로 시간에 민감하다: 긴급하다는 '느낌'은 감정, 호기심, 스트레스에서 비롯한다.

- 시간에 민감하지 않은 요청과 필요를 옐로 리스트에 넣어 두면, 의사소통을 간소화하고 이메일과 메시지를 줄일 수 있다.

- 경영진의 경우 긴급성을 억제하면 자신의 존재감이 더욱 강력해진다.

- 휴가는 집중과 창의성을 증진시키는 데 결정적으로 중요하다. 가짜 긴급성에 속아 넘어가서 휴가를 도둑맞아서는 안 된다.

▶▶ 생각해 보기

업무적으로 긴급성을 낮출 수 있는 부분은 어디인가?

WHITE SPACE

3부

원칙 적용하기

우리를 흥분시켰던 도구

이메일이라는 야수 무찌르기

○

이메일은 적당량으로
조절하기만 하면
유용할 수 있다

졸린Jolene은 고릴라를 보호하기 위한 자선
활동에 앞장서고 있었다. 동물에 대해 뛰어
난 직관을 갖추고 있으리라 누구나 예상할 것이다. 하지만 자신이 키우
는 프랑스산 불독인 나폴레옹이 아이폰 3대를 연달아 이빨로 씹고, 발로
밟고, 망가뜨린 후에서야 그녀는 나폴레옹이 자신에게 메시지를 보내고
있었다는 사실을 뒤늦게 깨달았다. 스마트폰에 몰두하고 이메일을 보내
느라 주의를 빼앗기면서 주위에 있는 모든 대상에게서 마음이 멀어졌던
것이다.

중독은 졸린에게 익숙한 문제였다. '익명의 알코올 중독자들Alcoholics
Anonymous'에 가입한 지 17년 차였고, 중독의 형태가 바뀌는 방식을 알아
차릴 정도로 오랫동안 중독자로 지내왔다. 알코올 중독자 중에는 술을

끊고 나서 흡연을 시작하는 사람이 많다. 담배를 끊고 나면 과식하기 시작한다. 하지만 졸린은 무엇보다 이메일 중독이 훨씬 더 끈질기고 사악하다는 사실을 깨달았다. 전화가 하루 종일 울려대거나 이메일에 빛의 속도로 답장을 보내면서도 직업상 다른 사람들과 항상 연락이 닿아야 한다면서 이메일 중독의 어떤 부정적인 측면도 합리화했다. 이메일에 집착하는 것은 그녀에게 올가미인 동시에 자랑거리였다.

내 극작가 친구는 이메일을 확인하는 순간이면, 어릴 때 여름 캠프에서 우편물이 가득 담긴 자루를 들고 나타나는 교사의 모습을 보았을 때처럼 가슴이 뛴다고 했다. 당시 아이들은 기대감에 부풀어 펄쩍펄쩍 뛰며 '나한테 온 편지도 있을까?'라고 궁금해 했다. 그때와 차이라면 지금은 이메일이 하루에 천 통씩 온다는 것이다.

피와 살처럼 나와 한 몸 같았던 이메일이 사라진 삶을 상상해보자. 특별한 재능이 모습을 드러내는 찬란한 시간이 비처럼 쏟아진다. 매우 풍부하고 개방적인 이 시간의 사용 방법을 기억해 내려면 태곳적 기억까지 더듬어야 한다. 잡음이 사라지면서 정신이 놀라울 정도로 명쾌해진다. 산소가 공급되면서 사랑을 주고받는 관계가 즉시 깊어진다.

하지만 이메일을 완전히 없애기는 불가능하고, 양을 적절하게 조절하려는 노력은 매우 헛되어서 우리는 여전히 무기력하게 이메일에 매인다. 전자 기기 화면에 대한 중독성이 껌딱지처럼 늘러 붙어 떼어내기 힘든 것은 개인의 의지가 약하기 때문이 아니라, 그렇게 의도하고 화면을 만들었기 때문이다. 화면은 자제력을 파괴하고 저항할 수 없도록 설계되었다.

예를 들어 비영리단체 '인간적 기술을 위한 센터Center for Humane Technology'의 공동 설립자이자 사장으로 활동하면서 다큐멘터리 〈소셜 딜레마Social Dilemma〉에 출연했던 트리스탄 해리스Tristan Harris에 따르면, 사용자가 화면을 밀어서 완전히 새로운 콘텐츠의 흐름을 받아들이는 '화면을 아래로 당겨 새로 고침Pull-to-Refresh' 기능은 마치 슬롯머신을 할 때처럼 엄청난 도파민을 보상으로 전달한다. 해리스의 파트너인 에이자 래스킨Aza Raskin은 레딧Reddit(소셜 뉴스 커뮤니티 사이트-옮긴이)을 자주 들여다보는 강박을 깨기 위해 소프트웨어를 만들었다고 말했다.

화면에 빠져들면 대가를 치르기 마련이다. 회의나 식사를 할 때 테이블에 올려놓은 휴대전화만 보더라도 상대방이 우리에게 느끼는 호감은 감소한다. 전화와 경쟁해선 결코 이길 수 없다는 것을 알기 때문이다. 텍사스주립대학 맥콤경영대학원이 실시한 연구에 따르면, 스마트폰이 근처에 있으면 **심지어 전원이 꺼져 있더라도** 인지능력이 현저하게 감소한다. 휴대전화를 다른 방에 둔 참가자들은 책상에 놓아둔 참가자들보다 뛰어난 성과를 거뒀고, 심지어 주머니나 가방에 넣어둔 참가자들까지도 능가했다. 크립토나이트(〈슈퍼맨〉에 나오는 물질로 세포에서 태양에너지를 소진시켜 크립톤인을 죽게 만든다-옮긴이)에서 멀리 떨어질수록 슈퍼맨이 힘을 내는 것과 같은 이치이다.

강박적인 성향과 관계없이 이메일을 자주 확인하고 싶은 충동은 사회적 순응(주변 사람 모두 그렇게 한다), 예상(베일에 가려진 이메일 내용), 회피(더욱 깊이 있고 힘들고 조용한 업무에 대한 저항감) 때문에 증폭된다. 이것은 큰 문제다. 복잡한 업무를 수행할 때 우리는 시험을 당하고, 취약성을 느끼고, 일하는 동안 자주 외로워한다. 용기를 있는 힘껏 짜내기가 쉽지 않다. 우리는 아침에 잠에서 깨자마자 친구이자 적인 전자 기기와 하루를 함께 시작하고 함께 끝낸다.

많은 사람이 그렇듯 당신이 받은 메일함에 끌리는 동시에 포로로 사로잡히는 스톡홀름 증후군을 앓고 있다면 이제 변화를 추구해야 한다. 시간 도둑을 길들이고 화이트 스페이스를 일상에 도입하기 위해 노력을 해왔더라도, 매일 맞닥뜨릴 수밖에 없는 주의 산만의 원천인 이메일과의 관계를 재정비하지 않으면 노력의 성과는 지속될 수 없다. 시간을 다시 되찾으려면 두 가지 핵심 원칙을 적용해 이메일을 다뤄야 한다. 즉 **더 적게 건드리고, 더 잘 작성해야** 한다. 이 두 가지 원칙은 슬랙Slack, IM, 팀스Teams, 야머Yammer를 비롯해 앞으로 출현할 협업용 업무 앱이나 플랫폼을 포함해 모든 메신저와 키보드 기반 통신에 적용된다.

이메일을 더 적게 건드리기 위해서는 첫째, 주고받는 이메일의 절대량을 전반적으로 줄여야 한다. 둘째, 받은 메일함을 확인하는 빈도를 줄여야 한다. 그리고 새로운 확인 습관을 기르려면 전반적으로 시간을 적게 소비하면서 업무를 더욱 쉽게 처리하기 위해 이메일을 좀 더 잘 작성하는 법을 배워야 한다. 화이트 스페이스를 활용해 이메일 양을 적당한 수준으로 조절하고, 조직에서 적절하게 사용할 수 있도록 산소를 풍부하게 주입하기 시작하라. 그러면 더욱 자주 고개를 들어 아이들의 얼굴을 쳐다보고 오후 하늘을 올려다볼 수 있을 것이다.

마음을 사로잡는 총천연색 이메일

●

우리가 이메일에 소모하는 감정의 강도는 제각기 다르다. 전문직 종사자 중에는 내가 사용하는 명칭대로 **테크니컬러**technicolor, 일종의 총천연색으로 이메일을 인식하는 사람이 많다. 이메일은 그들의 전체 가시 범위에서 강렬한 색상으로 채색되어 시선을 사로잡으며, 눈앞에서 위아래로 뛰어오르며 손을 흔들어댄다. 하지만 이처럼 변화무쌍한 색의 향연을 만들어내는 만화경 파장을 진정시키고 색조를 파스텔에 좀 더 가깝게 만들거나 때로 흑백으로까지 만들 수 있는 방법들이 있다. 마케팅 대가이자 서퍼인 내 친구 가이 가와사키Guy Kawasaki는 운명의 굴곡을 겪어내며 이러한 방법들을 찾아냈다.

초창기 애플에서 중요한 역할을 맡았던 가이는 누가 봐도 창의성의 대가이다. 나는 대화할 때 가이의 눈가에 번지는 감미로운 눈웃음을 볼 때마다 마치 따뜻한 모래를 손에 쥐고 있는 것처럼 마음이 푸근해진다. 가이는 이메일에 관한 내 강연을 듣고 나서 친한 친구의 이야기를 내게 들려주었다. 불과 50대였는데 유럽 여행 도중에 갑자기 세상을 떠났다고 했다. 친구와 나이가 같았던 가이는 삶이 허무하고 무엇도 중요하지 않다는 생각에 휩싸였다. 이렇듯 인생관을 급격하게 바꾼 슬픔의 계곡에서 가이는 받은 메일함 앞에 앉아 아직 읽지 않은 이메일 수천 통을 응시하고 있는 자신의 모습을 발견했다.

그 순간 느린 속도로 영사기를 돌리듯 천천히 손을 들어 전체 삭제 버튼을 눌렀다. 그랬는데… 아무 일도 일어나지 않았다. 하늘이 무너지지 않았다. 사업도 망하지 않았다. 전화해서 고함을 치는 사람도 없었다. 고객이 필요 사항을 거듭 요구해온 사례가 한두 차례 있었지만 그렇다고 땅이 갈라지며 그를 집어삼키지도 않았다. 받은 이메일에 빠짐없이 답장하는 것이 생각했던 만큼 중요하지 않았던 것이다. 요즈음 보면 유행까지는 아니지만 노동자들이 '이메일 파산'을 선언하는 경향이 분명히 관측되고 있다. 노동자들은 이메일 구덩이에서 기어 나오게 해달라고 기도하지 않고 그저 '전체 삭제' 버튼을 누르고 새로 출발한다. 그렇다고 이 책의 독자들도 받은 이메일을 전부 삭제하라는 뜻은 아니다.

가이는 이메일에 관한 통제권을 손에 쥐기로 하고 이메일 색상환을 파스텔을 지나 흑백으로 돌렸다. 이렇듯 충동적으로 이메일을 삭제하고 나자 자신에게 무엇이 중요한지 알 수 있었고, 이메일이 중요하지 않다는 사실을 깨달았다. 가이는 관례를 깨는 동시에 이메일의 총천연색 마법에서 벗어났다.

테크니컬러, 파스텔, 흑백 등 다양한 색을 아우르는 색상환을 자유자재로 움직여 보자. 전략적 멈춤을 실천하고, 마음속에서 번쩍이고 있는 이메일의 네온 색상에 관해 질문하라. 누가 이메일을 당신이 사는 세상의 중심으로 만들었는가? 특정 관점에서 생각하면 이메일은 타임아웃이 필요한 까다로운 어린아이와 같다는 사실을 깨달을 것이다.

내 이메일 색상은 대부분 파스텔과 흑백 사이에 설정되어 있다. 2분마다 이메일 도착 알람을 듣는 고객과 현장에 함께 있거나 대형 프로젝트를 가동하고 있을 때는 자진해서 테크니컬러로 이동한다. 이와 반대로 글을 쓰거나 창의적인 작업을 할 때, 내 이메일 팔레트는 자진해서 매우 옅어진다. 영업 사원, 공인중개사, 서비스업 종사자들은 더욱 빈번하게 테크니컬러의 세계에서 살아간다. 우선순위를 설정하는 기술이 뛰어난 사람들은 이메일에 더욱 집중할 수 있는 여건을 조성하기 위해 다른 영역의 업무를 지속적으로 줄인다. 하지만 혁신을 달성하거나, 프로젝트를 이끌거나, 전략을 추진하는 업무를 주로 수행하는 사람이 테크니컬러를 이메일에 연결하면 큰 대가를 치를 것이다.

몇몇 사람들의 경우 특히 이메일에 대한 답장이 바라는 것보다 늦게 온다는 불만이 계속 쌓인다면, 이메일에 대한 관계를 나타내는 색상을 밝게 만들어야 할 수도 있다. 그러려면 대부분 하얀색을 약간 추가해 좀 더 밝은 색상을 만들어야 하는데, 이때가 당신이 두려움과 직면하는 위험한 순간이다. 마음 한구석에 다음 질문이 떠오를 것이다. "내가 약간 뒤로 물러서서 이메일에 대한 집중을 느슨하게 풀면 중요한 무언가가 틈새로 빠져나가지 않을까?"

그럴 수 있다. 하지만 이것은 계산을 해봐야 하는 순긍정net-positive(해가 되는 일을 덜 하는 것보다 득이 되는 일을 더 많이 하는 게 중요하다는 개념-옮긴이) 수학 문제이다. 이메일에 대한 집중을 느슨하게 풀 때 치러야 하는 대가보다는, 매일 테크니컬러로 채색된 이메일에 지속적으로 집착할 때 발생하는 낭비가 더 크기 때문이다. 하지만 우리는 공 하나라도 떨어뜨릴까 봐, 이때 부정적인 결과가 생길까 매우 두려워한 나머지 자신을 이메일에 영원히 구속시킨다.

이메일을 덜 만지고 통제력을 얻기 위해 밟아야 하는 첫 단계는, 이메일이 세상에 얼마나 강력한 영향력을 행사하는지, 우리의 주의를 얼마나 강력하게 장악하고 있는지 인식하는 것이다. 매우 많은 업무 영역에서 그렇듯 약간의 고찰만 첨가하더라도 우리는 특별해지면서 남보다 앞서갈 수 있다.

시간 간격을 두고 이메일을 확인하라

•

이메일에 연결된 감정적 유대를 인식하고 이를 느슨하게 풀기 시작하면서 인터넷을 덜 만지기 위해 밟아야 할 다음 단계는 이메일을 확인하는 **횟수**를 조정하는 것이다. 이메일이 도착했다고 알리는 알람을 끄면 초반 통제권을 장악하는 데 유용하다. 이메일 확인을 의도적으로 자제하고, 확인하는 시간 간격을 의도적으로 늘려야 한다. 나의 시간을 보호하면서도 다른 사람들에게도 필요성을 인식시켜줄 유연한 방법이 많다. 기본적으로 팀의 합의를 이끌어내고, 당신이 선택한 계획에 대해 상사가 어떻게 생각하는지 듣는 것이 중요하겠지만, 자주 사용되는 몇 가지 방법을 살펴보자.

- 매시간 처음이나 끝에 이메일을 확인한다.
- 아침에는 이메일을 확인하지 않거나, 아침에 커피를 마시기 전에 잠깐 시간을 내서 이메일을 확인한다.
- 비행 모드나 인터넷 차단 소프트웨어를 사용해서, 이메일을 확인하지 않는 시간을 즉흥적으로 만들어낸다.

- 받은 메일함의 부피를 줄이는 이메일 다이어트를 시도한다. 이메일에 대한 허기를 식사 시간에 맞추어 때운다. 예를 들어 세 끼 식사와 한 차례 간식(오전 9시, 오후 12시, 오후 3시, 오후 6시) 시간에 확인하는 규칙을 따른다.

메일을 확인하는 시간과 시간 사이에 도착하는 이메일의 수를 줄이기 위해, 참조자로 수신한 메일(CC나 FYI)을 폴더에 몰아넣고 하루에 한 번만 확인하는 규칙을 만드는 방법도 있다.

이메일 관리 횟수 줄이기를 성공하려면 '**확인**checking'과 '**처리**processing'의 중요한 차이를 분명히 알아야 한다. 확인은 새 이메일을 받고 열람하는 행동이다. 처리는 이미 확인했지만 받은 메일함에 여전히 들어 있는 이메일을 분류하고, 조치를 취하고, 삭제하는 실질적인 작업이다. 이때 처리는 심술궂은 이복형제 같다. 이메일을 확인할 때는 가능성 가득한 유혹적인 짜릿함과 새로움이 저돌적으로 폭발한다. 스트레스를 유발하는 이메일까지도 실제로 확인 단계에선 짜릿한 흥분을 선사한다. 하지만 처리하는 일은 섭씨 30도가 넘는 더운 날 잔디를 깎는 것과 같다. 땀을 뻘뻘 흘리게 만드는 가혹한 작업이므로, 매력적인 상대인 확인보다 모든 면에서 흥미가 떨어진다.

이메일이 새로 도착했다고 알려주는 시각적 신호를 제거하면, 이미 확인한 이메일을 처리해야 할 시간에 새 이메일을 확인하고 싶은 유혹을 줄일 수 있다. 이미 열어서 확인했지만 아직 처리하지 못한 이메일을 받은 메일함 목록 아래에서 시작해 위로 올라가며 처리하라. 그러면 다음 확인 시간이 될 때까지 새 이메일을 열어보지 않을 수 있다. 설사 새 이메일이 도착했다는 것을 알더라도 '보기는 하지만 아직 열지 않도록' 자신을 훈련하면 이메일을 얼마간 통제할 수 있다. 만약 중요한 사안이라 생각되거나, 상사의 메일이라든가, 아드레날린이 솟구친다면 받은 메일함에 들어가 메일을 열라. 다만 가능한 기다리는 편이 더 낫다고 스스로에게 계속 말해줘라. 그러다보면 정해놓은 이메일 확인 시간이 되었을 때 마침내 가려운 곳을 긁는 경험을 할 수 있을 것이다.

이메일 그림자

●

　　이메일을 덜 만지기 위해 세운 전략을 매일 그리고 매주 바꿔야 할 수 있다. 업무를 수행하는 과정에서 전략을 완벽하게 지키지 않고 때로는 깨고 버리고 복구할 것이다. 하지만 잦은 이메일 확인이라는 과도한 업무를 깨려고 한다면, 우선 특유한 결과의 하나인 '이메일 그림자 현상the email shadow'을 인식해야 한다.

　　이메일 그림자를 이해하기 위해 예를 들어보자. 가장 최근에 휴가나 주말을 보내는 동안이나 창의적인 프로젝트를 진행하는 동안 별생각 없이 이메일을 확인했다가 강력한 메시지를 읽은 적이 있었는가? 아마도 주의를 산만하게 하는 먹구름이 몰려와 당면한 일에 충실하는 능력을 손상시켰을 것이다. 이 먹구름이 머리 위에 머무르며 몇 시간이고 햇빛을 가렸을 것이다. 이러한 이메일 그림자는 한번 몰려오면 꿈쩍도 하지 않는다.

나는 타깃Target(미국 대형 마트-옮긴이)에 있는 치아 관리 제품 코너에서 쇼핑을 하다가 이메일 그림자를 경험했다. 남편은 쿠바를 여행하며 찍은 사진을 모아 사진집을 출간하기도 했으므로 쿠바에 친구가 많다. 그래서 우리 부부는 일 년에 한 번은 꼭 쿠바를 방문하려고 노력한다. 쿠바에 갈 때면 마치 한여름에 크리스마스를 축하하려는 사람들처럼, 그곳에서 구하기 힘든 물건들을 잔뜩 사간다. 가장 최근에는 행주, 글루건(39년 된 러시아산 자동차 안에 아슬아슬하게 붙어 있는 내부 천정을 고정시킬 용도로), 매니큐어, 비타민 B, 안경테, 파프리카, 포장용 테이프, 베갯잇, 누텔라(물론 누텔라 없이 살 수는 있지만 그렇게 살아서 무엇 하나?)를 포함한 생필품을 60킬로그램 넘게 가져갔다.

한번은 전에 가본 적이 있는 고아원을 다시 방문할 계획을 세웠다. 사랑과 관심이 필요하고 기본 생필품이 거의 없는 곳이었다. 나는 타깃의 통로를 누비며 산타가 되어 양말을 채우는 정말 즐거운 경험을 했다. 비누, 깨끗한 양말, 빗을 포함해 고아원 아이들 30명에게 골고루 나눠줄 물건들을 우르르 카트에 넣었다. 또 무엇이 필요할까? 세탁용 세제, 반창고, 공책, 연필도 넣었다. 치약과 칫솔도 넣었다. 기뻐서 몸이 붕 뜨는 듯했다.

이메일을 확인할 시간까지 아직 멀었는데도 그린치Grinch(닥터 수스가 발표한 미국 아동용 그림책의 주인공인 초록색 몬스터-옮긴이)가 언짢은 낯빛으로 후빌Whoville(그림책에 등장하는 크리스마스 장식으로 가득한 마을-옮긴이)로 향하는 언덕을 살금살금 내려가듯, 한 가지 생각이 스멀스멀 머릿속에 떠올랐다. '내일 쿠바로 떠나야 하는데, 회사에 큰 수익을 안겨주는 중요한 건강관리 분야 고객에게서 계약을 확정하자는 대답을 아직 받지 못했어.' 나는 치약을 내려놓고 휴대전화를 집어 들었다. 기다렸던 이메일이 도착해 있었다. 하지만 사업 우선순위에 밀린 탓에 제휴 관계 체결 계약을 일 년 뒤로 미루겠다는 달갑지 않은 내용이었다.

이메일 그림자가 몰려왔다. 몽둥이로 한 대 맞은 듯 온몸이 얼얼하고 얼굴이 후끈 달아올랐다. 싱싱 속 빨간 펠트 모자를 벗고 실망이라는 이름의 깊은 늪으로 머리를 박고 뛰어들었다. 나는 현재로 돌아오려고 무던히 애썼지만 나머지 쇼핑을 기계적으로 마쳤고, 이메일을 확인하기 전까지 느꼈던 기쁨과 만족은 송두리째 사라졌다. 머릿속에는 춤을 추던 빨간 눈깔사탕이 어느 결에 온데간데없이 사라지고 빨간 숫자가 빼곡한 슬픈 스프레드시트가 떴다.

이것은 누구에게나 일어날 수 있는 현상이고, 여기서 빠져나갈 방법은 하나뿐이다. 이메일에 깊이 빠져들려 할 때마다 쐐기를 끼워 넣고 이메일 그림자가 기어 오는 것을 보자. 의식적으로 전략적 멈춤을 실천하고, 호기심을 충족시키기 위해 이메일을 확인하는 것이 이후 몇 시간 동안의 내 감정을 망가트리는 위험을 감수할 만한 가치가 있는지 자문하라. 달리 표현해 보면 이메일 확인 일정을 짜는 당신의 지적 능력은 자신을 보호하고 싶어 하는 사려 깊고 선견지명을 갖춘 냉철한 안내자다. 하지만 수시로 이메일을 확인하려는 충동은 당신을 라스베이거스로 데려가 도박에 빠뜨리고 싶어 하는 술 취한 친구이다. 그 친구의 차에 탑승해선 안 된다.

이메일 해방을 위한 단순화 질문

●

이메일을 '덜 만지기 위한' 또 하나의 강력한 방법은 앞에서 언급했던 '단순화 질문'이다. 이 질문을 이메일에 적용해보자.

- **내가 손을 뗄 수 있는 일이 있는가?** 이 질문은 스스로 의무라고 생각하는 이메일 활동이 선택 사항이라는 점을 깨닫는데 유용하다.
- **'이 정도면 괜찮아'라고 생각해도 충분한 것은 무엇인가?** 이 질문은 완벽주의와 과잉 소비를 완화해서 각 메시지에 투입하는 시간을 줄이는데 유용하다.
- **내가 정말 알아야 하는 것은 무엇인가?** 이 질문은 정보가 과도하게 공유되거나, 중복 공유되거나, 잘못된 동기로 공유되는 무수한 스레드(같은 주제로 오간 이메일 아카이브-옮긴이)를 배제할 수 있게 해준다.
- **내가 주의를 기울일 만한 가치가 있는 것은 무엇인가?** 받은 메일함을 열었을 때 이 질문은 이메일에서 벗어나 중요한 업무로 돌아가도록 이끈다.

언젠가 한 고객이 "누군가가 나에게 걸어놓은 참조 메일은 마피아와 같아요. 한번 걸려 들어가면 빠져나올 수 없거든요"라고 내게 말했다. 따라서 '참조'에 제약을 가하면 다른 사람에게 화이트 스페이스를 선사할 수 있다는 것이다. 참조 이메일은 참조인을 업무에서 배제하지 않으려는 의도에서 시작된다. 의도는 좋다. 하지만 이러한 포괄성과 효율은 종종 이율배반적이다. 마음씨 좋은 사람들은 무슨 일에든 모든 사람을 포함시키고 싶어 하지만 이메일 스레드는 그러한 성향과 맞붙어 싸우기에 좋은 장소다. 감량의 렌즈로 볼 때 참조는 크릴새우로 가득 차 있다.

적절한 참조자 범위를 판단하려면, 모든 이메일은 읽는 것으로 끝나지 않고 **행동**을 요구한다는 사실을 고려해야 한다. 앞면을 유리로 두른 방에서 수술 장면을 내려다보고 서있는 것처럼 단지 스레드를 보고만 있는 사람은 참소 명단에 추가시키지 말아야 한다. 발신자로서 참소에 포함시킬 사람을 선정할 때는 전략적 멈춤을 실시해 누가 행동에 개입해야 하는지 생각해야 한다. 대부분의 경우에는 스레드에 따라 행동하지 않을 사람을 삭제할 것이다. 이와 반대 입장에서 당신이 불필요하게 참조자에 포함되어 있다면 발송인에게 자신을 참조자에서 빼달라는 메시지를 보내고, 이 메시지가 관철될 때까지 반복해서 친절하게 요청하라.

그리고 바꾸는 것은 감량하는 것이 아니라는 점을 기억해야 한다. 코카콜라를 적게 마시는 대신 펩시를 마신다면 '탄산음료를 적게 마시겠다'는 진짜 목표를 회피하는 것이다. 이와 비슷하게 리더가 이메일을 줄이도록 팀원을 돕고 싶은데 이메일을 다른 플랫폼으로 대체해서는 무언의 진정한 목표, 즉 '불필요한 의사소통을 줄인다'는 목표를 달성하지 못한다. 매체를 바꾸는 것은 진정한 감량을 방해할 수 있다.

중소 에너지 기업의 CEO이자 진정한 이단자인 램은 이러한 유형의 거짓 감량을 실시했다. 램은 최고 경영진을 대상으로 서버 제한을 실시해 사내 이메일을 일주일에 30개로 제한했다. 이 정책을 2주 동안 실시했다가 팀원들에게 말하지 않고 전기 울타리에서 플러그를 뽑듯 서버 차단을 풀었다. 이 방법은 효과를 발휘해서 이메일 미니멀리즘은 지속적으로 작용했다. 하지만 6개월 후 램이 보고한 내용에 따르면, 팀 내에서 1인당 하루 400~800회의 **채팅**을 했다. 결과적으로 팀은 디지털 매체를 바꿨을 뿐 전체 통신량을 줄이지 않았던 것이다.

훌륭한 이메일을 작성하기 위한 입문 과정

이제 우리는 이메일을 좀 더 잘 작성해야 하는 과제를 앞에 두고 있다. 왜 잘 써야 할까? 이메일이 읽기 쉬워야 시간을 절약할 수 있기 때문이다. 이메일을 작성할 때 지력과 미니멀리즘을 활용하면 발신자에게도 수신자에게도 업무를 최상의 수준으로 수행할 수 있는 기회를 제공할 수 있다. 청사진을 만들기 위해 우리가 꿈에도 그리는 효과적인 이메일을 상상해보자. 그러한 이메일은 논리적으로 문맥이 원활하게 흐르고, 적절한 단어가 능숙하게 사용됐고, 바람직한 행동을 하도록 우리를 시각적으로 이끌 것이다. 또 훌륭한 이메일에는 **명료성**clarity, **간결성** brevity, **펀치**punch가 적절히 섞여 있다. 각 항목을 자세히 살펴보자.

- 명료성: 내용을 관통하는 핵심을 잘 세우면 독자가 제목에서 시작해 서명에 이르기까지 내용을 쉽게 따라갈 수 있다.
- 간결성: 중요한 메시지를 전달하는 데 필요한 최소한의 단어만 쓴다.

- 펀치: 메시지에는 분명히 정의내린 요청과 다음 단계를 부각시키는 '시각적 효과'를 포함시킨다.

명료성 이메일을 가장 간단하고 명료하게 작성하려면 타자를 치기 전에 화이트 스페이스라는 쐐기를 끼워 넣고 생각해야 한다. 아주 잠깐만 시간을 내서 "이 의사소통의 핵심은 무엇인가?"라고 고민하라. 이메일을 완성할 때까지 수신자 주소를 적시 말고 직접적이고 명료하게 글을 쓰려고 노력하면서 초안을 작성하라. 이메일을 보냈는데 수신자가 답장을 하지 않거나 적절한 행동을 취하지 않아서 좌절감을 느낀다고 치자. 수신자가 미로 같은 당신의 이메일 작성 스타일에 갇혀 길을 잃었을 수 있다. 이래도 되나 싶을 정도로 솔직하고 명쾌하게 수신자에게 "다음번에는 아래에 적은 내용대로 업무를 처리해 주시기 바랍니다"라고 말하라. 수신자가 발신자의 심중을 추측하게 만들면 안 된다. 다음과 같은 순서로 이메일을 작성해보자.

이메일 제목: 달인처럼 능숙하게 제목을 뽑아내자. 효과적이면서 당면 주제에 알맞은 제목을 달자. 실시간으로 응답해야 한다고 추측하는 사태를 피하도록 "업무 시간 종료 전까지 필요"라거나 "월요일까지 기다릴 수 있음"처럼 기한을 표시한 문구를 덧붙인다. 그러면 동료들이 환각적 긴급성이라는 덩굴에서 빠져나갈 길을 찾을 수 있다. 수신자에게 읽는 시간을 절약해줄 목적으로, 메시지 내용을 본문이 아니라 제목 칸에 작성한다는 뜻으로 EOMEnd of Messge이라고 적거나, 무례하게 비칠 가능성도 있으므로 오해하지 않을 사람들과 친한 친구들에게만 사용해야 하

는 TL;DR_{Too Long; Didn't Read}(너무 길어서 읽지 않았다는 뜻의 약자—옮긴이) 같은 일반적인 이메일 약어를 사용하거나, 당신이 긴급하다는 뜻을 전달하는 단서를 단다.

메시지: 이메일 본문을 절대 뺄 수 없는 요소로만 간단하게 구성해 주요 주제를 다루라. 이메일을 쓸 때는 아래 사항들을 확인하자.

- 메시지 내용이 명료한가?
- 누락된 정보가 있는가?
- 표현을 반복하고 있는가?
- 뜬금없는 말로 들리는가, 아니면 효과적으로 들리는가?

끝맺음: 이메일을 마무리할 때는 수신자가 이미 읽었을 앞선 내용을 다시 요약하지 말고 당신이 '필요한 사항'을 분명히 밝히면서 행동으로 옮겨달라고 요청하거나 다음 단계로 들어가라. 전문용어를 써서 읽는 사람을 혼란스럽게 하지 않아야 한다. 많은 전문가들은 자신이 사용하는 용어와 문장에 매우 익숙해서 자신이 쓴 글을 수신자가 어째서 이해하지 못하는지 모른다. 이와 마찬가지로 수신자에게 감동을 안길 목적으로 언어를 사용하는 것도 조심해야 한다. 당신이 원하는 방향과 정반대의 효과를 낼 수 있기 때문이다. 이메일을 작성할 때 유용한 지침은 정확성, 신선함, 직접성이다. 또 당신을 선사시대 동굴 생활자, 멍청한 사람, 경박한 사람처럼 보이게 할 수 있으므로 유의어를 과도하게 남용하지 말아야 한다. 마지막으로, 독자와 맺고 싶은 관계의 감정적 톤을

설정하기 위해 이메일에 '당신의 번영을 빌며(Warmly, Best, Yours, Cheers)' 등의 서명을 사용한다.

간결성 나는 이메일의 간결성에 대해 할 말이 많다. 오늘날처럼 주의 집중 시간이 짧은 세상에서 급진적인 간결성은 깊은 인상을 남긴다. 기업의 고위 중역은 자기 시간에 대해 건전한 수준의 이기적인 태도를 취하므로 그들의 행동을 본보기로 삼자. 누구나 눈치챌 수 있듯 고위급 간부가 보내는 이메일은 놀랄 정도로 일관성 있게 간결해서 단어 수도 5~9개에 불과하다. '적은 단어=적은 일=더 많은 생각할 시간'이라는 공식이 작용한다.

여러분들이 '그야 고위 임원이니까 간단하게, 심지어 크게 조심하지 않으면서 문장을 쓸 수 있겠지'라고 생각할 걸 안다. 그들은 사다리 위로 올라왔기에 다른 사람들의 행동 방식에 지속적으로 자신을 맞출 필요가 없기 때문이다. 이해한다. 하지만 당신이 상대방에게 여전히 깊은 인상을 줘야 하는 입장이라면 상대방이 자신의 이메일을 어떻게 읽을지 늘 생각해야 한다(사족이건대, 간결한 것보다 감동적인 글은 없다).

나는 신문 칼럼니스트에게서 간결성에 대한 교훈을 하나 배운 적 있다. 그는 700단어 분량의 기사를 배정받았지만 해당 신문에서 쓸 수 있는 공간은 400단어뿐이라는 사실을 11시간이 지나서 마감 막판에 알았다. 그래서 "이것이 메시지를 전달하는 데 꼭 필요할까?"라는 질문을 던지면서 일부 문장들을 완전히 지우고(참치 편집), 단어 하나하나를 들여다 보았다(크릴새우 편집). 이러한 기술을 화이트 스페이스 언어로 표현해보면 이렇다. "독자가 **진정으로** 알고 싶어 하는 것은 무엇일까?" 단어 수를 세면서 긴 이메일을 편집하는 것은 간결성을 숙달할 수 있는 훌륭한 연습법이다. 지나치게 자세한 단어, 서두, 반복을 없애고 '**그래서, 그러나, 그리고**so, but, and'를 삭제하면 글이 좀 더 힘 있고 직접적으로 들릴 것이다. 이것은 시간이 많이 걸리는 작업이므로 매일 루틴으로 사용하기보다는 간결성 근육을 키우기 위한 훈련으로 간헐적으로 사용하라.

펀치 안타까운 현상이기는 하지만 요즘처럼 바쁜 세상을 살아가는 사람들은 글을 자세히 읽지 않는다. 특히 이메일은 대충 읽는다. 이러한 사람들의 주의를 끌려면 불릿bullet(텍스트 앞에 주의를 끌기 위해 붙이는 검은 동그라미 등의 그래픽 문자-옮긴이), 굵은 글씨, 밑줄 등 시선을 멈추게 하는 신호가 필요하다. 언제 시선을 멈추고 떠날지 독자의 눈에 알려주면 마음도 이를 따라갈 것이다. 펀치는 정신적 에너지를 추가로 투입할 여지를 거의 남기지 않으면서 이메일 경로를 세심하게 계획할 때 사용한다. 펀치는 사려 깊고 논리적인 이메일을 작성하기 위해 마지막으로 투입하는 재료이다.

내 경우에는 이메일을 작성할 때 낭비되는 시간을 줄이는 과정에서, 격식을 차리지 않은 문장을 쓸 때 펀치를 사용한다(내가 중요하게 생각하는 탁월함이라는 시간 도둑 측면에서 생각할 때는 골칫거리이기는 하다). 펀치와 관련해 동료인 피터 위닉Peter Winick에게 배운 점이 있다. 함께 일하던 초창기에 나는 매우 예민한 컨설턴트인 위닉이 보낸 사내 이메일들을 읽다가 은근히 화가 났다. 이메일에는 단어가 많아봤자 8개인데 철자를 잘못 쓴 단어가 2개 이상인데다가 대문자도 구두점도 없었기 때문이다.

물론 고객에게는 적절한 수준으로 다듬은 이메일을 보냈다. 나중에 알고 보니 그는 사내 이메일을 쓸 때 일부러 격식을 차리지 않았다. 수신자에게 깊은 인상을 줄 필요가 전혀 없는 사내에서 격식을 차리지 않고 글을 쓰면 생산성 삼총사인 시간, 노력, 에너지를 절약할 수 있기 때문이었다. 나는 그래도 무방하다고 판단한 상황에서는 이렇듯 격의 없이 글쓰는 방식을 차츰 받아들였고, 그러면서 정말 많은 시간을 절약할 수 있었다.

한 단어 이메일

●

이메일을 작성할 때 전략적 멈춤을 시도해야 하는 마지막 시점이 있다. 겉으로는 악의 없어 보이지만 실제로는 치명적인 단어를 전송하기 직전이다. 발신자와 수신자가 서로 신뢰한다고 가정하면 신경질적으로 내뱉은 화면 속 말이라도 딱히 영향을 미치지 않는다. 하지만 그렇지 않은 경우가 많다. 바쁨은 무응답으로 이어지고, 무응답은 신뢰를 깨뜨린다. 이러한 불안정한 상황에서는 소모적인 재확인과 재점검이 늘어난다. 신뢰가 부족한 관계에서 수신자는 이메일 발신자를 달래고 이메일을 읽었다는 사실을 나타내기 위해 "완료Done", "받았음Received", "인지했음noted", "알았음Roger", "이해했음Gatha", "오케이OK" 같은 한 단어 메시지를 무수히 보낸다. 또 발신자는 이메일에 수신자가 주의를 기울이고 있는지 확인하기 위해 전화를 걸고 문자를 보내는 등 매체를 바꿔가며 연락한다.

우리가 이메일을 읽고 '행동을 취하리라 추측할 수 있는' 환경에서 일한다면 이러한 노력을 기울일 필요가 없다. 수신자가 이메일 소통에서 있어 모든 이메일을 받고, 내용을 모두 읽고, 내용에 깊이 주의를 기울이자고 명시적으로 약속한다면 받은 메일함이 얼마나 가벼워지겠는가? 신뢰의 폭이 훨씬 더 넓다고 가정하자. 드물게 실수가 발생하더라도 곧 진상을 확실히 파악할 수 있고, 실수에 따른 대가는 걱정한 정도보다 작을 것이다. 이러한 단계까지 도약할 수 있다면 매년 불필요하게 이메일을 읽고 삭제하느라 낭비하는 수백 시간을 되찾을 수 있다(하지만 이러한 종류의 이메일 관행을 즐기고 기대하는 상사들이 많기 때문에 관행을 바꾸기 전에 허락을 받아야 한다).

없애기 가장 애매한 한 단어 이메일은 "고맙습니다"이다. 이 단어가 자주 불필요해지는 이유를 파악하기 위해 이메일을 주고받는 각본을 살펴보자. 상쾌한 가을날 오전 11시 24분, 당신은 밥이 보낸 이메일을 확인한다. 밥은 당신에게 호의를 베풀고 오전 9시 15분에 이메일을 보내놓았다. 당신은 오전 11시 25분에 "고맙습니다"라고 간단하게 답장을 보냈지만, 밥은 아직 이메일을 열어보지 않는다. 밥은 시간을 정해놓고 메일함을 확인하므로 점심 식사를 마치기 전까지는 이메일을 확인하지 않을 것이다. 오후 12시 42분, 밥은 그저 "고맙습니다"라고 적힌 이메일을 열어본다. 하지만 정신을 분산시키는 과부하 시대를 살고 있는 탓에 자신이 왜 고맙다는 인사를 받는지 전혀 감을 잡지 못한다. 엔터키를 누르고 당신에게 이메일을 보내자마자 자신이 베푼 호의에 대해 새까맣게

잊고 그 후에 20가지도 넘는 업무를 처리했기 때문이다.

이제 밥은 고맙다는 인사를 받은 이유를 찾기 위해 일부러 시간을 내서 보낸 메일함을 뒤지고, 알아봤자 그다지 소용이 없는 이유를 알아내고, 당신이 뒤늦게 보낸 감사 이메일을 삭제해야 한다. 그렇다면 밥은 당신이 보낸 감사 이메일을 받고 마음이 뿌듯했을까? **실시간으로 대화한 것**이 아니었으므로 과연 기분이 좋았을지 의심스럽다. 그저 할 일이 하나 더 늘어났을 뿐이다. 그렇다면 뒤늦은 감사 표시는 **누구**를 위한 것이었을까? 나름 예의를 갖췄다고 스스로 느낄 수 있게 해주므로 인사한 발신자만을 위한 감사 표시였다. "나 자신을 만족시키기 위한 인사치레였다고요?"라며 반박할지 모르겠다. 애석하지만 발신자와 수신자 사이에 오간 의사소통의 흐름을 제대로 들여다보면 그렇다.

관계는 중요하다. 친절한 태도도 중요하다. 외부로 발송하는 이메일, 고객, 공급 업체에는 적절하다고 생각하는 수준으로 감사를 표시하라. 하지만 팀 안에서 만큼은 감사 이메일을 없앨 수 있을지 의논하라. 아마도 "회사의 주인공인 여러분에게 깊이 감사하고, 회사를 위해 혼신의 노력을 기울여주는 것에 대해 감사합니다"처럼 한 달에 한 번 포괄적으로 감사하는 마음을 표현하는 이메일을 보내고, 감사를 전하는 한 마디 이메일은 없애자고 결정할 수 있을 터다. 이보다 더 나은 방법은 이메일을 주고받지 않고 서로 목소리를 듣고 눈을 들여다볼 수 있는 상황에서만 감사를 표현한다는 규칙을 세우는 것이다.

트렁크 확인

●

이메일에 대해 더욱 분별력 있는 태도를 취하기 위해서는 더 높은 곳으로 올라가 큰 그림을 내려다 보아야 한다. 모리스는 능숙하게 나무가 아닌 숲을 보는 사람이었다. 나는 한 컨설팅 프로젝트를 진행하면서 처음 만나 작업 흐름에 대해 의논할 때 모리스가 통제된 방식으로 이메일에 대해 설명하고 이메일을 사용하는 것에 감명을 받았다. 모리스의 이메일 색상환은 주요 자동차 제조사의 중간 관리자치고도 옅은 편인 파스텔 색상이었다.

어떻게 그처럼 통제된 관리 방식을 습득할 수 있었느냐는 질문을 받고 모리스는 내게 다음 이야기를 들려주었다. 신입 사원이었을 때, 수요일과 금요일마다 사내 커뮤니케이션 봉투를 받았다고 했다. 봉투 안에는 회사 측에서 직원들이 읽어야 한다고 생각하는 정보의 복사본과 메모가 들어 있었다. 모리스의 주요 목표는 자동차를 많이 판매하는 것이었는데도, 다 보지도 못할 봉투에 들어 있는 정보를 읽느라 영업장에서 보내는 시간이 줄어들었다. 수요일에 받은 자료는 주말 내내 읽어야 했고, 월요일 아침에 출근하면 금요일에 받은 자료가 책상 위에 놓여 있었다. 게다가 이미 읽은 내용 중 많은 부분은 회의에서 반복적으로 거론됐다.

모리스는 호탕한 웃음이 돋보이면서 판매 능력이 뛰어나 높은 실적을 내고 있는 디미트리를 찾아가 조언을 구했다. "그 커뮤니케이션 봉투를 받아서 정확하게 어떻게 하세요? 저는 자료 더미에 치여서 헤어나오지 못하겠어요." 디미트리는 태연한 표정을 유지하면서 모리스를 주차장에 데려갔다. 디미트리의 자동차에 도착해 트렁크를 열자 정확하게 3가지 물건, 즉 점퍼 케이블, 잭, 뜯지 않은 봉투들을 담은 거대한 상자가 눈에 띄었다. 디미트리는 환하게 웃으면서 이렇게 말했다. "나는 봉투를 받으면 겉에 받은 날짜를 쓰고 이렇게 트렁크에 던져놓죠. 그리고 6개월 동안 봉투에 대해 묻는 사람이 없으면 그냥 폐기해요. 그런데 지금까지 물어온 사람은 단 한 명도 없었어요!"

모리스는 그 후 경력을 쌓는 내내 디미트리에게 배운 현실감각을 적용했고, 지금은 이메일의 중요성에 대해 똑같이 건전한 의심을 품고 있다고 말했다.

이 이야기는 기업이 보유한 의사소통 관련 지혜를 거스르는 경박한 행동으로 비쳐질 수도 있다. 하지만 이것은 내 의도가 아닐뿐더러 나는 이 이야기를 인용할 때마다 사내 커뮤니케이션 봉투와 받은 메일함에 보석 같은 내용이 있을 수 있다는 경고를 잊지 않고 덧붙인다. 하지만 내가 방문했던 대부분의 회사들은 사내에서 불필요하게 자세한 내용을 공유했다.

누구나 이메일의 유혹에 취약하다. 게다가 이메일의 유혹을 억제할 도구를 갖추지 못한 사람이 너무나 많다. 기본적으로 우리는 다른 사람에게 부담을 주는 이메일을 보내면서도, 자신이 받고 싶어 하는 이메일의 모델을 팀원들에게 제시하지 못하고 있다. 그러나 약간만 노력하면 이 상황을 바꿀 수 있다. 이메일을 앞에 놓고 전략적 멈춤을 실천하고, 의도를 갖고 신중한 태도로 메시지를 작성함으로써 자신과 다른 사람에게 이익을 안길 수 있다.

우리를 흥분시켰던 도구에 관해
생각할 시간을 가지라

- 이메일은 많은 사람을 중독시켜 지속적으로 '접속 상태'를 유지하도록 유혹한다.

- 이메일의 소비적 성향에서 벗어나려면 이메일을 덜 만지고 내용을 더욱 잘 작성하는 법을 배워야 한다.

- 테크니컬러에서 파스텔과 흑백까지 이메일의 색상 스펙트럼은 색상환을 위아래로 돌려가며 이메일 색상을 직접 선택하는 방법을 배울 수 있는 감정적 배경이다.

- 이메일을 확인하기로 정해놓은 시간이 아닌데 받은 메일함에 들어갔다면 이메일 그림자가 덮칠 수 있다.

- 사려 깊고 효과적인 이메일은 명료성, 간결성, 펀치라는 렌즈를 통해 작성된다.

▶▶ 생각해 보기

일주일 동안 이메일 없이 일한다면 하루 종일 무엇을 하겠는가?

8장

최고의 팀이 말하는 방식

의사소통 효과 증진시키기

○

목적의식을 갖고 선택한
적절한 단어가 팀을 훨씬
긴밀하게 결속시킨다

소피아는 리더로서 역할을 제대로 할 수 있
는 비결은 '아니요NO'라고 말하는 것이라고
설명한다. 하지만 소피아가 'NO'라고 말할 수 있기까지는 시간이 걸
렸다. 금융 서비스 기업에서 젊은 부서장으로 일하면서 '예YES'라는 말이
반사적으로 튀어나왔기 때문이다. "저는 상황이 허락하든 말든 언제나
'그럼요, 되고 말고요'라고 대답했어요." 언젠가 소피아는 현장 판매 사
원 100명의 여행 예약을 진행했다. 예약 업무는 자신의 역할 범위를 완
전히 벗어난 일이었지만 손이 필요하자 자신이 나서서 도와주어야 한다
고 생각했다. 예약 업무를 처리하느라 시간을 많이 쓰고 있었으므로, 무
언가 바꿔야 한다고는 생각했지만 차마 그 말을 입 밖으로 내지 못했다.

소피아는 의사를 결정할 때 'NO'를 파트너로 활용해 변화를 시도하

기로 했다. 그러면서 자신이 무엇을 원하는지, 그것을 말하려면 어떤 언어를 사용해야 하는지 파악했다. 소피아는 마음의 준비를 하고 나서 전략적 멈춤을 실천하고, 결심을 다지고, 여행을 직접 예약하는 문제에는 점잖게 'NO'라고 대답하고 현장 팀을 훈련시켜 그들이 예약할 수 있도록 돕는 데 힘썼다.

이것 자체만으로도 커다란 성과였고 큰 파급효과를 냈으므로, 소피아는 자신에게 주어진 시간의 20%를 일상 업무에 쓰고, 80%를 전략 프로젝트를 추진하는 데 사용한다는 목표를 새롭게 세울 수 있었다. 또 조용한 시간을 갖고 이 계획에 대해 생각하고 나서 상사들과 계획을 공유하고, 계획을 추진하는 과정에서 생긴 문제를 다른 직원들과 해결해 나갔다. 대화를 하면서 발전시킨 이러한 조치는 소피아에게 시간을 벌어주는 동시에 가치 있는 계획, 특히 고도로 가시적인 계획을 추진할 수 있는 가능성을 열어주었다. 소피아는 화이트 스페이스를 정기적으로 실천해서 창의성을 증진시킨 덕택에 경영진에 합류했고 그 후로 승진을 거듭하고 있다.

'NO'는 강력한 영향력을 발휘하는 단어이고, 이 밖에도 "나는 원한다 I want" "내게 필요하다 I need" "나는 선호한다 I'd prefer" 등 비슷한 영향력을 발휘하는 표현이 많다. 언어라는 영역 안에서 개인의 목표가 실현되기도 하고, 대인 관계 문제가 해결되거나 악화되기도 한다. 상대방에게 요령 있고 용감하게 자기 의견을 말하면 매우 많은 문제를 해결할 수 있다. 그러므로 팀을 통합하고 업무를 좀 더 효과적으로 수행하려는 여정에서는 전략적 멈춤을 적용해서 의사소통해야 한다. 메시지를 계획하거나, 다른 사람의 필요를 고려하거나, '아니요'라고 대답할 용기를 내려 하더라도 멈춤을 실천하지 않으면 결코 최적의 효과를 볼 수 없다. 전략적 멈춤을 실천하면 의사소통을 더욱 잘할 수 있고, 의사소통을 더욱 잘하면 업무를 더욱 수월하게 수행하면서 멈추는 시간을 더욱 많이 만들어내는 이익의 선순환이 발생한다.

이 장에서 설명하겠지만 언어를 공유하는 것으로도 강력한 효과를 얻을 수 있다. 집단이 소수의 공통 용어를 중심으로 집결하면 각자 에너지를 절약하고 명료성을 증진시키면서 업무를 더욱 빠르고 능숙하게 수행할 수 있다. 반복적인 사용을 통해 팀을 강화하면 화이트 스페이스를 실천하며 자기 의견을 표현하는 것이 더욱 쉽고 자연스러워질 것이고, 팀은 무질서한 의사소통의 미로에서 벗어날 수 있을 것이다.

2차원 의사소통 vs. 3차원 의사소통

●

훌륭한 의사소통은 말을 앞세우지 않고 생각부터 할 때 얻을 수 있는 결과이다. 이것은 배우는 입장에서 가장 단순한 규칙이다. 전략적 멈춤을 사용하면 잘못된 말을 뱉으려는 충동을 억제할 수 있다. 청자로서 깊이 생각하는 태도는 화자의 의도를 자신이 어떻게 인식했는지 점검할 때 유용하게 작용한다.

또 전략적 멈춤은 메시지를 전달하기에 적절한 매체를 선택하도록 돕는다. 대부분의 전문직 종사자들은 의사소통 수단으로 대부분 이메일이나 다른 디지털 도구를 사용하는 경향이 있지만, 일부 대화 내용은 지나치게 감정, 창의성이 풍부하게 담기고 복잡해서 디지털 매체의 틀과 어울리지 않는다. 물론 다른 한편으로 특정 정보는 타이핑된 형태의 의사소통이라는 활발한 상호작용 형식에 잘 들어맞는다.

단순하지만 강력한 매체는 팀, 동료, 고객과 소통하는 방식, 즉 2차원이나 3차원 의사소통을 크게 개선할 수 있다. 우리가 주고받는 모든 메시지는 **올바른 매체**를 선택할 때 더욱 효과적이다. 주의를 기울인다면 각 요청, 피드백, 공유에서 어울리는 매체를 찾을 수 있을 것이다.

2차원 콘텐츠는 대개 단순하거나 예/아니요 이지선다 중심이거나 사실 지향적이고, 2차원적 의사소통 양식에는 문자, 이메일, 인쇄물, 온라인 채팅 등이 포함된다. 보고서와 발표 자료도 2차원적이다. 이와 대조적으로 3차원 콘텐츠는 뉘앙스, 감정, 창의적 사고 기회를 포함한다. 3차원적 의사소통에서는 말투, 속도, 몸짓을 통해 중요한 단서를 교환한다. 아이디어를 의논하고, 복잡한 질문을 던지고, 사람과 사람을 연결한다. 또 통화, 회의, 영상 채팅, 대면 대화 같은 실황적인 양식을 요구한다. 음성 녹음을 공유하고 녹화 영상을 교환하는 방식이 이러한 경계를 흐릴 때도 있지만 2차원과 3차원의 구분은 대부분의 의사소통 양식을 판단할 수 있는 기준이다.

이처럼 잘 정의된 구조를 사용하면, 계속 들어오는 이메일 스레드를 통해 중요한 결정에 대한 합의를 도출하기 위해 3차원적 대화를 해야 하는 이유를 곧 이해할 것이다. 회의에 참석하는 동안 '대체 내가 왜 여기 있는 거지?'라고 생각하면서 메모지에 행맨 놀이를 끄적이고 있다면, 의제가 2차원적 의사소통 내용으로 가득 차 있기 때문일 수 있다.

기본적으로 2차원적 의사소통 방식을 사용하는 사람이 많다. 통제권을 쥘 수 있기 때문이다. 친근한 퀴즈쇼인 '제퍼디Jeopardy'에서 비즈니스 주제에 관련해 예상하지 못했던 질문("이번 분기에 내가 예산을 초과해 지출한 3가지 영역은 무엇일까?")을 받았을 때와 달리 당황하지 않을 수 있기 때문이다. 2차원적 의사소통에서는 생각을 공유하기 전에 수정할 수 있고, 2차원 매체의 얄팍함을 이용해 서로 안부를 묻는 것을 피할 수 있다. 하지만 의사소통 수단과 콘텐츠가 잘못 연결되는 경우에는 실효성을 잃는다. 3차원 콘텐츠를 2차원 매체로 공유하면 소통의 풍성함을 희생해야 한다. 2차원 콘텐츠를 3차원 매체로 공유하면 시간을 낭비하게 된다. 따라서 메시지와 매체를 일치시키는 것을 목표로 삼아야 한다.

이를 위해 대화를 시작하기 전에 전략적 멈춤을 실천하고 "나는 무엇을 소통하려고 노력하고 있는가?"라고 자문하라. "다음 주 안건에 대해 승인이 필요할까?" 2차원 의사소통이 필요한 것처럼 들린다. "나는 아이디어를 심도 있게 의논하거나, 복잡한 질문을 던지거나, 창의성을 발휘하고 싶은가?" 3차원 의사소통이 필요한 경우다. 다양한 사람들이 각자 정보를 받아들이는 방식을 고려해 2차원이나 3차원 방식을 선택하라. 말을 많이 하는 성향을 가져서 3차원적 의사소통 쪽이 어울리는 사람들이 있다. 그런가 하면 응답하기 전에 글이나 영상 형태의 의사소통 내용을 처리할 시간이 필요한 사람들도 있다. 동료들과 적극적으로 대화해서, 당신이 사용하는 2차원과 3차원의 의사소통 양식에 각각의 개인이 선호하는 방식을 접목하라.

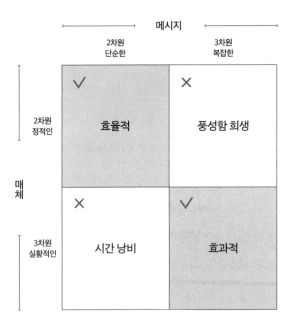

2차원과 3차원 의사소통 양식에서 메시지를 전달하기에 적절한 매체를 선택하면 하루에 더 많은 시간을 확보할 수 있고, 의사소통에서 더욱 많은 풍성함을 보상받을 수 있다. 이러한 명료한 틀은 모든 중요한 대화를 최대한 활용하도록 이끌어 팀을 더욱 가깝게 결속시킨다.

50 대 50 규칙

●

자기 생각을 표현할 수 있도록 적절한 매체를 선택하는 것은 방정식의 일부일 뿐이다. 메시지에 실제 자기 생각을 **솔직히** 드러내야 한다. 달리 표현하면 언제나 테디처럼 행동해야 한다. 먼저 테디의 형이면서 전형적인 1980년대 남자아이인 그레그를 만나보자. 그레그는 조립 세트erector set(너트와 볼트 등 도구를 사용해 조립하고 동력을 연결해 움직이는 완성품을 만드는 수준 높은 장난감-옮긴이), 현미경, 유황앵무를 갖고 싶었다. 어째서 유황앵무일까? 텔레비전 드라마 주인공인 형사 바레타Baretta가 키우는 새였기 때문이다. 어린 그레그는 100번을 생각하면 어떤 소원이든 이루어진다는 미신을 믿었다. 하지만 "새가 갖고 싶어. 새가 갖고 싶어. 새가 갖고 싶어"라고 아무리 오랫동안 되뇌어도 앵무새는 생기지 않았다. 하지만 동생인 테디는 다른 전술을 사용했다. 세 살 아이들이 으레 그렇듯 자신이 원하는 것을 큰 소리로 반복해 외치며 요구한 것이다. "과자가 먹고 싶어, 과자가 먹고 싶어, 과자가 먹고 싶어"라고 몇 번이고 고집스럽게 반복해 말하면 자신이 원하는 것을 얻을 수 있었다. 소원을 마음에 품기만 해서는 원하는 것을 손에 넣을 수 없다. 영적인 메시지를 보내는 것도 소용없기는 마찬가지다. 말을 해서 직접 요구해야만 마법의 열쇠가 돌아간다.

이것이 "직장에서 무엇 때문에 괴로워하든, 자신이 원하는 것을 요구할 때까지 괴로움의 50%는 당신 책임이다"라는 **50 대 50 규칙**의 전제이다. 자신의 욕구를 말로 표현하는 것은 두려울 뿐 아니라 다른 사람에게 비난을 받기 쉽다. 하지만 전문직 종사자들은 그렇게 하는 법을 배워야 한다. 50 대 50 규칙을 수용하면 당신이 하거나 듣는 불평을 대부분 잠재울 것이다.

사람들은 하루에도 정말 많은 욕구와 소원을 집어삼킨다. 하향식 구조로 이루어진 많은 기업들에서 일하는 노동자들이 두렵기 때문에 입을 다무는 근본적인 이유에는 감춰진 진실이 있다. 기본적으로 침묵이 흐르거나 동료들이 쉴 새 없이 끙끙거리거나 불평하는 상황이 사람의 정신적인 에너지와 귀중한 시간을 상당히 위협하기 때문이다. 충동적인 팀원들에게 끊임없이 방해를 받아서 집중력을 잃고 다시 집중하려면 상당한 노력을 기울여야 한다고 치자. 팀원들이 자신을 더 이상 방해하지 않았으면 좋겠다고 마음속으로 바라는가? 팀원들의 태도에 만족하지 못하고 마음속에 좌절감이 끓어오르기 시작하면서 그들에게 눈총을 보내는가? 말하지 않으면 유황앵무를 손에 넣을 수 없다. 마음속 말들을 입 밖으로 꺼내야 한다.

이처럼 표현하지 못했던 욕구를 드러내는 과정은, 업무나 업무를 공유하는 사람에 대해 가진 크고 작은 불만 사항 5~10가지를 나열하는 것에서부터 시작한다.

- 급여 지불 과정이 불필요하게 복잡하고 느리다고 생각한다.
- 사소한 일이 생길 때마다 소집되는 통에 전화 회의와 대면 회의가 지나치게 많다.
- 상사가 당신에게 모욕적인 말투로 말한다.

- 프로젝트에서 능력을 발휘할 기회를 얻지 못하고 있다.
- 동료가 실수를 스스로 인정하면 좋겠다.
- 일이 버겁다고 느끼고 부하 직원이 좀 더 주도적으로 일하길 바란다.

이제 브레인스토밍 목록을 작성하고 자신이 **바꿀 수 없는 불만 사항**을 지운다. 이러한 불만 사항으로는 급여 한도, 기술, 당장 업그레이드할 수 없는 시스템, 고용주를 잘못 자극할 수 있는 요청 등이 있을 수 있다. 그런 다음에는 나머지 항목들, 즉 스스로 목소리를 내서 **바꿀 수 있는 항목**을 검토하면서 다룰 만한 가치가 있는 항목을 선택하라.

여기에는 개인적이거나 고통스럽거나 위험성이 큰 문제가 있을 수 있다. 이러한 문제들은 해결하기 어려울 수 있고, 한편으로 오래 방치할수록 더 답이 없게 느껴질 수 있다. 다음의 4단계 접근 방식이 스트레스를 적게 받으면서 진실을 말할 수 있는 길을 열어줄 것이다.

1단계(배출): 감정적인 긴장을 내보낸다.

2단계(공감): 관점을 넓힌다.

3단계(준비): 요청 사항을 열거하고 말로 표현하는 연습을 한다.

4단계(공유): 대화한다.

감정을 흡수하고, 욕구를 명확하게 규명하고, 마음을 계속 열기 위해 각 단계 사이에 화이트 스페이스를 많이 엮어 넣어야 한다.

배출. 감정적으로 긴장한 상태는 판단력을 흐린다. 그러므로 당면한 상황에 대해 치밀어 오르는 화를 식혀줄 파트너를 찾으면 좋다. 자신을 괴롭히는 사람을 모를 뿐 아니라 알아낼 방법이 없는 파트너를 물색해서 억눌린 긴장을 배출하라. 파트너에게는 조용히 말을 들어주기를 바라는지, 피드백을 주기를 바라는지 미리 알려야 한다.

공감. 긴장을 약간 배출했으므로 타인에게 공감할 수 있을 만큼 정신적 여유가 생겼을 것이다. 어려운 대화를 해야 할 경우를 대비해 다른 사람의 관점으로 생각해볼 필요가 있다. 극중 캐릭터에 동화해서 자연스러운 내면 연기를 펼치는 배우들처럼 다른 사람의 관점에 깊숙이 발을 들여놓자. 다른 사람들이 무엇을 달성하려 하는지, 당신을 어떻게 보는지, 최선을 다하고 있는지 이해하려고 노력하라. 다른 사람의 렌즈로 상황을 보면 건설적인 공감을 쌓고, 가슴을 누르는 체증을 풀기 시작할 수 있다.

준비. 이제 요청 사항을 열거하고 말로 표현하는 연습을 한다. 앞으로 시도할 대화를 조금도 주저하지 말고 차 안에서, 거울 앞에서, 친구 옆에서 연습하라. 연습은 실천하기 어색한 교정 도구가 아니다. 최고의 의사소통 전문가도 규모와 상관없이 발표를 앞두고 연습한다. 간단한 문제의 경우 다음과 같은 기본적인 대화 구조를 따른다.

- 감사를 말로 표현하는 것부터 시작한다(존중하는 어투를 사용한다).
- 자신이 무엇을 좋아하지 않는지 말한다(판단하거나 평가하지 않고, 구체적이고 관찰 가능한 행동이나 상황을 묘사한다).
- 그것이 자신에게 어떤 영향을 미치는지 진술한다(업무, 욕구, 편안함, 경제

적인 측면 등에 미치는 영향을 포함시킨다).

- 자신이 무엇을 선호하는지 말한다(자신의 요청).

기초 의사소통 수업마다 가르치는 사항인 '나'를 주어로 세우는 문장
I statement을 사용하면 좋다. 이 접근 방법을 사용해 "당신의 목소리가 지
나치게 큽니다"라고 말하지 않고 "내가 효과적으로 일하려면 조용한 환
경이 필요합니다"라고 말하라. 다만 "나는 당신이 정말 어리석다고 생각
합니다"라고 말하는 것은 '나'를 주어로 세우는 문장이 아니다. "상대방
이 '진정으로' 알아야 하는 사항은 무엇인가?"라는 필터를 사용해 자신
이 무슨 말을 하려는지 확인하면서, 급진적인 간결성이라는 중요한 원
칙을 기억하라.

공유. 이제 다음 단계로 뛰어들어 자신에게 무엇이 필요한지 말할
때다. 온화하게 대화를 시작하고, 문제를 제기하고, 요청 사항을 말한
후에 멈추라. 쐐기를 끼워 넣어 상대방이 당신의 메시지를 듣고 소화할
수 있도록 공간을 만들라. 반응이 방어적이든 수용적이든 상관없이 최
대한 열린 마음으로 상대방의 반응에 귀를 기울이라. 토론이 펼쳐지는
경우에는 자신의 입장을 간결하고 친절하고 명쾌하게 전달하라.

이후에 변화가 없으면 당신이 얼마나 자주 요청 사항을 거론하는지
에 신경을 써야 한다. 이것은 길을 건널 때 신호등을 바꾸려고 버튼을
누르는 것과 같다. 우리는 대부분 버튼을 한 번만 누르면 된다고 머릿속
으로는 알고 있지만, 신호등이 바뀌는 것을 보겠다는 일념으로 조바심
을 내며 버튼을 무의미하게 계속 누른다. 하지만 신호를 보냈다면 이미

과정의 50퍼센트를 마친 것이고, 나머지 50퍼센트의 진행 여부는 이미 당신 손을 벗어났다. 상대방에게 무시당한 후라도 같은 필요나 욕구가 다시 생길까? 물론이다. 하지만 버튼을 눌렀다면, 신호가 바뀌기를 기다리면서 모퉁이에서 기다리는 연습을 하라.

새로운 사항을 요청하는 대신에 현재 상황을 받아들이는 법을 배워야 할 때가 있다. 일부 사람들은 자신의 행동을 거의 바꾸지 않는다. 당신이 말하고 있는 사이에도 여러 업무를 동시에 처리하고 있는 상사, 당신과 정반대로 강아지들이 전혀 귀엽지 않다는 여자와 대화한다고 치자. 당신은 그들이 어떻게 행동할지 알고 있다. 이때는 상대방에게 태도를 바꾸라고 요구하지 말고, 다가올 장면을 마음속으로 시각화하고, 피할 수 없는 상황에 대비해 연습하며 자신을 준비시키라. 무하마드 알리 Muhammad Ali(미국 권투 선수로 전 세계 헤비급 챔피언이었음―옮긴이)가 "내 마음이 생각할 수 있고 심장이 믿을 수 있다면, 나는 해낼 수 있다"라고 말했듯 많은 분야의 진정한 대가들은 시각화를 이용한다. 따라서 이전에 상대방에게 느꼈던 실망감을 나풀대는 나비처럼 등 뒤로 떠나보내고, 다음에 상대방을 대할 때 능숙하게 행동하는 자신의 모습을 상상하라. 그러면 이후에 상호작용할 때 자신감을 갖고 행동할 수 있고 상대방의 태도에서 받는 영향을 줄일 수 있다.

취약성과 위험성처럼 나에게 필요한 것을 말할 때 발생할 수 있는 단점을 정직성, 직접성, 주의 산만 감소와 같은 장점으로 상쇄할 수 있는 업무 환경을 조성해야 한다. 내게 필요한 것을 요청함으로써 화이트 스페이스를 보호하는 동시에 다른 사람의 필요에 귀를 기울여야 한다. 스스로 꾸준히 이렇게 행동할 수 있을 때 장애물을 제거하고, 생각하는 시간을 확보하고, 업무를 더욱 수월하게 수행할 수 있다.

모래시계

우리는 자신이 원하는 사항을 말하는 기술을 갖추는 동시에, 자신이 원하지 않는 사항을 말할 수 있어야 한다. 하지만 이렇게 하기는 쉽지 않다. 'NO'는 팀의 시간, 에너지, 집중을 보호해 줄 수 있는 단어이다. 이처럼 단순하지만 중요한 단어를 사용할 때는 단호함과 유연함의 균형을 맞추도록 끊임없이 노력해야 한다.

'NO'라고 말하지 못하는 팀은 어떤 운명을 맞을까? 예를 들어 조립라인에서 일하는데 포장해야 할 초콜릿이 도달하는 속도가 점점 빨라지자 당황한 루실 볼Lucille Ball과 친구인 에텔(1950년대 미국에서 선풍적인 인기를 끌었던 흑백 시트콤인 '왈가닥 루시I Love Lucy'에서 높은 인기를 끌었던 초콜릿 공장 장면이다—옮긴이)을 생각해 보자. 초콜릿(책임, 요청, 다른 사람의 부탁)을 모자 속에, 입속에, 주머니 속에 넣거나 발치에 쌓아두려 할 수 있다. 하지만 이것은 가장 효과적인 작업 방식이 아니다. 비상용 중단 스위치도 효과적이지 않기는 마찬가지이고 결국 생산 라인이 중단될 뿐이다.

많은 사람이 'NO'를 조금 더 자주 사용해야 한다고 느끼면서도 막상 사용해야겠다고 생각하면 긴장한다. 게다가 'NO'라고 말하는 데 실패한 후에서야 'NO'라고 말했어야 했다고 후회할 때가 많다. 다음과 같은 일을 겪은 적이 있는가? 금요일 오후 3시 33분이다. 크리스는 책상에 앉아 이메일을 확인하고 매우 신속하게 답장을 보내는 중이다. "안녕하세요, 크리스." 악의 없는 이메일은 이렇게 시작했다. "우리가 검토할 수 있도록 카슨 프로젝트 관련 수치를 월요일 오전 9시까지 취합해 주겠어요?" 열정적으로 일하기로 유명한 크리스는 "그렇게 하겠습니다!"라고 패기 넘치게 대답한다. 하지만 곧 해일이 밀려오기 시작한다. 크리스가 알겠다고 쏜살같이 대답한 탓에 크리스의 팀원들은 주말 내내 일해야 한다. 크리스는 내가 붙인 명칭대로 '플래시 반응flash response'으로 대답했다. 플래시 반응은 YES/NO로 묻는 요청에 대한 즉각적인 대답인데 반사작용, 충동, 주의 산만이라는 심리적인 잡동사니 때문에 촉진된다. 이것은 크리스가 잘못했기 때문이 아니라, 자신의 선택(YES/NO)을 뒷받침해 줄 틀을 갖추고 있지 못하기 때문이다.

언제 'YES'라고 말할지 또는 언제 'NO'라고 말할지 의식적으로 결정할 수 있도록 돕는 단계별 모델인 '모래시계hourglass'를 살펴보자. 모래시계는 자신의 목표를 탐색하고, 매일 부딪히는 YES/NO 갈림길에서 깊이 생각할 때 유용한 멈춤을 실천하기 위한 구조적 형태이다. 모래시계를 사용하기만 하더라도 반응 속도를 늦추고 의도성을 늘릴 수 있다.

실제 모래시계의 중앙에는 좁은 목이 있어서 모래 흐름을 조절하는데 우리가 사용하는 모래시계는 모래 대신 '결정'을 통과시킨다. 따라서 반응하기 전에 적절하게 생각하기 위해 모래시계의 목에서 결정 통과 속도를 순간적으로 늦추는 전략적 멈춤을 실시한다.

모래시계의 꼭대기에서 시작해 보자. 이메일이나 문자로 요청을 받거나, 사무실에 불쑥 찾아온 동료에게 어떤 요청을 받는다면, 시간을 약간 달라고 말하고 모래시계로 눈을 돌리라. 우선 요청에 대해 YES든 NO든 당신이 처음에 보이려 했던 플래시 반응을 기록하라. 이때는 무엇이든 '그 순간' 하고 싶었던 말을 적는다.

다음은 매우 중요한 단계이다. 이 단계에서는 전략적 멈춤을 실천하고 자신의 **동기, 과거, 미래**를 검토한다. 먼저 자신의 동기를 생각하고 사각지대를 꼼꼼히 살피라. 자신이 원하는 기회를 열정적으로 수용하고 있는지, 감탄할 만한 업무를 수행하고 있는지, 이와 반대로 사람들의 비위를 맞추고 있는지, 두려움에 사로잡혀 있는지 자문하라. 자신이 필요한 존재라고 인정받고 싶거나, 호감을 얻고 싶거나, 존재감을 구축하고 싶다면 솔직하게 인정하라. 부정적이든 긍정적이든 자신의 동기에 대한 몇 가지 개인적인 생각을 적는다.

최근에 YES나 NO로 대답했던 비슷한 사례들을 생각해 보자. 과거에 자원봉사를 지나치게 많이 했다가 나중에 일말의 분노를 느낀 적이 있었는가? 이와 반대로 호기심이 생기고 참여하고 싶었던 기회를 맞았지만 NO라고 대답했던 적이 있었는가? 자신 앞에 놓인 사항에 대해 YES로 대답할지 NO로 대답할지 선택할 때 과거 경험을 반영하라.

응답하기 전에 밟는 마지막으로 단계는 미래에 대해 생각하는 것이다. 자신이 대답하는 YES나 NO가 앞으로 며칠, 몇 주, 그 이상 동안 자신이나 팀에 이익을 줄지 해를 입힐지 가늠하라. 자신의 대답이 어떻게 집중하기 위한 시간을 보호하거나 결과에 영향을 미칠지 판단하라. 또 자신의 관계와 영향력을 어떻게 뒷받침하거나 의심할지 생각하라.

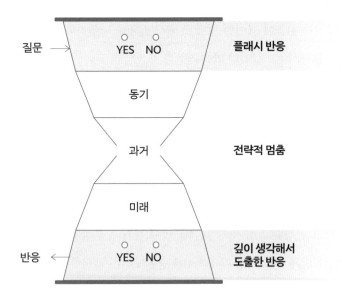

질문 → YES NO 플래시 반응

동기

과거 전략적 멈춤

미래

반응 ← YES NO 깊이 생각해서 도출한 반응

복잡한 성격의 거절을 마주한다면 이 단계를 마치기 위해 정보를 더 많이 수집해야 할 것이다.

모래시계의 바닥에서는 스스로 결정을 내리고, 깊이 생각해서 도출한 반응을 기록해야 한다. 선택을 하고 그 선택을 기록하고, 의도를 내보이며 키운 자신감으로 무장하고 선택 사항을 전달하라. 모래시계 전략은 익숙해지면 자동적으로 짧은 시간에 실천할 수 있을 것이다.

NO라고 응답한 후에는 상대방이 어떻게 생각할지 궁리하지 않아야 한다. 이 시점에서 실수하기가 매우 쉽다. 퇴직하는 직원을 위해 송별회를 준비해 달라는 요청을 네이샤에게 받았다고 치자. 당신은 시간과 에너지의 한계를 느끼고 있다. 이때는 모래시계를 사용해 부드럽게 거절하라. 하지만 당신의 마음은 거절하는 데서 멈추지 않는다. 대답을 하고 나면 네이샤가 어떻게 생각할지 궁금해지기 시작한다. '네이샤는 나에 대해 어떻게 생각하고 느낄까? 맙소사. 다른 사람들에게 말하고 다닐 수도 있겠군! 내가 팀에 협조하지 않고, 개인적으로 행동하면서 심지어 무심하다고 생각하면 어떡하지?' 상대방의 생각이나 감정을 알아내려고 애쓰다 보면 자신감이 약해지기 마련이다. 당신이 깊이 생각한 끝에 NO라고 대답했다면 상대방의 이마에 있는 문이 잠겼다고 상상하고, 상대방이 무엇을 어떻게 생각하는지 개의치 말라.

모래시계의 묘미는 멈춤을 사용해 브레이크를 걸고 시간을 벌어주는 데 있다. 이제 확신을 갖고, 후회할 일을 피하고, 조심스럽게 균형을 유지하며 업무라는 줄을 품위 있게 타야 한다.

'NO'라고 대답할 수 있도록 돕는 단어

•

요청을 거절할 때 사용할 수 있는 구체적인 단어들을 생각하기가 상당히 어려울 수 있다. 자칫하면 지나치게 퉁명스럽거나 변명을 길게 늘어놓는다는 인상을 주기 쉽다. 또 자신만만한 태도를 취하려고 애쓸 때조차도 확신이 없는 것처럼 들리기 쉽다. 이 책에서 NO라고 말하는 전략과 방식을 제공하겠지만, 먼저 아무 말도 하지 않는 것부터 살펴보자. 우리는 '겁쟁이의 NO the coward's NO'를 사용하지 말아야 한다, 즉 투명 인간처럼 행동하지 말아야 한다.

무응답은 새로운 종류의 NO이다. 유혹적인 방법이지만 완전히 이기적인 선택이다. 우리는 상대방의 무응답에 맞닥뜨릴 때는 분노하면서도, 자신이 무응답으로 대처하는 것은 이상하게도 필요하다고 느낀다. 최근에 의사소통하다가 상대방에게 투명 인간 취급을 당했던 때를 떠올려보라. 그때 얼마나 불쾌하고 무시당하는 기분이 들었는지 다시 느껴보고, 당시 감각을 기억해서 더욱 용감한 태도를 취해보자. 아무 말도 하지 않겠다고 결정하는 것은 **선택 사항이 아니다**.

영업 사원들은 누구보다도 투명 인간으로 취급받을 때가 많지만, 그들도 무응답으로 대우받는 상황에 종지부를 찍어야 한다. 자신들을 위해서가 아니더라도 받은 메일함을 효율적으로 정리하기 위해서 그래야 한다. 단호하게 NO라고 거절하는 것은 실제로 놀라운 효과를 발휘하므로 직접적인 태도를 취하면 결국 영업 사원들을 돕는 셈이다. 잠깐 김을 뺄 수는 있지만 모호한 상황에서 벗어나게 해줄 수 있다. 다른 목적을 향해 투입할 수 있도록 전문적인 에너지를 방출해줄 뿐 아니라 확신을 심어준다. 그러므로 용기를 내서 NO라고 응답하라.

다른 사람을 무시하는 행위는 의견을 표현하는 방식이 아니므로 우리는 실제로 NO를 뜻하는 단어들을 **말하는** 방법을 배워야 한다. 단순한 상황에서는 아래 소개한 문구를 자신의 스타일과 상황에 맞게 수정하여 적용할 수 있다. 약간의 연습을 더하면 어떤 문구가 가장 자연스러운지 알게 될 것이고 언제나 만반의 준비가 되어 있다고 자신할 수 있을 것이다. 다음 각본은 직접적인 상호작용과 YES인지 NO인지 결정해야 하는 상황에 적절하다.

- **"하루 동안 생각해 보고 연락 드려도 될까요?"**

  모래시계를 사용할 시간을 번다. 대인 접촉이 깨질 때 지성이 개입하면서 자신을 더욱 잘 무장시켜 합리적인 결정을 내릴 수 있다.

- **"이번에는 당신 요청을 들어줄 수 있지만, 매번 그렇게 할 수는 없습니다."**

  까다로운 사람들이 기대를 서서히 내려놓을 수 있게 하고, 미래에 NO라고 말할 수 있는 환경을 조성한다.

- **"…하는 것이 필요할지 모르겠습니다(~것이 통하지 않을 것 같아요)."**

  NO라고 말하면서 매우 중립적으로 의견을 전달하는 방식이다. 단, 말투가 냉정하게 들리지 않도록 조심해야 한다.

- **"나는 요청을 들어줄 수 없지만, 당신이 달리 선택할 수 있는 사항이 있습니다."**

  NO라고 말하면서 대안을 제시하는 방식이다. 직접적으로 돕는 대신 대안이나 제안을 공유한다.

- **"지금은 시간을 낼 형편이 아니지만 앞으로 일정을 살펴봅시다."**

  YES라고 말하지만 지금이 아니라 나중을 기약하는 경우이다. 거절하는 게 불편해 '미루기(136쪽 참고)'를 사용하지 않도록 주의한다. 물론 진짜 타이밍이 문제라면 미루도록 한다.

- **"얘야, 안 된다고 했잖니. 그만하렴."**

  스스로 할 수 있는데도 줄기차게 계속 요구하는 어린아이에게 사용한다.

- **"엄마/언니/오빠/여보, 이것은 그냥 넘길게."**

관계에 있어 위험성이 낮은 경우다. 가족을 대상으로 이 표현을 사용해 NO라고 말하는 연습을 한다.

- **"직설적으로 말해줘서 고마워."**

상대방에게 NO라는 대답을 들었을 때 사용할 수 있는 표현이다.

- **"미안하지만 안 되겠어."**

이 자체로 완전한 문장이다. 따라서 입 밖으로 내놓고 더 이상 아무 말도 하지 말라.

만약 좀 더 복잡한 상황에서 NO라고 대답하려면 단어를 더욱 신중하게 골라야 한다. '50 대 50 규칙'에 해당하는 요청을 할 때 거치는 과정을 다시 살펴보자. 감정적인 긴장을 배출하라. 공감하고 준비하고 마지막으로 공유하라. 두 번째 단계인 공감은 매우 중요하다. 감지할 수 없을 정도로 소량의 베르무트vermouth를 넣은 가장 전형적인 드라이마티니 칵테일처럼, 공감을 품으며 마음속에 형성된 부드러움이 당신이 전달하는 말의 풍미를 바꿀 것이다.

예를 들어 요청하는 사람에게 당신을 프로젝트 과정에 포함시켜주어 고맙다고 말하거나, 프로젝트에 대해 고무적인 말을 하는 등 마치 샌드위치를 싸듯 정중함이라는 빵 조각을 양쪽에 깔고 그 사이에 NO를 집어넣는다. 주말 동안 보고서를 준비해달라는 요청을 받고 나서 크리스가 전달한 'NO 샌드위치'의 사례를 살펴보자.

수신: 친애하는 고객에게

귀하와 일하는 것이 우리에게는 큰 기쁨입니다. (정중함의 첫 조각이다)

하지만 이 중요한 요청을 주말에 처리하는 것은 가능하지 않습니다. (NO다. 그냥 입 밖으로 꺼내라)

귀하에게 전달해야 하는 결과물은 매우 중요하므로, 우리는 바람직한 결과를 산출하기 위해 합당한 수준으로 집중하고 싶습니다. (정중함의 두 번째 조각이다. 이 문장은 고객의 실망감을 은근히 회복시키려는 좋은 의도와 노력을 내포한다)

우리는 귀하가 요청한 업무를 월요일 아침 일찍 온전히 집중해서 업무 시간이 종료하기 전까지 몇 가지 수치를 제시하겠습니다.

마음을 담아.

발신: 크리스 드림

"금요일 오후에 이러한 요청을 하는 것은 불합리하다고 생각합니다" 처럼 고객을 가르치고 싶은 충동을 억제하라. 고객의 접근 방식이 불공정하다는 사실을 보여주고 싶은 마음은 굴뚝같겠지만 그런 발언은 당신에게 실익이 없다.

상사에게 NO라고 말하기는 매우 힘들다. 직설적으로 NO라고 말할 때 사용하는 핵심 단어는 "어떤 업무가 가장 중요한가요?"에 포함된 "어떤"이다. "어떤"이라는 단어를 사용함으로써 우리는 자신의 여력이 무한하지 않다는 사실을 점잖게 강조한다. 물론 목록에 새로운 업무를 추가할 수 있지만, 그러한 경우에는 다른 업무를 연기하거나 제거해야 할지 모른다. 상사에게 새 프로젝트를 할당받은 후에 이러한 상황이 어떻게 전개될지 살펴보자.

이 업무를 맡게 되어 정말 흥분됩니다. (정중함의 첫 조각이다)

저는 이번 달에 우선순위가 높은 프로젝트들을 당신에게 상당수 할당받았습니다. 목적을 달성하기 위해 "어떤" 프로젝트에 가장 먼저 손을 대야 할지, "어떤" 프로젝트를 연기하거나 아마도 수행 여부를 재고할지 결정할 수 있도록 도와주시겠습니까? (NO다. "어떤"은 일부 업무는 수행하고, 일부 업무는 제거해야 하거나 다른 사람에게 넘겨야 하거나 우선순위에서 밀린다는 뜻이다. 매우 부드러운 방식으로 얼마간 용기를 드러낸 말이다)

짧게라도 제게 시간을 좀 내주시겠습니까? 제가 맡고 있는 프로젝트들을 검토하고, 가장 적합한 마감일을 정하고 싶습니다. (최고의 성과를 내기 위해 조직적으로 계획을 세우고 있다는 점을 내세우면서 상사를 존중하는 태도를 슬쩍 드러낸다) 도와주셔서 감사합니다. (정중함의 두 번째 조각이다)

마음을 담아.

발신: 허리가 휘어지도록 일하는 베티 드림

NO라는 말은 할수록 하기 쉬워진다. 모래시계, NO라는 친구, NO 샌드위치가 도움이 될 것이다. NO라고 말하는 짧지만 두려운 순간을 능숙하게 넘기고 나면, 힘들게 선택한 후에 찾아오는 혜택을 실제로 경험하고 다음에 더욱 잘할 수 있다는 자신감을 얻을 수 있다. 또 단순화 질문을 사용해서 NO를 선택한 과정을 강화할 수 있다.

- **내가 손을 뗄 수 있는 일이 있는가?** 이 질문은 NO 안전지대에서 벗어나서 자신에게 도전할 수 있도록 도울 것이다.

- **'이 정도면 괜찮아'라고 생각해도 충분한 것은 무엇인가?** 이 질문은 NO를 불완전하게 말하거나, 깊이 생각한 끝에 내린 결정의 결과를 뒤흔들까 봐 느끼는 두려움에서 자신을 해방시켜줄 것이다.

- **내가 정말 알아야 하는 것은 무엇인가?** 이 질문은 모래시계 과정을 거치게 하여 과도한 분석과 성급함 사이에서 균형을 찾게 할 것이다.

- **내가 주의를 기울일 만한 가치가 있는 것은 무엇인가?** 이 질문은 유의미한 업무, 가장 중요한 사람들, 자기 삶에서 지키고 싶은 가치에 정신을 집중시켜줄 것이다. 우리가 NO라고 말하는 이유는 이 점들을 구현하기 위해 땅을 정비하는 작업을 하기 위해서다.

감사는 말로 표현하라

매일 좀 더 깊이 생각하며 살아간다면, 함께 일하는 멋진 사람들을 더욱 깊이 인식하고 그들에게 감사할 수 있다. 마음속에 끓어오르는 감사와 동지애를 그들에게 긍정적인 말로 표현해야 한다. 하지만 이러한 감사는 우리의 가슴팍 뒤편에 갇혀 있을 때가 많다. 우리는 이러한 감사를 밖으로 내보이려 생각하지만, 지나치게 바쁘거나 아니면 말하지 않더라도 동료들이나 친구들이 우리 마음을 알고 있기를 바란다. 우리는 말로 표현하는 칭찬, 감사, 우정, 사랑이라는 선물을 억제한다.

직장에서 더욱 친밀한 관계를 맺는 행운이 따르기를 바라면서도 이러한 관계를 형성하게 하는 단어들을 말하지 않는다.

입 밖으로 표현하지 않은 감사는 가장 슬픈 종류의 언어적 기권이다. 입 밖으로 표현하지 않은 감사 한 가지를 마음에서 털어내면 다음 날 10가지 감사를 나누고 싶은 마음이 생길 것이다.

다음과 같은 말로 주변에 감사를 표현하기 시작해보자.

이런 말은 해본 적이 없지만 …

… 할 때 정말 크게 감명을 받았습니다.

… 때문에 늘 당신을 존경해왔습니다.

… 이 제 잘못이라는 사실을 깨달았습니다.

당신을 좋아합니다. 그냥 좋아하는 것이 아니라 정말 좋아합니다… .

… 에 대해 더 많이 알고 싶습니다.

제가 즐겨 떠올리는 추억 중 하나는 …입니다.

시간을 내주셔서 감사합니다.

당신에게 있는 멋진 점은 …입니다.

효과적인 말은 친밀한 관계와 따뜻한 마음을 조화시킨다. 또 친밀함과 동기를 이끌어낸다. 전략적 멈춤을 실천해서 자신의 말을 예리하게 다듬는 경우에 효과적인 말은 훨씬 더 많은 활약을 한다. 자기 내면에서 단어를 해방시킬 때, 삶과 관계가 매일 축복을 받는다.

최고의 팀이 말하는 방식에 관해
생각할 시간을 가지라

- 언어를 사용해 많은 개인적인 목표를 실현할 수 있다. 능숙하고, 명료하고, 용감한 의사소통이 매우 많은 문제를 바로잡는다.

- 메시지를 전달하기에 적절한 매체(2차원 vs. 3차원)를 선택하면 시간을 절약하고, 의사소통을 풍부하게 만든다.

- 50 대 50 규칙을 기억하라. 직장에서 자신을 괴롭히는 요인이 무엇이든 자신이 원하는 사항을 요구할 때까지 50%는 자기 책임이다.

- 모래시계는 요청에 응답하기 전에 자신의 동기·이력·미래를 검토하도록 이끌어 선택에 의도성을 부가한다.

- NO 샌드위치는 두 조각의 우아함 사이에 끼워 넣어 거절을 전달하는 방법으로 NO라고 말하기가 더욱 수월해진다.

- 말로 표현하는 감사가 당신과 다른 사람의 마음을 채울 것이다.

▶▶ 생각해 보기

말하지 않았지만 내가 알려야 하는 사항은 무엇인가?

9장

효과적인 회의

협력이 이끌어내는 이익

○
회의를 잦은
토로의 장이 아닌
기회의 장으로 바꾸자

내가 이끄는 팀은 회사 창립일부터 다른 팀들과 지역적으로 멀리 분산되어 있었다. 인재를 찾고 내 일정을 소화하려면 유연하게 움직이는 것이 다분히 유리했고, 코로나19 대유행이 발생한 후에 새롭고 흥미진진한 관점의 경영 방식을 찾을 때까지는 조금도 유감이라거나 불편하다고 느끼지 않았다. 당시 우리는 마라톤 경주를 마치 단거리 경주하듯 전력 질주하는 고객들에게 서비스를 제공하느라 분투했다. 그러다 보니 팀원들은 지칠 대로 지쳤고 어느 때보다 전략적 멈춤이 절실했다.

분산되어 있는 팀들은 서로 멀리 떨어져 있는 점을 몹시 아쉬워했다. 그래서 일주일에 수십 차례 영상통화를 **할 때마다** 동지애를 느끼며 때로 직접적으로나 암시적으로 안타까워했다. 팀들이 물리적으로 만나고 싶어 한다는 말을 듣고, 나는 직접 대면 팀을 결성해 일하거나, 화이트보드 주변에 모여 활기차게 토론하면서 좋은 아이디어를 내면 좋겠다고 생각하기 시작했다. 또 자유를 얻기 위해 친밀함을 희생시킨 것은 아닌지 의구심이 들었다. 이러한 변화가 의미심장하게 느껴졌으므로, 사업의 다음 단계로 진입하면서 팀들이 물리적으로 함께 일할 수 있는 시간을 더욱 많이 확보할 수 있는 방법을 적극적으로 모색하기 시작했다.

회의에 관해서 "엉덩이를 깔고 하는 회의는 정말 고통스러워요"라고 이구동성으로 불평할 위험성이 있다. 나는 회의 과정을 해치지 않으면서, 화이트 스페이스 원칙을 사용해 회의에서 최고의 결과를 이끌어내고 싶었다. 다시 말해 흥미진진한 업무를 수행하고, 활력이 넘치는 풍부한 환경에서 동료와 시간을 함께 보내는 모습을 구현하고 싶었다. 좋은 회의는 정신을 고양시키며, 화이트 스페이스의 영향을 받은 회의에는 생각하고, 생각을 반영하고, 생각을 멈출 시간이 많다. 탐욕스럽게 일하는 외향적인 사람들은 이런 회의를 약간 단조롭다고 느낄 수 있지만, 우리가 회의에서 보내는 시간을 더욱 바람직하고, 풍요롭고, 보람 있게 만드는 것이 중요하다.

팟캐스트 '회의를 덜 끔찍하게 만드는 방법How to Make Meetings Less Terrible'에서 괴짜 경제학Freakonomics 주창자들은 회의를 없애는 것이 자신들의 목표가 아니며 불평은 하지만 내심 상호작용을 좋아한다고 주장한다. 자신의 저서 《탁월한 아이디어는 어디서 오는가Where Good Ideas Come From》에서 스티븐 존슨Steven Johnson은 창의성을 발휘해 유레카의 순간을 맞이하려면 혼자서는 자극을 받을 수 없는 신선한 아이디어의 착상과 교환이 자주 필요하다고 설명한다. 올바른 분위기를 갖춘 회의에서는 협업이 돋보이고 창의성이 빛을 발할 수 있다.

하지만 그렇지 못한 회의가 대부분이다. 의문이 전혀 제기되지 않고 관례에 따른 업무 방식에 순응할 목적으로만 열리는 회의가 정말 많기 때문이다. 내 친구 래리가 30년 전 자신이 일했던 대형 기술 기업에 대한 이야기를 들려주었다. 경영 교육을 받은 집단이 처음으로 주간 간부 회의에 참석하기 시작했다고 했다. 첫 주에는 어색한 분위기를 누그러뜨리기 위해 자신이 좋아하는 명절 전통 같은 개인적인 이야기를 나누었고, 두 번째 주에는 전체 연간 예산을 검토했다. 이렇게 두 주가 지나고 나자 상사가 래리를 한쪽으로 부르더니 이렇게 말했다. "래리, 자네가 나 좀 도와줘야겠네. 참석자에게 좀 물어봐 주게. 이 회의에서 대체 무슨 이야기를 해야 하는지 말해달라고 말일세. 시간을 어떻게 때워야 할지 모르겠어!"

참석해야 할 회의가 많아지면 회의를 강력하게 거부하는 태도가 생겨나기 시작한다. 처음에는 하루 종일이라도 회의를 할 수 있고, 그와 동시에 작은 요정들이 마법을 부리겠거니 어떻게든 업무를 완수할 수 있으리라 생각한다. 아니면 오전 8시부터 오후 6시까지 연달아 회의에 참석하더라도 집중과 활력을 계속 유지할 수 있으리라 생각한다. 하지만 달력에 총천연색 글씨로 적어넣은 일정에 따라 코 꿰인 물소처럼 회의에 끌려다니다 보면 곧 오후마다 '진짜 업무'를 처리해야 하는 현실에 부딪힌다.

달력에 빈 시간이 없으면 전략적 멈춤을 실천할 수 없다. 대다수 사람들은 실시간으로 생기는 기회, 긴급 상황, 행운의 순간 신속하고 침착하게 대응할 수 있도록 완충역할을 해주는 화이트 스페이스가 부족하다. 회의 방식을 바꿔야 하는 중요한 이유가 여기에 있다. 창의성, 회복력, 깊이 있는 사고를 발휘할 공간을 만들기 위해 회의 수를 조정해야 한다. 멈춤에서 발생하는 분별력을 추가로 갖춰야 가능한 일이다. 팀이 모일 때마다 회의에 참석해야 하는 것도 아니고, 결정을 내릴 때 또는 프로젝트마다 회의를 해야 하는 것도 아니다. 엄청난 양의 회의에 대처하기 위해서는 회의가 만들어지는 전체 구조 안에서 두 가지 중요한 의사결정 순간, 즉 **회의에 초대하기 전**과 **회의 초대를 수락하기 전**에 전략적 멈춤을 실천해야 한다. 그렇게 하면 남아 있는 회의를 진행하는 방식을 개선하는 문제로 관심을 돌릴 수 있다.

화이트 스페이스를 사용하는 회의에서 참석자들은 회의와 회의 사이 시간이 이미 계획되어 있으므로 서두르지 않고 정시에 도착한다. 의제를 다루지만 충분히 감당할 정도까지만 논의한다. 전화기는 대인 관계나 전략적 흐름을 방해하지 않기 위해 종종 눈에 띄지 않는 곳으로 치운다. 아이디어를 기록하기 위해 간단한 펜, 종이, 플립 차트flip chart(한 장씩 뒤로 넘겨가며 보여주는 큰 차트-옮긴이)를 대신 사용하고, 누구든 발언하기 전에 생각할 시간을 가질 수 있다. 이러한 종류의 교류를 즐기다보면 회의를 더 많이 하고 싶을 수 있다.

여기 있으면 안 돼!

●

회의가 지루할 경우 이 지루함의 원인을 추적하면 회의에 대해 매우 많은 사실을 파악할 수 있어서 회의를 새롭게 바라볼 수 있다. 지루함을 느끼더라도 회의는 업무의 일부이기 때문에 피하기 힘들 수 있다. 그게 아님에도 지루함을 느끼도록 자신을 방치한 경우에 지루함은 자신이 특정 순간에 잘못된 장소에 있다는 귀중한 반증일 수 있다. 회의에서 디지털 멀티태스킹이 허용되는 경우에는 이처럼 깨달음을 줄 수 있는 유익한 유형의 지루함을 잠재울 요량으로 참석자들은 전자 기기 화면을 들여다보며 시간을 때운다. 그러다보면 다음과 같은 적절한 질문들이 완전히 묻힌다. '나는 왜 지루함을 느낄까? 괜히 참석한 것일까? 회의실에 있는 다른 동료들과 역할이 겹치는가? 참석하지 않겠다고 말하기가 그저 겁나는 것일까?'

지루한 회의에 앉아 있으면서 전자 기기를 만지작거리며 주의를 흩뜨리는 행동을 자제한다면, 자신이 어떤 상황에 놓여 있는지 더욱 뚜렷하게 깨달을 수 있다. 그렇게 하기가 힘들고 때로 지루하기는 하지만 회의에 기여하겠다고 결정하거나, 아니면 회의에 기여하지도 않고 어떤 이로운 행동도 하지 않겠다고 결정할 것이다. 후자의 경우에 해당한다면 전략적 멈춤을 실천하고 머릿속으로 'SBH(Shouldn't Be Here의 약자, 여기 있으면 안 돼!-옮긴이)'라고 외치라.

회의에 참석했는데 실속이 없다고 느끼는 부분이 있으면 머릿속으로 SBH라는 메시지를 반복하라. 이렇게 반복해 말하다 보면 인식을 불러

일으키면서, 회의 거부에 따르는 값비싼 희생을 조금씩 상쇄시킬 수 있다. 이렇게 발생한 유용한 불편함은 임계질량에 도달할 때까지 내면에 쌓이다가 결국 행동을 촉발한다. 우리가 실시한 연구에서 고객들은 SBH, 즉 참석하지 말아야 한다고 느끼는 회의가 전체 회의의 30퍼센트라고 대답했다.

중요하지 않다고 느껴지는 회의는 **실제로도** 중요하지 않은 것이 사실일까? 그렇다. 그리고 중요하다고 느껴지는 회의 중에서도 **실제로는** 중요하지 않은 회의가 많다. 나는 29개국에서 사업을 하는 국제 에너지 기업이 남아메리카 페루에서 개최한 첫 행사에 참석했다가 이러한 진실을 목격했다. 페루는 꾸이Cuy(기니피그처럼 보이지 않게 하려는 노력을 전혀 기울이지 않고 기니피그를 통째로 구운 지역 고급 음식이다)를 제외하고는 맛있는 먹거리와 즐거운 볼거리가 풍성한 멋진 곳이었다.

이 행사에서 강연하면서 나는 화이트 스페이스를 실천해서 쐐기를 끼워 넣어 **생각할 공간**을 만들라고 강조했다. 또 회의를 하느라 시간을 낭비한 적이 있다고 느끼는 사람들은 내 질문에 손을 들어 대답해 달라고 요청했다. "총 회의 시간에서 50퍼센트가 필요 없다고 느끼는 분은 손을 들어주세요." 많은 손이 올라갔다. "40퍼센트는 어떠세요? 30퍼센트는요? 20퍼센트라고 생각하는 분도 손을 들어주세요." 20퍼센트까지 내려가자 칼을 제외한 참석자 전원이 손을 들었다. 최종적으로 칼은 마지막 범주, 즉 자신이 참석한 회의가 불필요했던 적이 한 번도 없다고 생각한다는 항목을 듣고 혼자 자신만만하게 손을 들었다. 이내 드러난 사실에 따르면 모든 회의를 소집한 사람이 바로 칼이었다.

회의에서 사용할 수 있는 대부분의 기술보다 SBH로 더 큰 효과를 얻었다는 증언이 많다. 팀에서 여러 직위에 있는 각 팀원들이 깨달은 SBH 통찰을 인식하고 집단적으로 검토하기만 하더라도, 회의가 발생하는 패턴이 통제할 수 없이 뻗어가는 것을 억제할 수 있다. 이때 우리는 공통 인식(많은 회의가 시간 낭비라는 사실을 누구나 알고 있다)에서 공통 실행(자신이 참석할 필요가 없는 회의를 실제로 취소하거나 참석을 거절한다)으로 옮겨 가게 된다. 그리고 회의가 SBH라고 보고하는 사람이 지나치게 많은 경우에는 회의의 전반적인 목적이나 설계를 바꿔야 한다.

회의 초대장은 소환장이 아니다

회의에 초대받는 사람에게 명료하고 합의된 선택 사항을 제시하는 것은 팀에도 개인에게도 유익하다. 또 모든 선택 사항이 동등하게 합당하다면 숨겨진 반발이 있을 수 없다. 회의에 초대받을 때마다 자신이나 팀 동료들이 다음에 열거한 4가지 반응 중 어떤 반응이라도 선택할 수 있도록 허용하고, 일정표에 화이트 스페이스가 등장하는 것을 지켜보라.

① **초대를 수락할 수 있다.** 회의에 참석해 가치를 더하고 혜택을 얻을 수 있다고 믿는 경우에는 초대를 수락한다. 선택할 자유를 행사해서 초대를 받아들이면 자율이라는 값진 선물을 받는 것이므로 회의에 더욱 적극적으로 참여할 수 있다.

② 초대를 거절할 수 있다. 우선 전략적 멈춤을 실천하고 나서, 회의가 자신의 업무에 가치를 덧붙여주지 않고, 더 중요하게는 자신이 참석하더라도 회의에 특유한 가치를 덧붙이지 못하리라 판단한 경우에는 초대를 거절한다. 반복적으로 열리는 회의에 참석하는 동안 마음속으로 계속 SBH 아리아를 부르고 있다면, 다음 회의에 초대받았을 때 거절하도록 노력해야 한다. 자신의 지위가 높은 편이라 훨씬 쉽게 거절할 수 있는 사람을 빼고 처음에는 거절하기가 어려울 것이다. 하지만 거절하는 것은 누구나 학습할 수 있다.

회의 초대를 거절하는 것에는 미묘하게 생각할 점이 많고 위험도 따른다. 멈춤을 실시하고 8장에서 다룬 NO라는 친구를 활용해 계획을 실행하기 전에 시험하고, 거절할 때 사용하는 정중한 언어를 상대방이 잘 받아들일 수 있게 한다. 결정을 행동으로 옮길 시간을 자신에게 할애하라. NO라고 말할 때 따르는 이익과 결과를 검토하고, 거절할 때 자신이 어떤 감정적 반응을 보이는지 살피라. 회의에 참석하지 않겠다는 말을 팀원들에게 들을 때 리더가 어떤 태도를 취하느냐에 따라서, 앞으로 이 거절 기술을 사용하려는 팀의 의지를 북돋울 수도 있고 반대로 꺾을 수도 있다.

자신이 대면 회의를 원하기 때문에 회의 참석을 거절하지 못하고 망설인다면, 대면 회의의 정당성과 선택성을 고려하라. 회의에 참석해서 거물 옆에 앉는 것이 커리어 궤적에 유효한 증폭제가 될 수 있으므로 이따금씩 자신을 노출할 목적으로 회의 초대를 수락하는 것은 전혀 문제가 되지 않는다. 자신이 원하는 것을 얻기 위해 의도에 맞추어 행동하는 것이기 때문이다. 거절의 뜻을 전달할 때는 필요에 따라 2차원과 3차원 의사소통 중에서 신중하게 골라야 한다. 무작정 거절하고 싶은 유혹을 느낄 때는 스스로 협업의 가치를 낮게 평가하고 있을 가능성이 있다. 그렇다면 회의 일정을 성급하게 채우지 말고 시간의 여유를 가지라. 물론 회의에서 자신이 차지하는 역할이 다른 참석자들과 겹치지 않는다면, 수익에 대해 고객과 실시하는 대면 회의는 놓치거나 없애고 싶지 않을 것이다.

고위 경영진이라면 다른 직원들보다도 깊이 생각하는 단계를 하나 더 추가해야 한다. 클라이브는 SBH라고 생각하는 회의에 참석하지 않겠다고 거절했다. 하지만 나중에 알고 보니 회의를 진행하는 팀이 모르고 있는 결정적으로 중요한 정보를 클라이브가 알고 있었고, 그가 회의에 참석하지 않으면서 회사는 상당한 손실을 보았다. 그래서 클라이브는 앞으로 회의 초대를 거절할 때는 먼저 전략적 멈춤을 실천하면서, "팀이 '진정으로' 알아야 하는 사항은 무엇인가?"라는 **세 번째 단순화 질문**을 필터로 사용하기로 했다. 또 앞으로 회의에 불참할 때는 치러야 하는 대가를 줄이기 위해 팀에 2차원 자료를 보내기로 했다.

많은 회의 문화를 살펴보면 많은 경우 누구라도 회의를 잡을 수 있도록 개방적으로 운용된다. 이것은 단테식 일정 관리 방식이며 화이트 스페이스를 모조리 잃는 지름길이다. 일정을 제대로 확인하지 않고 환각적인 긴급성에 휩쓸려 회의를 추가하는 사람들은 터무니없이 이중이나 삼중으로 회의를 예약한다. 예를 들어 부두교(특히 아이티 사람들이 믿는 애니미즘적 민간신앙-옮긴이) 신도들은 전국을 순회하며 회의를 하는데,

어떤 사람은 뉴저지주에서 회의 일정을 잡고 어떤 사람은 시드니에서 회의하며 고통을 겪는다.

계획을 잘못 세우는 바람에 일정을 통제할 수 없고, 화이트 스페이스가 불충분해서 업무를 최선으로 추진할 수 없다면 재킷을 던져놓으라. 사람들은 영화관에 혼자 가서 옆에 다른 사람이 앉는 것이 싫을 때 옆 좌석에 재킷을 던져놓는다. 이것은 영역을 확보하려 할 때 사용하는 방식이다. 물론 누군가가 "이 자리는 비어있나요?"라고 물어오면 재킷을 치우겠지만, 그 전까지 재킷은 혼잡한 세상에서 편안함을 느끼게 해줄 가능성을 높이면서 주인의 목적에 기여한다.

그렇다면 비즈니스 세계에서 재킷은 무엇일까? 행복하고 여유 있는 일정을 방해하는 여러 요소를 당당하게 차단하는 재킷이 바로 '화이트 스페이스'다. 하지만 좀 더 미묘하게 재킷을 던져놓는 방식을 찾아야 할 것이다. 재킷은 전략 시간, 계획 시간, 생각하는 시간, 창의적인 시간 등으로 부를 수 있으며, 외부와 나를 가르는 경계이자 가치 있는 시간이다.

③ **다른 직원을 보낼 수 있다.** 자신이 직접 참석할 수는 없지만 회의를 연기하고 싶지 않을 때는 다른 직원을 보내는 것이 현명하다. 이 선택지를 고려하는 리더는 자신들이 참석 요청을 받은 것이 전술적으로 필요하기 때문인지, 아니면 공식적인 의견이 필요하기 때문인지 물어야 한다. 부하 직원을 보내는 것은 부하 직원을 훈련시키고, 그들의 역량을 키우고, 높은 잠재력에 보상하고, 팀 신뢰를 구축하는 훌륭한 방법이다.

④ **대기하고 있을 수 있다.** 회의에 '대기자'로 지정되면 언제라도 회

의에 개입할 수 있지만 출석은 하지 않아도 된다. 이것은 호출기를 달고 있는 대기 의사와 같은 입장이다. 대기 의사는 언제든 출동할 수 있지만 병원에 꼭 있지 않아도 된다. 회의가 진행되고 있더라도 대기 중일 때는 책상에 앉아 다른 업무를 처리할 수 있다. 회의 참석자들과 정보를 공유하거나 그들의 질문에 응답하거나 투표를 하기 위해 호출받는 경우를 대비해 전화를 곁에 둔다. 이때는 신속하게 종료하기 어려울 수 있으므로 다른 통화나 화상 회의를 삼간다. 이와 마찬가지로 일단 시작하면 중단하기 힘든 고도로 창의적이고 섬세한 업무에는 손을 대지 말아야 한다. 대신 이메일을 처리하거나, 보고서를 쓰거나, 일정을 관리하는 등 필요하지만 간단한 업무는 수행할 수 있다. 대기하는 것은 시간을 최적으로 사용하기 위한 방법이다. 대기자는 회의 주최자가 지정하거나, 초대를 받은 사람이 요청할 수 있으며, 회의록에 기록된다. 이때 개인은 한 번에 회의 하나에만 대기할 수 있다.

회의용 단순화 질문

•

다음은 우리가 배운 단순화 질문을 회의에 적용하는 단계이다. 누구든 단순화 질문을 사용하면 멈춤을 실천하는 동시에 '진짜로' 중요 사항에 다시 초점을 맞출 수 있다.

• **내가 손을 뗄 수 있는 일이 있는가?** 이 질문은 모든 회의에 참석해야 할

필요성을 완화하고, 가장 가치 있는 회의를 선택할 수 있도록 돕는다.

- **'이 정도면 괜찮아'라고 생각해도 충분한 것은 무엇인가?** 이 질문은 의제와 슬라이드를 간소화해서 불필요하게 많은 노력을 기울이거나 세부 사항을 요구하지 않고 적절한 양의 지원과 방향을 제공하도록 돕는다.
- **내가 정말 알아야 하는 것은 무엇인가?** 이 질문은 지나치게 2차원적인 회의(회의를 하지 않고서도 콘텐츠를 확보할 수 있는 경우)를 생략하도록 도와주고, 리더가 이 질문을 사용하면 팀원들에게 좀 더 많은 결정을 내릴 수 있는 재량권을 허용할 수 있다.
- **내가 주의를 기울일 만한 가치가 있는 것은 무엇인가?** 자신의 회의 일정을 놓고 이 질문을 하면, 회의를 위해 만반의 준비를 하고 전력을 쏟기 위해 전략적 멈춤을 실천함으로써 매주 가장 중요한 회의들에 집중적으로 주의를 기울일 수 있다.

회의를 조직하는 사람들은 회의를 줄이는데 중대한 열쇠를 쥐고 있다. 그들은 회의를 추가하는 최전선에 있기 때문이다. 당신은 업무를 추가하는 과정의 선두에 서있다. 회의 초대장을 보내기 전에 전략적 멈춤을 실천하고 다음 단계를 밟으라.

- 회의에 전술적으로 필요한 사람이 누구인지 생각한다.
- 초대 명단을 검토하고, 초대가 순수하게 정치적 목적인지, 참석자의 역할이 겹치지 않는지, '누군가에게 계속 정보를 전달하기' 위한 것인지, 초협업 차원에서 비롯한 것인지 확인한다.

- 일정표를 보면서 시간이 비어있는지 확인한다. 2중이나 3중 예약을 피한다. 긴급한 상황이 아니면 화이트 스페이스를 실천하고 있거나 '재킷'을 던져놓은 사람에게 말을 걸지 않는다. 재킷을 던져놓은 데는 나름대로 이유가 있기 때문이다.
- 회의에 참석하지 않겠다는 거절 의사를 듣는 경우에는 호기심과 중립을 유지한다.

누구를 회의에 초대해야 할까? 관련이 있는 전문 지식이나 통찰을 전달하거나, 결정을 내릴 수 있는 권한이 있거나, 참석했을 때 배울 점이 있거나, 회의 결과에 영향을 받는 집단을 대표하는 사람이다.

이때 '2차원 vs. 3차원 의사소통 방식'을 인식하면 회의 참석 인원을 줄일 수 있다. 회의하기 전에 2차원 정보를 수집하는 경우에는 사실이나 자료를 전달하는 목적으로만 초대할 사람들을 참석자 명단에서 제외할 수 있다. 또 회의를 마치고 나서 2차원 회의록을 배포하는 경우에는 회의에 초대하거나 혹은 회의 내용을 알리는 두 가지 의사소통 방식이 있다는 사실을 깨달을 수 있다. 공개 회의록을 활용하면 초대를 받지 못한 사람들의 FOMOFor of Missing Out(고립 공포감)를 크게 줄이거나, 심지어 우리가 말하는 FOMOFinally Obtaining More Oxygen(최종적으로 더 많은 산소의 확보) 상태로 전환할 수 있다.

홀 타임

•

참석하는 회의와 통화의 총량을 줄이기 시작할 때, 즉 일정표 전체에 실질적인 빈 공간이 생기기 시작할 때 참석하는 회의와 회의 사이에 중요한 빈 공간을 끼워 넣어야 한다. 회의와 회의 사이에 확보한 5~10분간의 짬은 지친 몸과 기진맥진한 마음에 새로운 세상을 일깨워 줄 것이다.

이러한 짬을 가리켜 우리는 전형적인 고등학교에서 활용하는 지혜를 본따 **홀 타임**hall time이라 부른다. 한 장소에서 다른 장소로 사람들을 이동시켜야 할 때는 대개 두 번의 타종 시스템을 사용해 시간을 구분한다. 처음 울리는 종은 일어나서 움직이라는 신호이다. 두 번째 종은 사람들이 다음 장소에 도착했을 때 울린다. 즉 사람들은 두 종소리 사이 시간에 이동한다. 기업은 회의마다 홀 타임이나 가상 홀 타임을 적용한 논리적 모델에서 많은 교훈을 배울 수 있다.

만약 마음을 넉넉하게 먹어서 회의에 의미가 있다고 가정한다면, 다음 단계로 넘어가기 전에 각 회의에서 나온 비타민과 단백질이 풍부한 아이디어와 제안을 소화하는 것이 중요하다. 하지만 다닥다닥 붙어 진행되는 회의에 갇혀 있는 것은 하루 종일 음식을 먹으면서 절대 삼키지 않는 것과 같다. 회의가 끝나고 나서 깊이 생각하는 시간을 가지면 다음 회의를 이전 회의보다 바람직하게 진행할 수 있다. 회의에서 아이디어가 자유롭게 오갔는지, 진전이 있었는지, 업무가 정상적인 궤도에 놓여 있는지 주목하고 묻는다. 다음번 회의에 대비해 실수나 좋은 선택에서 교훈을 배운다.

전화 회의, 화상 통화, 대면 회의를 포함해 일정에 포함된 모든 회의 사이에 홀 타임을 끼워 넣는 훈련을 시작하라. 홀 타임을 독자적으로 실시하고 있다고 치자. 회의 시간이 60분과 30분으로 예정되어 있는 경우에는 각각 45~50분과 20~25분을 기본 시간으로 잡고, 이때 발생하는 시간 차이를 자신에게 신호를 보내 알린다. 자신의 일정이 어떻게 흘러가는지 파악하고 있어야 가치 있는 모델을 세울 수 있기 때문이다. 게다가 시간을 엄격하게 통제하는 경우에는 회의를 더욱 효과적으로 진행할 수 있다. 제한된 시간 안에 회의를 끝내려면 잡담을 삼가고 서론을 자르고 곧장 본론으로 들어가야 하기 때문이다. 45분이나 50분에 회의를 마치려면 사전에 준비를 해야 한다. 45분 동안 회의를 하려면 약 40분이 되었을 때 마무리를 하기 시작하고, 42분이 될 때까지는 회의 결과 어떤 조치를 취할지, 다음에 어떤 단계를 밟을지 정리하고, 45분이 되면 모두 회의실에서 나가거나 로그아웃한다.

전화 내레이션

•

투명 망토처럼 물체를 숨길 수 있는 은폐 장치는 우주선을 다른 사람에게 보이지 않도록 만드는 기술이며, 현대 공상과학 영화에서 활약하는 주인공이라면 반드시 구비해야 한다. 하지만 클링온Klingon(미국 영화 〈스타트렉〉에 등장하는 호전적인 외계 종족-옮긴이)도 로뮬란Romulan

(〈스타트렉〉에 등장하는 휴머노이드형 외계인-옮긴이)도 '양방향' 은폐 장치를 갖추고 있지 않았다. 하지만 요즘에는 양방향 은폐 장치를 소지하고 있는 사람이 많다. 바로 휴대전화다. "지지징!" 진동음을 느끼고 전화를 집어 들자마자 우리의 감각적인 자아는 사라져서 밖에서 보이지 않는다. 신기하게도 효과가 양방향으로 일어나면서 그 순간 우리에게도 인간 세상은 사라진다. 그래서 우리는 아무도 볼 수 없고, 누구의 소리도 들을 수 없다. 우리와 전화기만 연결되어 있을 뿐이다.

전자 기기와 소셜 미디어에 빠져 살다보면 시간과 주의력을 통제하지 못하고, 직장과 회의에서 존재감이 줄어든다. 스워스모어대학 Swarthmore College 심리학과 교수인 케네스 거건Kenneth Gergen은 이렇게 구현되는 개념을 가리켜 "존재감 부재absent presence"라고 불렀다. 존재감 부재는 우리가 방에 들어갔지만 방에 '존재하지 않는' 상황을 가리킨다. 존재감 부재는 우리가 형성하는 인간관계와 평판에 영향을 미칠 수 있다. 매 순간 갱신되는 무언가에 주의를 기울이는 자세는 상대방 입장에서 추적할 수 없는 행동이기 때문이다. 특히 아무 설명 없이 딴 데 정신이 팔려 있으면 **다른 사람들 눈에 띤다.** 동료들은 우리가 무례하다거나, 멍 때리고 있다거나, 사교적으로 미숙하다고 생각할 수 있으며 그 어떤 경우라도 목표를 달성하는 데 도움이 되지 않는다.

나는 국내 화장품 회사의 중역들과 회의할 때 존재감 부재를 경험했다. 내가 매장이 몇 개인지, 지역 관리자는 몇 명인지 질문했는데, 상급 관리자가 갑자기 휴대전화를 꺼내더니 딴생각에 빠졌다. 화면 속을 표류하며 대화를 멈추고 내게 대답하지 않았던 것이다.

나는 그가 이메일에 정신을 쏟고 있다고 추측했으므로 말을 중단하지 않았지만 개인적으로 내심 무시당하는 느낌이 들었다. 그래서 그와 눈을 마주치지 않으면서 어색하게 혼자 말을 이어가고 있었는데 그 중역이 얼굴을 들더니 "350명입니다. 지역 관리자는 350명이에요!"라고 대답했다. 알고 보니 그 중역이 딴짓을 한 게 아니었고, 나는 그가 무엇을 하고 있는지 전혀 몰랐으므로 그를 오해했던 것이다. 이처럼 몇 차례의 오해의 순간들이 우리의 대화와 토론의 흐름에 영향을 미쳤다. 회의 등에서 존재감 부재가 발생할 때, 사람들은 상대방이 무엇을 하는지, 또 언제 자신과의 대화에 다시 집중할지 전혀 알지 못하는 상태에서 상대방이 공허 속으로 사라지는 모습을 본다.

이러한 상황에서 어떤 디지털 기기를 이용하든지 **전화 내레이션**이라는 놀라운 기술은 엄청난 효과를 발휘한다. 전화 내레이션은 화면 기반 장치를 사용해서 우리가 무엇을 하고 있는지 소리를 내서 설명하는 것이다. 이 방법은 디지털 기기를 살펴봐야 할 때 사람과 사람의 연결을 유지하는 데 편리하다. 대화하고 있거나 회의하고 있을 때 디지털 기기를 들여다봐야 한다면 동료에게 말로 사정을 설명하라. 자신의 정신이 어디로 갔다가 언제 돌아올지 알리라. 이러한 품위 있는 습관은 "상사에게 답변을 해야 합니다", "지역 관리자 관련 통계를 찾아보겠습니다"처럼 단순한 말로 설명하는 것이다. 다른 사람과 함께 있을 때는 자신이 화면을 보는 이유에 대해 대략적으로라도 설명하는 것이 좋다.

여담이지만 이렇게 말로 설명하는 것이 가정에서도 정말 중요하다. 사랑하는 사람들이 있는 집에서 전화를 집어 들 때는, 예를 들어 지도를 확인하기 전에 "그 호수까지 가는 길을 알아볼게"라고 미리 말할 수 있다. 또 휴대전화의 화면 속으로 사라지기 전에 "할머니께 브런치에 대해 답장을 보내고 있어요"라고 알릴 수 있다. 그러면 아이들, 친구, 부모는 가족이 디지털 기기에 빨려 들어갈 때 분리 불안을 겪지 않을 것이다. 또 전화 내레이션 기술에는 강력한 2차적 이점이 있다. 전화 내레이션은 디지털 기기에 손을 뻗은 정확한 **이유**를 소리 내어 말하게 만든다. 그리고 이를 통해 아무런 이유 없이 전화를 집어 들었을 때 그 사실을 **깨닫게** 한다.

솜사탕

•

코미디언인 제리 사인펠트Jerry Seinfeld는 할리우드에서 프로젝트를 진행하며 맞는 최고의 순간은 첫 회의의 마지막 30초라고 말했다. 자리에서 일어나 서로 등을 툭툭 두드리며 문을 나서는 순간부터 모든 것이 순조롭다는 것이다. 회의에서 참석자들은 지지를 얻기 위해 다른 사람들을 칭찬하고, 회의실에서 가장 힘 있는 사람을 미소 짓게 만들 말이라면 무슨 말이든 주고받는다.

이것은 직장에서도 낯익은 광경이다. 우리는 사업에 도움이 되는 말이 아니라 사람들이 듣고 싶어 하는 말을 자주 한다. 회의를 질질 끄는 것은 이처럼 듣기 좋은 소리를 주고받다가 방향을 잃는 성향 때문이기도 하다. 우리는 효율보다 세부 사항을 선호하고, 진정한 피드백보다 칭찬을 선호한다. 결정적인 행동을 하기보다는 무한히 순환하는 협업과 검증을 선택한다. 달콤하지만 최종적으로는 내용이 없어서 시간을 낭비하는 말들을 쏟아낸다. 이것은 마치 솜사탕을 만드는 것과 같다. 상대방을 기쁘게 해주고 상대방에게 사랑받고 싶은 욕망, 침묵할 때 느껴지는 두려움, 팀 안에서 부족해 보이는 진실성 때문에 계속 말을 만들어낸다. 아니면 조용히 앉아 있는 참석자들을 무시하면서 지나치게 단도직접적인 태도를 보이며 사려 깊지 못하다는 인상을 줄 수 있다. 좋은 회의로 발전할 가능성을 폭발시키려면 균형을 맞춰야 한다.

자신이 회의에 기여하려 하고, 목적 없이 지루하게 늘어놓는 달콤한 말과 지나치게 직접적으로 상반되는 말을 피하고 싶은 경우에는 다음 몇 가지 질문이 유용할 것이다.

친절한 말인가?

정직한 말인가?

필요한 말인가?

친절한 말인가? 회의를 냉정하고 직설적으로 진행하면 시간을 절약할 수 있다고 생각하는 사람들도 있지만 장기적으로 이익을 얻지는 못할 것이다. 서로 친절하게 대해야 한다. 회의 진행 속도를 약간 늦출 수 있는 여지를 갖고, 누군가를 당황하게 만들거나 감정을 상하게 만들지 않았는지 확인하라. 자신이 원하는 것을 예의 바르고 조심스럽게 효과적으로 말하는 것을 창의적인 도전거리로 여기라.

정직한 말인가? 이 질문은 지나치게 달콤하고 영합하고 아부하는 말의 틈을 뚫고 용기를 내고 진실만을 말하라고 우리에게 요구한다. 특이성과 정직성은 사업에 극도로 긍정적인 영향을 미친다. 모두 같은 목표에 초점을 맞춘 두 가지 타당한 접근법으로 자극을 받는다면 건전한 갈등은 이롭다.

필요한 말인가? 이 질문은 화합을 중시해 사람들에게 듣기 좋은 말을 하거나, 공허한 칭찬을 하거나, 소심한 서두를 늘어놓으며 시간을 잡아먹는 사람들에게 특히 유용하다. 말이 옆길로 새는 것이 약점인 사람에게도 좋다. 다음과 같은 전형적인 실수에 주의하라.

- 친절하고 정직한 말이라고 해서 반드시 해야 할 필요는 없다.
- 말해야 할 필요가 있다고 해서 반드시 당신이 말해야 하는 것은 아니다.
- 당신이 말할 필요가 있다고 해서 지금 말해야 하는 것은 아니다.

일반적으로 질문 3개 중에서 두 개는 대답하기 쉽다고 느낄 것이고 한 개가 실제로 당신을 시험하는 질문일 것이다. 강한 성격의 소유자들은 친절한 말을 하기 힘들어한다. 단호함이 부족하거나 인정 많은 유형의 사람들은 정직성의 벼랑에서 소심해진다. 자기 정보를 과도하게 노출하는 사람들은 필요한 말과 필요하지 않은 말을 구별하는 데 어려움을 겪는다. 3가지 조건을 모두 충족하려면 연습이 필요하지만, 자신에게 가장 약한 범주에 속한 질문을 사용하고, 여기에 수반되는 자연스러운 멈춤을 사용하면 더욱 효과적인 회의를 할 수 있다.

의도적인 회의

●

회의는 개별적으로 활약한 후 협업해서 유익한 결과를 거두기 위한 장이어야 한다. 창의성의 불꽃이 튀어서 참석자들이 모두 함께 눈부신 쇼를 즐기는 장이어야 한다. 지금껏 배운 회의 전술을 조합한다면 적절한 회의만 일정을 잡고, 가장 중요한 회의에 참석하고, 참석자가 함께하는 일분일초의 가치를 극대화할 수 있을 것이다.

케이티 새거Katy Saeger는 모든 회의에 의도성을 적용할 때 변화를 달성할 수 있다고 밝혔다. 어쩌다보니 달라이 라마를 페이스북 인플루언서로 만든 케이티는 달라이 라마가 설교하는 자리에 참석했다가 만난 승려들에게 깊은 인상을 주면서 10년 이상 다양한 프로젝트를 함께 수행했다.

비즈니스 엑셀러레이터business accelerator(스타트업을 발굴해 지원하는 기업이나 사람-옮긴이)인 하모니카Harmonica의 CEO 케이티는 대부분 그렇듯 즉흥적이고, 단조롭고, 불규칙적인 성격을 지닌 '통상적인 회의'에 익숙해 있었다. 하지만 승려들을 만나고 승려들의 회의에 참석하면서 회의 접근법을 바꿔야 했다. 수도원과 통화하는 과정이 심각하게 복잡해서, 매우 중요한 대화와 계획 회의를 원격으로 진행할 수 없었기 때문이다. 중요한 주제를 놓고 토론을 해야 할 때마다 케이티는 대면 회의를 하기 위해 캘리포니아에서 인도로 날아갔다.

달라이 라마와 진행한 한 프로젝트에서는 회의 때마다 캘리포니아에서 비행기를 타고 인도에 가야 했고, 이렇게 프로젝트 내내 모두 여덟 차례를 들락거렸다. 인도에 도착하고 나서 절차는 예외 없이 의도와 존재감으로 요약할 수 있었다. 회의 시간이 정해져 있지 않아서, 실제로 캘리포니아로 돌아가는 항공편도 예약하지 못하는 경우가 다반사였다. 여러 날 중에서 하루를 잡아 회의가 열리고, 때가 맞으면 승려들이나 달라이 라마가 참석할 것이었다. 그때까지 참석자들은 앉아서 생각하고 계획하고 자신을 준비시켰다.

회의 시간이 다가오면 목적의식이 더욱 강해졌다. **옷차림**. 어떤 복장이 적합할까? **속도**. 어떻게 하면 연결을 끊지 않고 통역자의 흐름을 따라갈 수 있을까? **단어 선택**. 명료성과 상호 이해를 위해 모든 단어를 단순화했다. 회의를 진행하는 동안 배려와 집중이 부각되었고, 케이티는 모든 회의가 여태껏 경험했던 어떤 회의와도 달랐다고 회상한다.

승려들과 회의를 성공적으로 마치고 나서 케이티는 그때까지 경험한 깊은 존재감과 목적의식을 마음에 새겼다. 그때 이후로 회의 때마다 깊은 존재감과 목적의식을 느꼈다면 거짓이겠지만, 당시 경험을 심오한 목적의식의 본보기로 삼았다고 말했다. 케이티는 가능할 때마다 목적이라는 같은 문을 통해 생각하라고 팀을 격려한다. 이 회의의 최고 목적은 무엇일까? 나는 무엇을 기여할 수 있을까? 나는 모두의 상호 이익을 위해 어떻게 행동하고 있을까?

더 효과적인 회의에 관해
생각할 시간을 가지라

- 지루함을 제거하기 위해 디지털 기기를 가지고 멀티태스킹을 하지 않고, 지루함을 인식하면 자신이 SBH(여기 있으면 안 돼!) 상태에 놓여 있다는 것을 확인할 수 있다.

- 회의에 초대하는 사람이나 초대를 수락하는 사람들이 회의 초대 절차에 신경을 쓴다면 하루 일정에서 회의 없는 시간을 확보할 수 있다.

- 회의와 회의 사이에 회의 내용을 소화하거나, 충전하거나, 준비하기 위한 홀 타임으로 멈춤의 시간을 만들라.

- 디지털 기기와 상호작용할 때는 전화 내레이션을 사용해 자신이 무엇을 하고 있는지 다른 사람에게 알려서 존재감 부재를 피할 수 있다.

- 회의에서 의견을 제시하거나 기여할 때는 이렇게 자문한다. 친절한 말인가? 정직한 말인가? 필요한 말인가?

▶▶ 생각해 보기

나는 회의 초대를 거절하려 할 때 정확히 무엇이 두려운가?

10장

화이트 스페이스 팀

함께 만드는 새로운 규범

○
일하는 방식을
따로, 또 같이
형성할 수 있다

여태까지 화이트 스페이스를 추구하는 여정을 함께해 왔다. 지금쯤이면 아마도 과거에 상상했던 것보다 자신에게 많은 '선택지'가 있다는 사실을 깨달았을 것이다. 앞서서 탐욕의 문화를 지탱하는 신념에서 벗어나는 방법을 살펴보았다. 화이트 스페이스로 향하는 길의 원칙, 구석구석 업무의 가장 중요한 지점에서 사용할 수 있는 도구를 실험하기 시작했다. 아마도 이 시점이면 과부하에 분노하며 직장을 박차고 나가 고기잡이 어부로 살아가고 싶다는 마음은 누그러졌을 것이다. 하지만 이 개념들을 실행 가능한 동시에 영구적인 업무 방식으로 굳히기 위해 자신이 무엇을 더 해야 할지 궁금할 것이다. 결론을 말하자면 **규범**norm을 만들어야 한다.

규범은 집단 구성원을 구속하는 행동 원칙이나 권위 있는 표준으로 정의할 수 있다. 만약 당신과 당신 팀이 업무와 완전히 단절된 휴가를 보낼 수 있다면 그것은 아마도 회사 **규범**이 그렇기 때문일 것이다. 당신이 조직에 속한 모든 구성원을 신뢰한다면 진심을 말하고 책임을 지는 것이 회사 **규범**이기 때문이다.

규범에 따른 상황에서는 마찰이 줄어들므로 업무를 수행하기가 더욱 쉽다. 혼자서도 규범을 정하고 지킬 수 있지만, 공유하는 규범이 있으면 지속 가능한 성공을 향해 움직이는 무빙워크에 올라탈 수 있다. 자신과 파트너, 자신과 가족, 자신과 소규모 팀 사이에 규범을 만들거나, 거대한 조직이 공유하는 규범을 만들 수 있다.

규범은 직장에서 쓰는 단어 중 가장 모호한 단어인 **문화**culture를 이해하는 데 유용하다. 문화는 막연하고 유동적이며, 불분명한 소스 비법 같은 영역이다. 안갯속에서 문화를 소환해 내려면 컨설턴트, 점괘판, 사명 선언문 등이 있어야 한다. 마침내 사내 문화를 단어로 설명할 때가 되면 이 단어들은 살아 움직이는 대신 대부분 먼지를 뒤집어쓰고 있다.

하지만 문화를 설명하는 것은 그다지 복잡하지 않다. 존재하는 모든 규범을 취해 하나로 모은 것이 바로 문화이다. 커뮤니케이션, 긴급성, 낭비, 휴가, 회의 이메일, 사려 깊음 등 각 영역에 규범이 포함된다. 그 규범들을 한데 모아 바느질하면 문화라는 퀼트가 완성된다. 새로운 규범을 만드는 것은 우연히 발생할 수 있는 과정이지만, 이제 규범을 의도적으로 만들 수 있는 방법을 살펴보자.

화이트 스페이스에 동지가 중요한 이유

•

확실히 짚고 넘어가자. 당신의 화이트 스페이스는 당신만의 것이다. 화이트 스페이스를 확보하려는 노력에 누가 합류하든 합류하지 않든 상관없이 당신 소유다. 시간에 대한 통제권을 되찾으려는 당신의 열망을 상사, 팀, 회사가 공유하든 공유하지 않든 상관없다. 혼자 일하거나, 다른 사람과 함께 일하거나, 전혀 일하지 않더라도 멈춤을 실천할 수 있는 능력은 당신이 현재 소유한 무궁무진한 자원이다. 따라서 생각할 짬을 내기 위해 다른 사람의 허락을 받을 필요가 없다.

결단코 그럴 필요가 없다.

당신 혼자서도 시간 도둑을 알아차릴 수 있다. 단순화 질문을 사용해 업무량을 줄이는 멈춤을 혼자 실천하고 하루 일과에서 할 일을 줄일 수 있다. 또 과잉 추진력, 완벽주의, 정보 과부하, 과열을 제어할 수 있다. 사실 당신이 지금껏 습득해온 대부분의 도구는 동지를 끌어들이기 전에 업무를 추진하는 과정에서도 크게 유용하게 쓰일 것이다. 하지만 화이트 스페이스를 실천하는 훈련을 동지와 함께하면 더욱 좋다. 다른 사람과 함께 화이트 스페이스에 생명력을 불어넣으면 화이트 스페이스를 지지하고 유지하기가 대단히 쉬워진다.

직장의 변화를 연구하는 민족지학자인 레슬리 펄로Leslie Perlow는 변화가 "행동이 아니라 상호작용에 관한 것"이라고 강조한다. 펄로는 대단히 바쁘게 일하는 보스턴컨설팅그룹Boston Consulting Group 직원들을 대상으로 두 가지 연구를 실시하고 다음과 같은 결과를 도출했다. 한 팀은 한 사람씩 매주 하루 야근을 하지 않는다는 목표를 세웠다. "예측 가능한 단절 시간Predictable Time Off, PTO"을 누리게 하는 실험에서 팀원들은 한 사람씩 교대로 업무는 물론 무선 기기와 완전히 단절된 상태로 저녁 시간을 보냈다.

변화를 이룩한 일등 공신은 직원들의 상호 협력이었다.

팀원 하나가 저녁에 쉬는 시간인데도 주요 고객에게 납품을 하기 위해 일해야 하는 상황이 벌어지자 다른 팀원들이 모여들이 작업을 마쳤다. 이렇게 팀원들은 심신을 회복하는 여가를 교대로 누리면서도, 매우 까다로운 고객의 요구사항을 협력해서 완벽하게 처리했다. **서로 협력했기 때문에** 가능한 일이었다. 팀원들은 통상적인 업무 관행에 의문을 제기하고 이를 바꾸기 위해 전력을 기울였다. 이 방법은 표본군을 대상으로 시험을 거쳐 유효하다고 입증되면서 먼저 10개 팀으로, 다음에는 2,000개 팀으로, 최종적으로는 35개국에 분산되어 있는 보스턴컨설팅그룹 커뮤니티에까지 성공적으로 확산 및 보급되었다. 펄로는 이렇게 주장한다. "이것은 개인이 시간을 관리하는 문제가 아니라, 집단이 시간을 관리하는 문제이다."

그러므로 친구, 상사, 팀, 파트너, 동료와 함께 이러한 원칙들을 탐색하면 새로운 업무 방식을 실천하면서 서로 강화하는 이익을 얻을 것이다. 좋은 동지와 같은 배를 타고 참치와 크릴새우를 낚을 것이다. 화이트 스페이스의 경계를 설정하는 문제에 대해 서로 의논하면서 기운을 북돋워주고 승인하는 관계를 형성할 것이다. 그러다보면 목표를 향해 나아가는 행보가 훨씬 빨라질 것이다.

이것은 서로 경쟁하는 자전거 선수들이 드래프팅drafting이라는 공기 역학 기술을 사용하는 것과 같다. 선두를 달리는 선수가 공기를 헤치며 움직이면 공기저항이 줄어드는 공간을 만들면서 2위로 달리는 선수를 실제로 끌어당긴다. 선두를 달리는 자전거 선수들이 페달을 밟기가 더욱 힘들기는 하지만 뒤에 공기의 소용돌이가 형성되면서 선두 주자의 경기력을 끌어올린다. 따라서 드래프팅을 하는 두 선수는 같은 거리를 달리더라도 그렇게 하지 않는 선수들보다 에너지를 적게 사용한다.

동지나 팀이 없으면 어떨까? 무슨 일을 하든 높은 성과를 내기가 더 어려울 수 있고, 추진력을 얻을 수 있을지도 불확실하다. 재활용을 하지 않는 마을에 산다고 상상해보자. 재활용 수집 용기도 없고, 정해진 수거 시간도 없고, 재활용 목표를 함께 추진할 친구도 이웃도 없다면 재활용하기가 얼마나 어렵겠는가? 여정이 순탄하지 않을 것이다. 우선 측근부터 시작해서 이웃을 참여시킬 계획을 세울 수 있다. 아마도 죄책감과 영감을 주는 비율을 완벽하게 조절하면서 관련 다큐멘터리를 보여주면 배우자나 파트너의 동조를 이끌어낼 수 있을 것이다. 그러면서 대상을 점차 확대해서 아이들, 다른 부모들, 이웃을 끌어들일 수 있다. 더 나아가 시의회와 접촉해 분리수거에 대해 건의하는 단계를 밟을 수 있다. 시간이 지나면서 재활용에 동조하는 사람들을 더 많이 규합할수록 개인적인 부담은 가벼워진다.

화이트 스페이스를 실천하겠다고 선택한다면 바로 이 길을 걸어야 한다. 자신부터 시작해 같은 생활 동심원 안에 있는 다른 한 사람으로, 그리고 작은 팀으로 다시 더욱 외부까지 확장하면서 화이트 스페이스

세계를 공유하고 새로운 규범을 서서히 구축해 나가야 한다. 사람에 따라서는 화이트 스페이스를 함께 추구하는 동지 한 명만 있어도 지지를 받는다고 느끼거나, 화이트 스페이스를 추구하는 팀을 구축하고 싶거나, 혁신적인 변화를 원할 것이다.

다음으로는 우리가 교육 계획을 실천하고, 새로운 규범을 구축하고 싶어 하는 고객과 협력할 때 사용할 수 있는 지원 전술 몇 가지를 소개하려 한다. 이 전술들을 사용하면 좀 더 짧은 시간에 더욱 쉽게 목표를 달성할 수 있다. 대기업에 몸담고 있는 사람들은 나름의 장애물에 부딪힐 것이다. 우리 회사는 기업 수준에서 아이디어를 추진하는 방법에 대해 배운 많은 교훈을 홈페이지(aminutetothink.com/resources)에서 공유하고 있다.

나부터 시작하라

•

소속 조직이 크든 작든 상관없이 1단계는 자신의 업무와 영향권 안에서 화이트 스페이스를 열심히 실천하는 것이다. 이웃에게 빗자루를 건네기 전에 이 책에서 제안하는 도구와 전략을 사용해 자신이 서 있는 쪽 길부터 청소하라. 여전히 무의미한 회의에 참석하라고 초대장을 보내고, 하루 종일 다른 사람들을 방해하고, 400단어 분량의 이메일을 쓰고 있는 사람은 매력적인 역할 모델이 되지 못한다.

이 책을 다 읽은 후에는 각 장의 끝에 수록한 요약문을 다시 읽으면서 지금까지 익힌 용어와 아이디어를 훑어보라. 자신에게 큰 반향을 일으킨 전략적 멈춤 방법들을 주목하고, 몇 가지만 골라서 생활에 적용해 보자. 사람에 따라서는 단순히 쐐기부터 사용을 시작하기도 하고, 이메일이나 회의처럼 나를 괴롭히는 특정 영역에 초점을 맞추기도 하고, 다음 장에서 다루겠지만 집에서 실천해 보기도 할 것이다. 어쨌거나 자신에게 가장 큰 울림을 주는 방법을 선택해 행동으로 옮기라.

마음, 몸, 심장이 갈망하는 산소를 받아들일 때 스스로 힘차게 발걸음을 내디딜 수 있다. 진심을 다해 실천하면 마음속에 새롭게 싹트는 침착함이 다른 사람의 흥미를 자극할 것이고, 그러다보면 곁에서 지켜보는 사람들도 마찬가지로 발전하기 위해 자신들은 무엇을 해야 할지 궁금해질 것이다. 그때 그들을 대화의 장으로 부드럽게 이끌어낼 수 있다.

상대방이 사랑하는 언어로 말하라

●

다른 사람들을 참여시키고 새로운 규범을 구축해 나가기 위해서는 자신이 발견한 사항들을 다른 사람이 들을 수 있는 방식으로 공유해야 한다. 따라서 **사랑 언어**를 배워야 한다. 게리 채프먼Gary Chapman (오랜 결혼생활과 상담 경력에서 얻은 통찰력으로 유명한 세계적인 상담가옮긴이)이 자기계발서에서 강조하는 낭만적인 사랑 언어를 가리키는 것이 아니다. 내가 언급하는 사랑 언어는 일의 **다양성**을 나타내는 언어이다. 동료나 상사에게는 각자 주파수를 맞추고 있는 사항에 관해 정보를 받는 특정 채널이 있기 마련이다. 따라서 적절한 주파수로 화이트 스페이스를 제시하면 다른 사람들을 참여시키는 과정에서 많은 단계를 뛰어넘을 수 있다. 대부분의 전문직 종사자들이 특별히 주파수를 맞추는 주요 '언어'에는 3가지, 즉 돈, 사람, 아이디어가 있다. 많은 사람들이 3가지 모두 주목하지만, 대개 한 가지가 그 사람의 마음에 지배적으로 작용한다.

첫째 언어인 돈에 주파수를 맞추는 사람finance folks은 분기별 사고에 익숙하고, 회복이나 사려 깊음 같은 부드러운 요소들을 고려하지 않으며, 고개를 숙여 열심히 다음 목표를 세운다. 밤에도 스프레드시트, 투자 수익률, 비용 절감에 대해 생각한다. "돈밖에 모른다"는 지적을 받는 경향이 있지만, 실제로 사업의 주요 목적은 돈을 벌고 유지하는 것이다. 돈에 주파수를 맞추는 사람을 끌어들이고 싶다면 스트레스, 웰니스wellness, 균형balance 같은 단어를 사용하지 않아야 한다. 불필요한 업무를 수행하기 위해 사람들에게 돈을 지불하는 비논리적인 특성, 작업 흐름의 개선, 정량화에 초점을 맞추면서 화이트 스페이스에 대해 대화하라.

둘째 언어인 사람에 주파수를 맞추는 사람people people은 인본주의자, 양육자, 테디베어들이다. 그들은 일과 삶의 균형을 맞추기 위한 경쟁에서 팀을 중요하게 생각하고 팀 중심으로 행동하는 경향을 보인다. 자신과 자신이 함께 일하는 사람 모두 즐겁고, 직장을 좋아하고, 다 함께 번성하는 것에 우선순위를 둔다. 화이트 스페이스로 고무된 환경에서 나타나는 온전한 정신과 인간성을 강조함으로써 화이트 스페이스를 향한 욕구를 북돋운다.

셋째 언어인 아이디어에 주파수를 맞추는 사람idea lovers는 다른 범주에 속한 사람들보다 수적으로는 적지만 화이트 스페이스에 가장 크게 영감을 받는다. 그들은 팀이 잘못된 대상에 집중한 탓에 놓치는 혁신, 특허, 제품의 이미지 변화, 해결책에 집요하게 매달린다. 직업상 혁신에 관해 영감을 받은 사람들은 창의적인 불을 지피기 위해 투입하는 산소인 화이트 스페이스에 끌릴 것이다.

올바른 언어를 사용하는 것 외에도 개인이 지닌 기존 계획이나 관심사와 연결시켜 화이트 스페이스에 관해 대화하면 강력한 효과를 볼 수 있다. 자신에게 중요하고 새 규범의 구성 요소가 될 수 있는 대화를 시작하기 전에 전략적 멈춤을 실천하고 준비하라. 이때 이렇게 물어라. 상대방은 화이트 스페이스로 풍요로워질 수 있는 다른 요소에 이미 흥분하고 있을까? (상대방이 산소를 공급하고 싶어 하는 불은 무엇일까?) 만약 상대방에게 열정이 있거나 극히 혐오하는 대상이 있다면, 또는 리더가 특정 기획에 초점을 맞추고 있다면 그 주제를 사용해 대화의 문을 열라.

당신이 동지로 삼고 싶은 사람이 연이어 열리는 회의에 대해 계속 불평한다고 치자. 그렇다면 **불필요한 회의를 줄이는 목표**를 완벽하게 지지하는 수단으로 화이트 스페이스를 소개하라. 홀 타임이나 SBH처럼 실천하기 쉬운 개념이 어떻게 행동에 상당한 영향을 미칠 수 있는지 설명하라. 그 사람은 당신 회사를 '가장 일하기 좋은 직장' 명단에 넣을 수 있을지 판단하는 위원회에서 활동하고 있는가? **해당 목표**를 완벽하게 뒷받침하는 도구로서 화이트 스페이스를 소개하라. 유의미한 업무가 생겨날 여지가 있는 발전 가능하고 설득력 있는 환경을 형성하는 데 화이트 스페이스가 어떻게 유용하게 작용할지 설명하라. 영업 사원이 고객에게 더욱 창의적으로 접근할 수 있는 방식에 관심을 쏟는 리더인가? **해당 목표**를 완벽하게 뒷받침하는 도구로서 화이트 스페이스를 소개하라. 영업 사원이 전략적 멈춤을 어떻게 사용해서 고객에게 공감하고, 존재감을 더욱 발휘하고, 설득력 있게 가치를 제안하려고 노력하는 시간을 벌 수 있는지 강조하라.

마지막으로, 규범과 문화라는 단어를 우선 뒷주머니에 넣어두라. 규범은 냉정하고 낯설게 들릴 수 있고, 문화는 조직의 토대이므로 쉽게 바뀌지 않기 때문이다. 문화를 바꾸려면 일반적으로 많은 차원에서 참여해야 하고, 때로 많은 돈을 투자해야 한다. 그렇다면 규범과 문화라는 두 단어의 대안은 무엇일까? 문화의 느긋한 사촌 격인 **사고방식**이다. 사고방식을 바꾸는 것에 관한 대화는 일상적이며 가능하다. 따라서 사고방식을 바꾸는 문제에 대해 하루 종일이라도 말하라.

방법에 대해 말하라

•

암벽을 등반할 때 코치들이 초보자들에게 가장 많이 하는 지적 중 하나는 "자기 발을 믿으라"이다. 코치들은 공들여 테스트를 거친 고무 화합물로 암벽화 밑창을 제작한다는 사실을 알고 있다. 절벽 표면에서는 거의 보이지 않지만 선반처럼 튀어나온 바위에 밑창이 달라붙게 하기 위해서다. 이 신통한 밑창은 암벽 등반가를 도와서 공포를 이기게 하는 든든한 동반자일 수 있다. 하지만 손가락으로 바위를 붙잡은 상태로 화강암 벽 30미터 높이에 매달려 있는데 "발을 믿어, 네 발을 믿으라고"라는 말을 듣는다고 해서 쉽사리 그렇게 할 수 있는 것은 아니다.

등반 코치들이 시범을 보이는 '빈 신발empty shoe' 개념이 큰 효과를 발휘하기도 한다. 코치들은 초보자들의 눈높이에서 등반 방법을 가르치면서 암벽화를 벗어 바위 표면에 대고 꾹 누른다. 그러면서 발가락으로 바위를 똑바로 누르는 동작과 비스듬히 누르며 다리를 댄서처럼 바깥쪽으로 향하는 동작의 차이를 보여준다. 초보자들은 자세한 설명을 들으면서 자신감을 얻고, 전문성의 다음 단계에 진입해 암벽을 타고 연습하며 기량을 쌓는다.

무리를 형성하려고 노력하는 많은 화이트 스페이스 옹호자들은 화이트 스페이스의 기본 원칙과 이점인 효율성, 사려 깊음, 명료성을 믿지만, 전문성이 떨어지는 등반 코치와 마찬가지로 **방법**how을 설명하지 않는다. 화이트 스페이스에 대해 대화할 때는 몇 가지 구체적인 연습 방법에 초점을 맞추면 훨씬 효과적이다. 화이트 스페이스를 활용하게 해주는 도구와 개념을 설명하는 것부터 시작하고, 마치 코스트코에서 식품을 사기 전에 시식하듯 원리를 대량으로 들여오기보다는 기술을 단계별로 습득하는 것이 좋다.

매리츠글로벌이벤츠Maritz Global Events 회장인 데이비드 펙킨포David Peckinpaugh도 이러한 방법을 썼다. 정이 많은 데이비드는 내가 함께 일하기 좋아하는 부류의 리더이다. 그에게서 눈에 띄는 점은 뱀가죽 카우보이 부츠만은 아니다. 데이비드와 그의 인사팀은 구체적인 기술을 구사해서 화이트 스페이스 개념을 실천함으로써 많은 성과를 거두었다. 우선 지독하게 바쁜 행사 전문 직원 1,200명에게 화이트 스페이스를 소개하면서, 직원들이 실천하기 시작할 수 있는 3가지 구체적인 도구, 즉 단순화 질문, 옐로 리스트, 한 단어 이메일의 회피를 간단한 웹 세미나 시리즈를 사용해 시연했다.

화이트 스페이스 개념이 회사에 천천히 그리고 유기적으로 확산되면서 궁극적으로 데이비드가 화이트 스페이스 챔피언이라고 부른 집단에 매우 탄탄하게 정착했다. 이 집단은 멈춤을 실시하고 업무량을 줄이는 사고방식의 일반적인 개념을 지지하고 보급했다. 집단 구성원들은 심지어 "화이트 스페이스를 한 모금 마셔요"라고 적힌 예쁜 물병을 조직 전체에 나눠주기도 했다.

개인적으로도 데이비드는 매일 3시간 30분 동안 건설적인 멈춤을 일정에 짜넣는 것을 포함해 몇 가지 특정 도구를 집중적으로 사용한다. 그러면서 이 시간 동안 사업을 위한 전략, 혁신, 창의적인 사고에 집중한다. 데이비드는 이 시간대를 지키는 것에 타율 7할을 기록하고 있다고 설명한다. 10할이라는 완벽한 목표에는 여전히 미치지 못하지만 장기적인 습관을 들이기 위해 전력을 기울인다. 구획해 놓은 시간이 자신의 사고에 활력을 불어넣고, 장기 성장 전략에 영향을 미치고, 결과적으로 회사의 기획 과정을 연마하는 경험을 선사하고 있는데 어떻게 그 정도로 노력하지 않을 수 있겠는가?

리더를 위한 조언

　●

　나의 아버지는 '몰래 카메라'를 찍으려고 아이들을 인터뷰하면서 어려움을 겪었다. 낯설고 덩치가 큰 어른에 맞닥뜨렸을 때 어린아이가 느끼는 위압감을 아버지는 어떻게 빨리 깨뜨릴 수 있었을까? 성냥을 그어 불을 붙이고 끄기 힘들어하는 척했다. 자그마한 유치원 의자의 가장자리에 아슬아슬하게 엉덩이를 대고 앉아 균형을 잡아가며 연극하듯 과장된 몸짓으로 성냥불을 훅 불면서 아이에게 "나 좀 도와줄래?"라고 부탁했다. 이렇게 관계의 물꼬를 트고 나서 아버지는 새로 사귄 친구와 수호천사, 스파게티, 돈을 포함해 많은 재미있는 주제에 대해 수다를 떨었다.

　아버지가 좁히려 했던 격차는 기어트 홉스테드Geert Hofstede가 개발한 개념으로 "권력 거리power distance"라 불린다. 권력 거리를 겪는 사람들은 자신보다 강하다고 느끼는 사람들에게 반응하는 것을 피하거나 늦추면서 솔직한 의사소통의 문을 닫는다. 하지만 아버지는 도와달라고 요청하는 방식을 사용해 권력 거리를 깨고 아이들과 친해지는 문을 열었다.

　이 부분은 최소한 몇 명이라도 부하 직원을 이끌고 있는 리더에게 해당하는 내용이다. 화이트 스페이스 팀을 구축하기에 필요한 친밀감을 기르기 위해서는 내 아버지가 시도한 것 같은 방식을 취해야 한다. 도움을 요청하고, 대답을 제시하지 않으면서 한 발자국 물러나 자신이 이끌어내고 싶은 변화를 향해 나아가기 위해 광범위한 의견을 받아들여야 한다. 사람들의 욕구, 필요, 열정에 대해 말하라. 이러한 대화에서 나온 아이디어를 사용하는 시늉만 하지 말고 진정으로 개방적인 태도를 취하라. 이러한 단계를 밟아나가면 방법을 터득할 것이다.

고위 중역이 이 책을 손에 쥐고 있다면 가장 막강한 힘을 소유한 셈이다. 그리고 막강한 힘에는 무거운 책임이 따른다. 화이트 스페이스를 추구하는 싸움에는 리더와 리더의 초인적인 힘이 필요하다. 구체적인 이유를 살펴보자. 사고와 회복을 사업 도구로 편안하게 사용하려면 학습과 전문성 계발 등의 분야에서와 달리 독특하게 리더의 승인이 필요하다. 이끌어나가기 힘든 대화, 협상 기술, 영업 기술의 측면에서 리더가 팀에 새로운 기술을 가르친다면 팀원들은 해당 기술을 시도해도 안전할지 파악하기 위해 리더의 눈치를 살피지 않을 것이다. 하지만 첫 전략적 멈춤을 실천하는 것은 팀원들이 그동안 직장에서 보상받기 위해선 이렇게 해야 한다고 생각해온 모든 사항에 거스른다. 따라서 팀원들에게는 리더의 암묵적이고 직접적인 승인이 필요하다. 리더는 팀원들의 역량을 강화하기 위해 이렇게 행동하라.

시간 자유에 대해 자신이 내린 가정에 의문을 제기하라. 고위 중역은 자신에게 있는 자유를 누구나 누리고 있다고 때때로 생각해서, 화이트 스페이스를 찾는 데 따르는 문제를 축소한다. 그러면서 이렇게 말한다. "나는 이메일을 거의 들여다보지 않습니다."(이 리더에게는 이메일을 대신 확인하는 비서가 있다) "나는 결정을 내리고 전진합니다."(자신이 신속하고 대담하게 행동하는 바람에 다른 사람이 어려움을 겪는다는 사실을 알지 못한다) 전략적 멈춤을 두고 고위 리더들은 생각하는 시간이 일과에 들어가리라 자연스럽게 추측한다. 무의식적으로 이렇게 생각하는 경우가 많아서 자신보다 지위가 몇 단계만 낮더라도 좀처럼 생각할 짬을 낼 수 없다는 사실을 잊는다.

직원이 어떤 고통을 겪는지 직원에게 직접 물어라. 일은 힘들다. 그래서 일이라고 부르는 것이다. 맞다. 하지만 '언더커버 보스Undercover Boss (CEO가 신분을 속이고 자기 회사에 사원으로 들어가 일하는 체험을 하는 프로그램-옮긴이)'에 출연한 적이 없는 리더는 조직에서 자신이 전혀 인식하지 못하는 와중에 직원들이 얼마나 참담한 심정으로 일하고 있는지 깨닫고 충격과 슬픔에 휩싸일 수 있다. 리더는 팀과 대화하면서 팀원들에게 가장 힘든 점과 가장 효과적인 방법을 찾아내야 적절한 조치를 취할 수 있다.

자신의 잘못을 인정하라. 긴급성과 복잡성의 문제를 유발하거나 확대하는 데 기여하는 영역을 찾아내서, 최대한 겸손하고 공개적으로 자신의 잘못을 인정하고 책임을 져야 한다. 일요일 밤마다 이메일을 보내는가? 당신이 휴가를 전혀 쓰지 않는 바람에 다른 사람이 휴가 쓰는 것을 겁내는가? 사내 발표 자료가 9가지만으로도 충분한데 27가지를 요구하는가? 자신의 잘못을 인정하고 자신의 첫 행보에서 어떤 종류의 강력한 대화가 나올 수 있을지 검토하라.

좋은 역할모델이 되라. 2016년 국제비즈니스분석연구소International Institute of Business Analysis, IIBA에서 실시한 '연구와 영향력 연구Research & Impact Study'에 따르면, CEO들에게 두 번째 골칫거리면서 경영진의 86퍼센트가 고민하는 점은 "전략적으로 생각할 시간이 부족한 것"이다. 그러므로 자신만의 화이트 스페이스를 누려야 한다. 화이트 스페이스를 이리저리 실험해 보고 밖으로 내보이라. 화이트 스페이스의 본보기는 많은 방식으로 나타낼 수 있다. 주중에 열리는 아이들의 무용 발표회에 참석하거나, 더 이상 할 말이 없으면 회의를 짧게 끝내고 해산하거나, 자신이 생각할 시간을 갖고 도출한 결과를 공유하거나, 돌리 파튼Dolly Parton이 노래했듯 오전 9시부터 오후 5시까지만 일하라. 이러한 방식은 "나는 휴가를 갈 것이다. 이것은 휴가 동안 절대 일하지도 않고 이메일도 확인하지 않겠다는 뜻이다"라고 선언하고 휴가를 떠나는 것과 같다. 그리고 실제로 그렇게 행동하라. 주의를 기울이며 말과 행동을 일치시키라. 스스로 화이트 스페이스를 실천하고 나서 말과 행동을 일치시키지 않는 리더들은 다음과 같은 실수를 저지른다.

- 자신이 좋아하는 회의는 취소하거나 줄이지 않으면서 다른 회의는 축소하라고 요구한다.
- 부하 직원에게 맡겨 업무를 처리하고 싶어 하면서도 모든 사항에 소소하게 참견한다.
- 이메일에 대해 불평하면서 다른 의사소통 수단 5개를 도입한다.
- 데이터를 준비하는 작업에 시간이 많이 걸린다는 사실을 알면서도 엄청나게 많은 데이터를 요구한다.
- 부하 직원들을 전문성 개발 프로그램에 투입시키지만 어떤 영역에서도 리더 자신들이 맡은 역할을 들여다보는 법이 없다.

차 말고 도로를 고치라. 마음을 중요하게 생각하는 리더들은 직장에서 느끼는 압박을 요가 매트, 만보계 같은 웰니스 도구를 사용해 해소하려고 노력한다. 이러한 도구들은 인간에게 있는 4가지 측면, 즉 운동, 영양, 심리, 영성에 초점을 맞추는 경향이 있다. 직원은 조율 가능한 고성능 차량과 같다. 하지만 도로는 어떤가? 여기서 도로는 기업 환경이고, 때로 리더가 조정해야 하는 요소이다. 사실 '인간을 최적화하는' 접근법은 더욱 광범위한 상황을 바로잡지 않는 구체적인 핑계로 작용한다. 다시 한 번 말하지만 업무가 힘들고 벅차다고 느끼는 것은 직원이 제대로 일하지 못하기 때문처럼 보인다. 이러한 경향은 '인식'해야만 피할 수 있다.

언제든 도움의 손을 내밀라. 과거에 등장했던 현장 방문 경영 방식 Managing By Wandering Around, MBWA을 기억하는가? 이 개념은 리더가 일정에 없는 시간을 내서 즉흥적으로 현장을 관찰하고 도움을 제공할 수 있어야 한다는 것이다. 하지만 현대인의 삶에서 이처럼 자발적인 행보는 찾아보기 힘들고, 모든 상호작용은 일정으로 짜여 있는 경향이 있다. 이것은 문제이다. 집으로 차를 몰고 가다가 고장 나서 길가에 정차되어 있는 차를 보았다고 치자. 차를 세우거나 아니면 그냥 지나치겠다는 선택은 당신이 그날 겪거나 겪지 않은 시간 압박에 영향을 받을 것이다. 직장 동료들의 차가 고장 나서 길가에 서있지만 우리는 지나치게 바빠서 동료들을 돕지 못할 때가 많다. 아니면 달리는 속도를 늦추지만 신체 언어는 자신이 어딘가 다른 곳으로 서둘러 가고 있다는 사실을 나타낸다. 자신의 일정에서 좀 더 느슨한 시간을 늘리면 동료를 도울 수 있는 시간은 항상 있고, 그렇게 할 때 자신의 진정한 존재감을 드러낼 수 있다.

말을 유일한 해결책으로 삼지 말라. 많은 리더들은 복잡한 문제와 과부하 문제에 이미 스스로 대처하고 있다고 생각하지만 '말로만' 대처할 뿐이다. "나는 더 이상 참조를 보내지 말라고 전 직원에게 지시합니다." "나는 보고할 때 지나치게 자세한 사항은 언급할 필요가 없다고 직원들에게 말합니다." "과정을 수행할 때 밟아야 하는 단계가 지나치게 많으면 알려달라고 말하고 있습니다. 내가 문제를 해결할 수 있으니까요." 하지만 상사가 직접 이렇게 말하더라도 많은 직원들은 문화적 규범과 상충하거나 구조화되어 있지 않은 지시는 무시할 것이다. 이 경우 리더들은 선박에 대고 말하면서도 타륜을 돌리지 않는 것이다. 타륜을 조종하려면 구체적인 틀과 공유 언어를 함께 사용하고 가르쳐야 한다.

통제냐 성장이냐, 둘 중 하나를 선택하라. 이 간단한 지시가 내 삶을 바꾸었다. 나는 개인적으로 이 마법의 문장으로 계속 회귀했고 그 관련성은 계속 확장되고 있다. 처음에 '성장'이라는 말을 들었을 때는 스스로 통제권을 발휘하면 더욱 개선된 결과를 얻는다는 뜻으로 이해했다. 하지만 통제권을 철회하는 것이 오히려 팀을 성장시키고, 내 화이트 스페이스를 키우고, 스스로를 훈련하는 방법도 발전시킬 수 있다는 사실을 나중에 깨달았다. 통제는 늘 유혹적이지만 우리를 막다른 궁지에 빠뜨릴 가능성이 큰 도구이다.

자신의 유산을 준비하라. 리더의 자리에서 내려와야 하는 때가 닥칠 것이다. 그렇다면 재임 기간이 길든 짧든 유산을 남길 것이고, 은퇴 파티에서 건네는 축배의 말은 그 유산에 근거할 것이다. 유산은 당신에 대해 앞으로 기록될 이야기다. 당신이 펜을 잡고 써 내려갈 이야기다. 그때 생각할 짬을 언제든 내도 좋다고 무조건 승인받을 수 있는 유연한 직장 환경을 조성한 것에 자부심을 느끼며 뒤를 돌아보기 바란다.

4장에서 다룬 아스텔라스제약에서 근무하며 정보 도둑과 맞붙어 싸우고, 협업과 효율성의 균형을 맞추느라 애썼던 사람들을 기억하는가? 이 기업에서 미국 사업 담당 리더들이 화이트 스페이스 원칙을 적용해서 받는 보상은 상당히 컸다. 그들은 화이트 스페이스를 실천해서 최상의 요소를 유지하고 나머지 요소들에 의문을 제기하면서, 상세하고 추진력 있는 문화를 완벽하게 보완했다. 그들은 8개월에 걸쳐 이러한 철학을 널리 공유하고, 이 철학을 받아들인 팀들이 새로운 수준의 평화와 목적을 달성했다고 보고했다. 그들은 화이트 스페이스라는 단어를 **동사**로 만들어서 모든 것을 화이트 스페이스화했다.

또 2차원과 3차원 의사소통 수단을 사용해 업무를 더욱 **빠르고** 수월하게 수행했다. 그 결과 서로 방해하는 경우를 줄이고, 더욱 철저하게 준비하고, 이메일 참조를 줄이고, 알림음을 없앴다.

조사한 결과를 살펴보면 팀들은 창의적이고 전략적으로 쓸 수 있는 시간이 매일 17퍼센트 증가했다고 보고했다. 리더들이 나란히 보조를 맞춰주었기 때문에 팀은 높은 신뢰에 힘입어서 변화를 추진할 수 있었다. 향상하기 위해 대담한 아이디어를 떠올린 직원은 "화이트 스페이스의 정신으로…"라는 문장을 서두로 아이디어를 적었다. 화이트 스페이스 개념을 초반에 도입했던 중역 중 한 명은 과거를 돌아보면서 이러한 행보가 모두 승인과 '관대함'에 근거했다고 말했다.

인내심을 가지라

·

화이트 스페이스를 실천할 때는 자신에게 끝없이 인내해야 한다. 내가 화이트 스페이스를 시도하려고 노력하면서 얼마나 많이 넘어졌다가 다시 일어났는지 안다면, 당신도 실패할 때 자신을 사랑할 수 있을 것이다. 또 다른 사람을 끌어들이고, 새로운 규범으로 확장할 때도 인내해야 한다. 다른 사람이 당신과 보조를 맞추기 시작하기까지는 시간이 좀 걸릴 수 있다.

2009년 새스콰치음악축제Sasquatch! Music Festival에서 벌어진 사건을 녹화해서 역주행하고 있는 유튜브 영상은 동지를 찾기까지 시간이 얼마나 걸리는지 파악할 수 있는 고전적인 사례이다. 한 비쩍 마른 남자가 웃통을 벗고 남의 시선을 아랑곳하지 않은 채 혼자서 몸을 흔들어대기 시작한다. 옆에서 지켜보는 사람들은 이 남자의 모습에 감탄하기는커녕 혹시 사회성이 부족한 것은 아닌지 의심하는 눈초리를 보낸다. 하지만 열정적으로 완전히 몰입해서 춤을 추고 있으므로 그 모습이 멋지기도 하다. 이때 첫 추종자가 뛰어나와 남자의 춤을 따라 춘다. 그러자 뜻밖에 점점 더 많은 사람들이 남자의 춤을 따라 추면서 결국 춤에 몸을 맡기는 사람들이 물결을 이룬다. 이것은 부추기지 않고 시선을 끄는 방식을 사용해 다른 사람들에게 영향을 미친 고무적인 사례이다.

데릭 시버스Derek Sivers의 테드 강연을 통해 입소문이 났고, 사람들이 공공연하게 녹화해서 올린 이 영상에서 남자는 첫 헌신적인 추종자가 나타날 때까지 21초 동안 혼자 춤을 춘다. 내가 발견한 무편집 원본 영상에서는 엉덩이를 흔들며 **꼬박 5분 동안** 거의 혼자 춤을 춘다. 몇몇 사람들이 춤을 추는 무리에 잠깐 합류하다가 떠나지만 남자는 조금도 동요하지 않고 춤에 몰두하고, 때가 되자 추종자들이 하나둘씩 나타난다.

화이트 스페이스를 시도하며 당신도 예상보다 길게, 오랫동안 혼자일 수 있다. 사람들이 주위를 서성이다가 당신의 전제를 시험하고 곁을 떠날 수 있지만, 언젠가는 사람들이 다가와 함께 춤을 출 것이다. 기술 서비스 기업인 CDW에서 서비스 통합 담당 부사장으로 활동하는 타라 바비에리Tara Barbieri에게도 그랬다. 타라는 자신이 근무하는 회사를 사랑한다. 허리케인 샌디가 강타하자 CDW는 노트북, 라우터, 스위치 허브 등을 트레일러에 가득 싣고 밤새 이동해 긴급 서비스 장비를 재공급했다. 타라는 위기를 맞았을 때 자사가 보여준 이처럼 고결한 행동과 자사 제품에 자부심을 느낀다. 하지만 그녀는 매일 정말 눈코 뜰 새 없이 바쁘게 일했다.

이사였던 타라는 2014년 우리가 하는 일을 처음 소개받고 나서 화이트 스페이스 개념을 팀과 조직에 적용하고 싶었지만 정식 프로그램으로 승인을 받을 수 없었다. 하지만 단념하지 않고 혼자서 전략적 멈춤을 사용하기 시작했다. 결국 6년 만인 2020년, 타라의 팀은 전략적 멈춤을 널리 사용하기 시작했고, 마침내 타라는 화이트 스페이스를 추구하는 수백 명의 동지를 얻었다.

어떻게 그럴 수 있었을까? 타라는 당시 60여 명으로 구성된 팀을 이끄는 리더였다. 그녀는 이렇게 설명했다. "나는 화이트 스페이스 관행을 작은 단위로 실천했어요. 그리고 누군가가 나서서 '와우! 멋진데요. 대체 어떻게 하면 되죠?'라고 물어올 때까지 기다렸습니다." 타라는 회의와 회의 사이에 홀 타임을 짜넣고, 화이트 스페이스의 작은 조각들을 선보이는 방식으로 직원들의 관심을 끌었다. 그리고 자신에게 언제, 무엇이 필요한지 알리기 위해 이메일 제목에 '긴급성을 나타내는 단서'를 적었다. 이 방법은 효과적이었다. 직원들이 호기심을 품으면서 화이트 스페이스 관행이 서서히 내부에 확산되기 시작했기 때문이다.

이제 타라는 상사들을 변화시켰고, 자신보다 높은 지위에 있으면서 회사 전체를 움직이는 권한을 보유한 첫 추종자를 확보했다. 앤디 에클스Andy Eccles는 "부끄러운 수준"의 기업 낭비에 맞서 싸우고 있었지만 이를 줄일 방법을 잘 몰랐다. 개인적으로도 산소를 몹시 갈망했다. 열아홉 살부터 회사에서 시간외 근무를 마다하지 않고 닥치는 대로 일한 덕택에 성공했지만 일에 몰두하다보니 우정이 옅어지며 외로움을 느꼈다.

앤디는 타라의 아이디어에 공감했다. 두 사람의 동맹이 티핑 포인트tipping point(갑자기 뒤집히는 점이라는 뜻으로 때로 엄청난 변화가 작은 일에서 시작되거나 급속하게 발생할 수 있다는 의미이다-옮긴이)가 되었다. 두 사람이 이끄는 팀들은 함께 일하는 방식을 점차 바꾸기 시작했다. 동료들은 화이트 스페이스 원칙을 사용하면서 압도되지 않고 정보를 제공받는 "최적의 의사소통 지점"을 발견했다. 또 끊임없이 지속되는 긴급하다는 인식을 누그러뜨리는 방법을 찾았다. 그러면서 전반적으로 낭비를 줄이고, 깊이 생각하기 위한 시간을 갖도록 승인하는 경우를 늘렸다.

윌리스 타워스 왓슨Willis Towers Watson은 전체 직원을 대상으로 직원 참여 관련 조사를 실시하고 고무적인 결과를 발표했다. 타라와 앤디가 이끄는 팀들이 거둔 결과가 차트를 벗어날 정도로 좋았다. 건강한 팀들이 발휘하는 활력의 출처는 분명히 많지만, 타라는 단연코 화이트 스페이스가 승리 요인이었다고 강조했다. 그리고 앤디는 전혀 예상하지 못했을 방식으로 자신의 주말을 되찾았다고 보고했다.

화이트 스페이스를 실천하는 기업으로
발전하기 위한 경로

●

혼자든 함께든, 짝을 짓든 팀으로 움직이든 창의성을 회복하고, 바쁨을 정복하고, 업무를 최고 수준으로 추진할 수 있다. 이 과정을 밟는 데 전념하면 화이트 스페이스를 실천하는 조직의 가치, 즉 충동 통제, 경계 설정, 급진적 간결성, 자기성찰, 의미, 창의적 자유, 균형, 용이함 등을 추구할 수 있다. 계획은 간단하지만 수행하기는 쉽지 않을 것이므로 다음 원칙을 포함시켜야 한다.

1. 자기 주변을 정돈하라. 작업 흐름을 향상시키기 위해 화이트 스페이스 도구와 방법을 사용하기 시작하라.
2. 다른 사람을 현명하게 참여시키라. 듣는 사람의 직업상 사랑 언어(돈, 사

람, 아이디어)를 고려해서 다른 사람과 대화하라. 사람들이 보유한 열정을 화이트 스페이스와 묶고, 문화가 아니라 사고방식의 변화에 대해 말하라.

3. 흥미를 끌어내는 세부 사항을 공유하라. 자신이 좋아하는 도구, 전략, 틀을 찾고 이것들을 함께 사용하며 실험하라.

4. 화이트 스페이스를 주창하는 리더가 되라. 얼마나 많은 사람을 이끌든 상관없이 리더가 화이트 스페이스에 접근하고 전념하는 것이 어떻게 조직의 변혁을 주도적으로 이끌 수 있는지 이해하는 데 시간을 쓰라.

5. 인내심을 발휘하라. 사려 깊은 세상으로 바꾸어 나가기 위한 대화에서 우리가 여전히 매우 이른 단계에 있다는 사실을 인식하면서 이 일에 착수하라. 팀원들이 유기적으로 진화해 갈 때 리더는 시간 틀에 대한 기대치를 완화하고, 작은 성공의 진가를 인정하라.

빛을 발하다

●

많은 노동자들은 일하는 동안 때로 분노하고, 긴장하고, 압박을 받고, 서두르고, 심지어 절망하면서 끊임없이 고통을 겪는다. 이러한 감정은 인간에게 막대한 영향을 미치며 심리적 어둠을 만들어낸다. 아마도 당신이 어 어둠에 첫 햇빛을 선사할 수 있을 것이다.

이 점을 이해하기 위해 노르웨이 남부 리우칸Rjukan 시에 있는 그림처럼 아름다운 계곡을 찾아가 보자. 해발 1,800미터까지 솟은 봉우리들이 이 계곡을 둘러싸고 매년 6개월 동안 햇빛을 모조리 차단한다. 하지만 이제는 더 이상 그렇지 않다. 거대한 컴퓨터로 가동되는 거울 3개를 산꼭대기에 설치해 비타민 D가 부족한 지역사회에 햇빛을 반사하기 때문이다. 태양 거울 프로젝트Sun Mirror Project를 처음 생각해 낸 때는 지역 경리인 오스카 키틸센Oscar Kittilsen이 실제로 거울을 제작하기 거의 100년 전이었다. 키틸센은 "햇빛을 모아서 전조등 불빛처럼 마을과 그곳의 즐거운 주민들에게 퍼뜨릴 수 있기를" 희망했다.

하지만 마을에 옹기종기 모여 사는 주민들은 자신들의 소망을 이룰 수 있을 정도로 기술이 발전할 때까지 기다려야 했다. 드디어 2013년 매우 특별한 겨울날, 180제곱미터 면적의 마을 광장에 처음으로 햇빛이 내리쬐었다. 새로 설치되어 햇빛이 닿은 벤치에 마을 노인들과 아이들이 옹기종기 앉고, 지역 밴드가 '햇빛이 내리쬐게 해Let the Sunshine In'를 연주했다. 가게 점원인 실예 요한센Silje Johansen은 환하게 미소 지으며 "정말 멋져요. 무엇이라 말할 수 없이 멋져요"라며 연거푸 감탄했다.

일부 사람들은 크고 복잡한, 솔직히 말해 약간 삐걱거리는 회사에서 일한다. 그러다 보니 "작은 존재인 내가 어떻게 이곳을 바꿀 수 있겠는가!"라고 생각할 수 있다. 아니면 시대에 뒤떨어지고 비논리적인 업무 방식을 고수하는 소형 가족 회사에서 일하고 있을 수 있다. 이러한 공동체는 오랫동안 암흑에 갇혀 있다. 하지만 화이트 스페이스 관행은 논리와 고요의 온기를 마을 광장에 비출 수 있는 첫 광선과 첫 거울이 될 수 있다. 아마도 처음에는 자신에게만 그렇겠지만, 다음에는 한 동료에게, 그 후에는 5명에게, 다시 100명에게 그럴 것이다.

친구여, 빛을 발하라!

화이트 스페이스 팀에 관해
생각할 시간을 가지라

- '규범'은 집단 구성원을 하나로 구속하는 행동 원칙이나 권위 있는 표준이다. '문화'는 조직의 모든 규범을 통틀어 일컫는다.

- 당신 자신과 스스로 통제할 수 있는 일과 삶의 측면에서 시작해서 팀과 조직에 자유를 안기는 단계를 밟을 수 있다.

- 수행 방식을 다른 사람과 공유하면 새로운 관행을 흥미롭고 구체적이고 실천 가능하게 만들 수 있다.

- 리더가 이러한 원칙들의 모델을 만드는 것이 주위 사람들에게 결정적으로 중요하다.

- 인내는 중요한 도구이다. 인내하면 호기심을 품고, 크고 작은 변화를 채택하기 시작할 시간을 다른 사람들에게 줄 수 있다.

▶▶ 생각해 보기

화이트 스페이스 개념을 제대로 이해하고 이를 추구하는 내 여정에 누구를 참여시킬 수 있을까?

11장

일보다 삶

오늘을 누릴 기회를 놓치지 말자

○

소중한 삶에서
귀중한 오늘,
정말 중요한 것을 붙잡으라　　직장에서 일하기 위해 라식 수술을 받았는
데 다른 곳에서는 여전히 근시로 살아가는
사람은 없다. 이와 마찬가지로 일단 화이트 스페이스라는 렌즈를 통해
세상을 보는 법을 배우고 나면, 이처럼 극적인 시각 변화는 어디에나 따
라다닌다. 나는 화이트 스페이스가 당신과 당신 아이들의 삶에 그리고
매일 무언가를 선택하는 방식에 꼭 필요한 요소로 자리매김하는 날이
오기를 꿈꾼다.

　　사라졌던 산소를 다시 불어넣으면 삶에서 아주 작고 본능적이면서
멋진 세부 사항을 기록할 시간이 생긴다. 땀을 흘리며 운동하고 나서 샤
워하고, 친구들과 수다 떨며 배꼽을 잡고 웃고, 좋은 위스키를 마시며 온
몸으로 퍼지는 온기를 느끼고, 지붕으로 떨어지는 빗소리를 듣고, 사랑

하는 사람들을 꼭 껴안는 축복을 기억에 새기고 즐길 수 있게 된다. 하지만 바쁜 생활은 이러한 모든 축복을 쫓아낸다. 바쁘다보면 잠수해서 부리가 앵무새를 닮은 물고기도 감상하지 못하고, 부채처럼 나풀거리는 산호도 감상하지 못한 채 수면에서 철벅거릴 뿐이다.

바츨라프 하벨Václave Havel(체코의 극작가이자 인권운동가, 전직 대통령-옮긴이)은 현대의 일을 가리켜 "삶의 필사적인 대체물"이라고 말했다. 내가 만난 많은 사람들의 잠재의식에선 조용하지만 계속 울려 퍼지는 목소리가 들려왔다. '나는 정말 열심히 일하는데 어째서 더 큰 만족을 느끼지 못할까?' '나는 회사 3개를 설립했고, 이사회 4개의 이사로 있는데 어째서 자부심을 느끼지 못할까?' 아마도 직업적인 성취만으로는 인간은 만족을 느낄 수 없기 때문일 것이다.

호주의 완화치료 간호사인 브로니 웨어Bronnie Ware는 사망하기 12주 전인 말기 환자들을 간호한 경험을 바탕으로 주목할 만한 글과 저서《내가 원하는 삶을 살았더라면The Top Five Regrets of Dying》을 써서 명성을 얻었다. 그녀가 쓴 글들은 이미 널리 출간되기는 했지만 지금보다 훨씬 더 폭넓게 세상에 알려져야 한다. 세상을 살아가는 사람들은 누구나 그녀가 전달하려는 진지한 메시지를 냉장고와 화장실에 붙여놓고 매일 읽어야 한다. 죽어가는 사람들이 가장 후회하는 5가지는 이렇다.

1. 남들이 내게 기대하는 삶이 아니라, 내 자신에 진실한 삶을 살 용기를 냈더라면 좋았을 텐데.
2. 그렇게 열심히 살지 않았더라면 좋았을 텐데.

3. 내 감정을 표현할 용기를 냈더라면 좋았을 텐데.

4. 친구들과 계속 연락하고 지냈더라면 좋았을 텐데.

5. 좀 더 행복하게 지냈더라면 좋았을 텐데.

웨어는 생애 마지막 기간 동안 환자들이 깊은 통찰력을 보였다고 쓰면서, 모든 남성 환자들은 두 번째 항목, 즉 지나치게 열심히 살았던 것을 가장 후회했다고 강조한다.

어떤 사람들은 운이 좋으면서 현명하기도 해서 후회를 경험하기 전에 자신을 바꾼다. 우리와 만났을 당시에 스포티파이에서 신속한 행보를 보이며 추진력 강한 중역으로 활동하고 있던 브라이언 베네딕크Brian Benedik가 그랬다. 그는 공격적인 목표를 세우고 신체적으로 스트레스를 받으면서 업무를 추진하느라 심리적 압박을 받았을 뿐 아니라 자신의 모습도 잃고 있는 것만 같았다. 그래서 무모한 일을 벌였다. 유럽인들처럼 꼬박 8월 한 달을 쉬었던 것이다. 프로젝트들을 종료하고 이메일을 차단하고, 자기 대신 500명으로 구성된 해외 수익팀을 이끌 사람을 선정한 후에, 아내, 성인인 아들, 두 딸과 함께 해변 별장으로 휴가를 떠났다. 그곳에서 **깊은 화이트 스페이스**를 보내며 걷고 대화했다. 그러면서 자신이 새로워지는 경험을 했고, 자신이 놓쳐버린 게 아닐까 걱정했던 아이들과의 사이도 가까워졌다.

제품, 회사, 서비스 등을 구축하는 것은 멋진 행동일 수 있다. 일은 성취감을 주고 당연히 만족을 안길 수 있다. 하지만 손 놓고 있으면 언제나 일이 승리한다. 일부 회사 특히 대기업에서 일과 삶의 균형은 입에 발린 말에 불과하다. 우리가 느끼는 현실, 즉 기업의 벽 안에서 숨 쉬는 진실은 희생을 기준으로 계속 점수를 매기는 것이 일이라는 사실이다. 어떤 직원이든 자신을 더욱 많이 포기하는 사람이 승진할 것이다.

실제로 자신이 일과 삶의 균형을 잡고 있다고 느끼거나 그렇지 않다고 느끼게 만드는 요인은 매 순간 느끼는 생동감 수준이다. 하지만 이때도 주도권은 일에 있다. 일할 때 느끼는 엄청난 압박감이 자신에게 있는 보존 본능을 일깨운다. 물론 일이 도파민 뷔페인 것은 맞다. 앞에서 설명한 내용을 기억해 보면 그야말로 **테크니컬러**이다. 집에서 보내는 일상은 대개 반복적이면서, 자신을 뚫어져라 지켜보는 감독의 예리한 눈초리 같은 짜릿한 자극적인 압박이 부족하다. 집에서 설탕, 카페인, 디지털 각성제를 모두 내려놓을 때 갑자기 극도의 피로가 밀려온다. 그 피로를 풀려면 한 달 동안 낮잠을 자도 모자랄 것 같지만 그럴 수 없기 때문에 지친 몸을 이끌며 아이들의 숙제를 봐주거나 집수리를 감독하면서 설거지를 한다. 집은 노력을 덜하더라도 안전하다고 느낄 수 있는 장소가 되고 결과적으로 우리는 정신의 스위치를 끈다. 그러다 보니 사랑하는 사람들과 보내는 시간은 차를 타고 길을 가다가 끼니를 때우는 드라이브 스루 음식처럼 된다. 이때 햄버거는 기억하지만, 사랑하는 사람들과 보낸 시간은 제대로 기억하지 못한다.

집에서 화이트 스페이스를 많이 만들어내라. 그러면 가족과 친구들과 함께 보내는 매 순간 생동감이 증가한다. 이것은 영화에서 관객의 주의를 더욱 많이 끌기 위해 슬로모션 효과를 사용하는 것과 같다. 개인적인 삶에 엮어 넣은 전략적 멈춤은 귓속말로 '이것은 중요해. 정말 중요해'라고 반복해 암시한다.

나에게 멈춤을 허락하라

●

하지만 일과 삶의 균형을 잡지 못하게 방해하는 요인은 균형을 죄책감 없이 받아들이도록 자신을 허락하지 않는다는 점이다. 시대에 뒤떨어진 방식으로 허리가 휘도록 일하는 리더 밑에서 근무하는 킴의 사례를 살펴보자. 그 리더는 "고통은 인간을 단단하게 만든다"라고 인쇄된 티셔츠를 입고 다닐 부류의 사람이다. 세상에서 무엇보다 항해를 좋아하는 킴은 이따금씩 삼촌과 함께 배를 타고 바다에 나간다. 손에 거친 밧줄을 쥐고 맨발로 갑판에 설 때마다 자기 삶이 완벽하다고 느낀다. 이렇게 받은 감동은 그 후 여러 날 유지되면서 일을 포함해 삶의 모든 영역에 있어 동력으로 작용한다.

어느 날 삼촌이 전화를 해서 목요일 오후 4시에 짧게 배를 타자고 제안했을 때 킴은 입술을 지그시 깨물고 거절했다. 정말 가고 싶지만 그 시간에 퇴근하겠다고 상사에게 말하기 두려웠기 때문이다. 마음의 갈등을 겪은 끝에 그렇다면 오전 7시부터 오후 3시까지 일하면 되지 않겠냐는 타협안을 떠올렸다. 하지만 그렇게 하면 하루 근무시간은 채울 수 있지만 주중 오후 3시 15분에 퇴근한다고 생각하니 불안감이 밀려왔다. 동료들은 일하고 있는데, 자신은 바닷바람에 머리카락을 휘날리며 소금기를 맛보고, 게다가 시원한 맥주까지 들이켜면서 즐거움을 만끽하다니? 아니다, 그러면 지나치게 큰 죄책감을 느낄 것이다.

이 부분을 따로 파고들어 보자. 이것은 정말 죄책감일까 아니면 죄책감이라는 탈을 쓴 수치심일까? 킴은 자신이 속한 부서에서 일과 삶의 균형과 건전한 정신을 추구하는 것을 대놓고 수치로 느끼는 직원들을 많이 보아왔다. 예를 들어 평소에도 일찍 출근하기로 유명한 상사가 오전 6시 30분에 사무실에 도착해서는 오전 7시에 출근하는 직장 동료에게 "늦잠 잤나 보군?"이라고 인사한 적도 있었다.

킴이 일찍 퇴근하는 것을 불편해하는 데는 다른 이유도 있다. 자기 관리를 열심히 하지 않는 동료들과 일하다 보면 자기 관리를 잘하면서 성취감을 느끼기가 쉽지 않다. 데이트할 시간이 없는 독신 동료, 자녀가 참가하는 경기를 보러갈 시간을 내지 못하는 동료와 매일 함께 일한다고 치자. 스트레스 때문에 생기는 질병을 앓아서 병가를 내기 일보 직전인 동료들 곁에서 어떻게 삶을 즐길 수 있겠는가?

우리는 사실로 무장하고 이러한 죄책감에 맞서 싸워야 한다. 일과 삶의 균형을 잡는 사람들은 더욱 열심히 일하고, 팀 안에서 더욱 좋은 성과를 거두고, 병가도 적게 내고, 더욱 예리한 의사결정 능력을 발휘한다. 수많은 연구가 이러한 사실을 입증하고 있다. 일과 삶의 균형을 잡는 사람들은 정글을 뚫으면서 자유로 향하는 길을 닦고, 긍정적인 순응의 힘을 이용함으로써 일의 순교자인 팀원들에게까지 영감을 준다. 균형 잡힌 삶을 사는 사람들은 완벽해지려고 열망하지 않는다. 가치가 오르내린다는 사실을 인식하고, 일과 삶의 균형을 주식시장처럼 다룬다. 변동에 안달복달해봤자 백해무익하다는 사실을 알기 때문이다. 또 자기 삶을 즐기고 화이트 스페이스를 실천하는 권한이 당연히 자신에게 있다고 믿는다. 이것은 쉽게 성취할 수 있는 일이 아니다. 직장에서든 집에서든 우리를 방해하는 것은 늘 존재하기 때문이다.

짧은 실험을 해보자. 소파에 앉아서 10분 동안 아무것도 하지 않을 권리가 자신에게 있다고 마음속으로 말하라. 두 발을 올리고 숨을 내쉬라. 그리고 애니메이션 영화처럼 **집이 사람처럼 움직이며 내는 소리에** 귀를 기울이라. 사방에서 서로 다른 임무를 요구하는 소리가 들리기 시작할 것이다. 배수구는 자신을 청소해 달라고 말한다. 접시는 설거지를 해달라고 요구한다. 옷장은 정리 정돈해 달라고 지시한다. 당신이 두 손을 불끈 쥐고 일하기 시작할 때까지 합창 소리는 점점 더 커진다. 게다가 이것은 생명이 없는 물체들이 내는 목소리가 아닌가! 살과 피가 섞인 인간이 이러한 요청의 불협화음에 합세하기 시작하면 당신은 자신도 모르는 사이에 허둥댈 것이다.

당신은 이러한 상태를 중단할 수 있다고 믿지 않는다. 이러한 권한을 당신에게 줄 수 있는 힘이 내게 있으면 좋겠다. 그렇게 할 수 있는 마법의 단어나 물약이 있다면 무릎으로 꿇어서라도 얻어낼 것이다. 일단 이 시점에서 내가 할 수 있는 최선은 이렇게 선언하는 것이다. "불완전한 어머니이자 여성 사업가인 나, 줄리엣 펀트는 행동을 멈출 수 있는 권한을 당신에게 수여합니다."

만족할 권한을 자신에게 허락하자

•

또 '비교와 절망' 상황을 종료할 수 있도록 자신에게 허락해야 한다. 남과 비교하면서 다른 사람들을 따라잡으려고 애쓰는 태도는 거짓에 뿌리를 내리고 있는 동시에 자신에게서 화이트 스페이스를 빼앗는다. 엄청난 신용카드 빚을 지고 있는 가족을 이웃으로 두고 있다고 치자. 그 가족은 자신들에게 빚이 있다고 잔디밭에 간판을 꽂아놓으며 선전하지 않는다. 밖에서 볼 수 있는 것은 새 자동차와 화려한 옷뿐이다. 그렇다면 그들은 어떤 대가를 치르고 있을까? 이것은 커브 어필의 또 하나의 형태이며 우리의 만족감을 철저하게 파괴할 수 있다.

물론 이러한 점을 꿰뚫고 있다면 관계를 유지하기 힘들 때 마음에 위안을 얻겠지만, 실제로 다른 사람들의 결혼 생활이나 경제 상태의 진상은 결코 눈으로 확인할 수 없다. 한 빨간 머리 이웃이 생각난다. 그녀는 로스앤젤레스 소재 광고대행사에서 예술 감독으로 일하는 남편이 퇴근해 집으로 돌아올 때면 한 살짜리 아이와 함께 밖으로 달려나가 맞이했다. 아내는 아기의 자그마한 손을 잡고 흔들면서, 적갈색 오픈카를 타고 퇴근한 남편에게 달려가 차창으로 몸을 숙여 키스를 했다. 뽀뽀 정도가 아니었다. 만약 당시에 내가 힘든 결혼 생활을 하고 있었다면, 이 장면을 머릿속에 계속 떠올리면서 불교도들이 말하는 "비교의 고통"을 느끼며 내가 처한 현실에 가혹한 점수를 매겼을 것이다.

그 이웃은 아기가 두 살이 되었을 때 남편을 떠났다.

현관문이 닫히고 나면 이웃집에서 무슨 일이 일어나는지 알 수 없다.

물론 심적 압박감을 덜 수 있으므로 진실을 안다면 좋기는 할 것이다. 이러한 맥락에서 나는 개조한 무지개 색상의 히피 버스를 사서 "기준을 낮추라"라는 구호를 외치며 전국을 순회하는 자선 여행을 하고 싶다. 성취욕이 큰 사람들을 주차장과 학교 운동장에 불러 모으고, 손에 확성기를 들고서 평범한 일을 약간 시도해 보고 그 일을 자랑스럽게 내보이라고 격려할 것이다. 깔끔한 주부들에게 침대를 정리하지 못하게 하고, 침대를 정리하지 않았노라고 외부에 알리게 할 것이다. 헬스장에서 근육질의 탄탄한 몸을 자랑하는 남자에게 모든 사람이 볼 수 있도록 가능하다면 셔츠에 잼까지 흘려가며 크리스피크림 도넛을 먹게 할 것이다. 언제나 매우 느긋한 이웃집 부부를 한 번만이라도 슈퍼마켓 한복판에서 자기 아이들에게 화를 참지 못하고 폭발하게 만들 것이다.

그리고 나면 모두 **쉴 수 있다**. 우리가 수치심을 느끼는 인간적인 불완전함은 절대적으로 반드시 드러난다는 사실을 인식하고 휴식하라. 이때 안도감은 개인이 의지하는 시간 도둑을 길들임으로써 시작된다. 그런데 시간 도둑이 우리의 서류가방으로 뛰어들어 집까지 따라오면 약간 다른 양상이 나타난다.

- 추진력 도둑은 막대한 부를 축적하고, 다른 사람에게 깊은 인상을 남길 속성을 유지해야 한다고 말한다.
- 탁월함 도둑은 체력, 가사, 아이들의 성취, 부모의 완벽함, 자원봉사, 취미 생활의 수준이 아무리 높아도 충분하지 않다고 말한다.
- 정보 도둑은 뉴스, 스포츠, 문화적 사건, 최신 경향에 대해 모두 알아야

한다고 말한다.

- 부지런함 도둑은 저녁, 주말마다 많은 일정을 짤수록, 더 많이 일하고 기여할수록 삶이라는 경기의 마지막에 더 많은 점수를 딴다고 말한다.

이 사기꾼들을 잠재우려면 단순화 질문으로 돌아가야 한다. 개인이든, 부부든, 친구든, 가족이든 단순화 질문은 중요한 사항에 주목하게 만들어서 우선순위를 새로 결정하게 해준다. 식상 밖에서는 이렇게 자문할 수 있다.

- **내가 손을 뗄 수 있는 일이 있는가?** 이 질문은 방과 후 활동, 자원봉사 활동, 에너지를 축내는 우정, 수업, 개인 프로젝트에 의문을 제기하고 재조사해서 특정 목표를 달성하지 못하는 활동을 제거하도록 돕는다.
- **'이 정도면 괜찮아'라고 생각해도 충분한 것은 무엇인가?** 이 질문은 집에서 하는 모든 활동의 기준을 너그럽게 완화하고, 활동하지 않는 시간에 자신을 지치게 만드는 완벽주의에 저항하도록 돕는다.
- **내가 정말 알아야 하는 것은 무엇인가?** 이 질문은 개인 생활에서 자신에게 필요한 정보, 연구, 세부 사항의 양을 조사하도록 돕는다.
- **내가 주의를 기울일 만한 가치가 있는 것은 무엇인가?** 이 질문은 자신이 진정으로 좋아하는 사람과 활동에 좀 더 집중할 수 있도록 돕는다.

부부나 가족에게 적용할 수 있도록 질문에 있는 주어를 "우리/우리의" 형태로 바꾼다. 질문을 하면 가장 중요한 여과장치, 즉 **'이 시간을 잘**

보내고 있는가?'에 주목하게 된다. 삶의 매 순간을 되돌려보고, 자신의 나날에서 이 시간을 합당한 정도로 누리고 있다고 느낀다면 당신은 승리한 것이다. 하지만 아직 그 수준에 도달하지 못한다면 질문들을 사용해 목적을 달성할 수 있을 것이다.

머리 꼭대기에 앉은 전자 기기를 끌어내리자

내 고객은 보스턴에서 열리는 결혼식에 참석했다가 친척들이 춤추고, 샴페인을 마시고, 신랑과 신부에게 축하하는 동안 의자에 앉아 피로연장을 건너다보았다. 붙어있는 두 테이블에 눈길이 머물렀다. 한 테이블에는 조부모들이 앉아 환하게 웃으면서 옆 사람에게 손을 얹기도 하며 이야기를 나누었다. 함께 즐거운 시간을 보내는 얼굴에는 생기가 돌았다. 옆 테이블에는 고객의 10대 딸과 친구 5명이 앉아있었다. 그들은 서로 말을 주고받지도 쳐다보지도 않았다. 각자 화면이 만들어낸 개인적인 방에 갇혀 어깨를 웅크리고 시선을 아래로 떨어뜨린 채로 화면을 들여다보고 있었다. 두 테이블의 차이를 느낀 고객은 커다란 걱정에 휩싸였다. 하지만 솔직히 말해 아이들만큼이나 어른들도 전자 기기 화면에 주의를 빼앗기고 있는 현상을 걱정해야 한다.

내 아이들만 하더라도 내가 이런 걱정을 하고 있기 때문에 결과적으로 화면에 호전적인 반응을 보인다고 말할 것이다. 어느 곳으로 시선을 돌려도 눈에 띄므로 화면은 매일 뜨거운 위협이 되어 나를 몹시 괴롭힌다. 이제 우리가 이 책을 매개로 긴밀한 사이가 되었으므로 내 진심을 알리려 한다.

악마는 우리를 파괴하고 싶을 때 어떻게 할까? 뜨거운 불길을 내뿜는 숨을 훅 토해내서 인류를 한 번에 멸망시키겠다고 선택하지는 않을 것이다. 흥미를 자극하고, 감질나게 하고, 최면을 걸고, 유혹적인 무언가를 만들어서 서서히 서로 말하지 못하게 방해하고, 친밀함을 제거해 사회를 가루처럼 파괴하면서 인류의 소멸을 즐길 것이다.

내게 유혹적인 무언가는 확실히 내 아이폰이다.

내가 화면을 강렬하게 혐오하는 것은 자기방어에 뿌리를 내리고 있다. 내가 전자 기기의 화면에 지나치게 거부 반응을 보이는 것은 화면에 무력하다고 할만큼 취약하기 때문이다. 나는 강력한 중독 성향이 있어서, 화면에 빠져들 수 있고 되돌아오기까지 정말 허덕일 수 있다. 자신을 위협하는 대상 주변에 설정한 많은 한계가 그렇듯 화면을 들여다볼 때 긋는 경계가 어설플 수 있고, 기기가 안기는 많은 선물의 가치를 최소화하고 있다. 하지만 화면은 내가 말할 수 있는 정도보다 더 큰 외로움을 느끼게 한다. 아이들이 태권도 수업을 받는 동안 우리는 한 부모, 조부모, 육아 도우미들과 벤치에 나란히 앉아 각자의 기기에 얼굴을 파묻는다. **몸은 그 자리에 있어도 마음은 떠나고 그곳에 없다.**

늘 "나는/우리는 과거를 낭만적으로 기억하는가?"라는 질문이 떠오른다. 우리는 스마트폰 이전 시대에 존재했던 정신적 자유와 가족의 유대에 관한 기억을 왜곡하고 있을까? 아마도 그럴 수 있다. 유명 연예인인 아버지 앨런 펀트의 딸로 살아온 내 이야기는 대부분의 사람들보다 훨씬 극적이었다. 내가 자란 집에는 부엌, 호화 호텔에 있을 법한 화장실, 침실 등을 포함해 텔레비전이 11대나 있었다. 자신이 선택한 순간에 언제라도 현실에서 벗어날 수 있는 공간이 열한 군데였던 것이다. 내 친한 친구의 어머니는 노란색 선이 달린 전화 수화기를 귀에 대고 살았다. 친구 어머니는 하루 종일 앉아서 전화선을 손가락으로 배배 꼬며 이웃의 결혼, 요리법, 좋아하는 드라마에 대해 수다를 떨었다. 내 친구의 아버지는 가족들과 아침 식사를 하는 내내 말 한마디 하지 않고 조간신문을 읽으며 몸은 제자리에 있지만 마음은 떠나고 없는 상태로 신문 뒤 그림자로 남았다.

사실이다. 책을 읽다가 텔레비전을 시청하는 것으로, 다시 잡지를 넘기는 것으로 존재의 순간을 회피하는 방법은 변화하면서도 항상 존재해 왔다. 실제로 인류는 태초부터 지금까지 존재하는 순간을 피하며 살아 왔다 해도 과언이 아니다. 아담은 에덴동산에서 과일나무의 수확량을 계산하거나, 어설픈 뱀 덫을 어떻게 만들지 골똘히 궁리하느라 주변의 풍광과 평온함을 느끼지 못하고 주의가 산만해졌다. 클레오파트라는 장군들의 길고 지루한 보고에 귀를 기울이려고 시도했지만, 주의가 산만해지면서 아이섀도를 바르거나 연인인 안토니우스에게 보낼 편지를 끼적였다. 하지만 오늘날처럼 전원이 항상 켜져 있고, 내용이 수시로 바뀌며 화면을 기반으로 작동하는 휴대용 기기 같은 존재는 없었다.

소셜 미디어는 궁극적인 시험대가 될 수 있다. 나는 소셜 미디어의 끄는 힘에 저항해 2008년 내 페이스북 계정을 삭제하면서 634명의 '친구'를 잃었다. 당시에 계정을 삭제하자 친구들의 슬로모션 동영상이 생성되었다. "케이티가 당신을 보고 싶어 할 겁니다", "테드가 당신을 보고 싶어 할 겁니다"라는 글귀가 화면에 둥둥 떠다니며 친구들의 미소 짓는 얼굴에 겹쳐졌다. 마지막 장애물을 넘어서 마침내 삭제를 누르려면 많은 사람들을 기꺼이 내게서 분리시킬 각오를 해야 한다. 나는 그렇게 했고 덕택에 10년 동안 조용히 살 수 있었다.

2018년 숙부 집에서 추수감사절을 보내고 있을 때였다. 남동생에게 "러셀의 일은 정말 안됐어"라고만 적힌 문자가 날아왔다. 끔찍한 내용이었다. 나는 즉시 전화를 걸었고 러셀이 6개월 동안 암으로 투병하다가 결국 세상을 떠났다는 소식을 들었다. 나는 그동안 러셀이 겪은 모든 과정을 완전히 놓쳤던 것이다. 내게 제2의 아버지였던 러셀은 내가 세 아이를 키우느라 바쁜 동안 서서히 죽음으로 빠져들고 있었다. 페이스북은 러셀의 상태와 죽음을 알리는 유일한 정보통이었다. 나는 러셀에게 집에서 요리한 음식을 대접하고, 책을 읽어주고, 작별인사를 할 기회를 잃었다. 페이스북을 하지 않았기 때문이다. 나는 그 일로 마음이 찢어지듯 아팠다.

따라서 우리는 **중간 지점**을 찾아야 한다. 소셜 미디어라는 사회적 채널에서 구획되어 있는 부분을 취하면서도 그 과정에서 자신을 잃지 않는 방법을 찾아야 한다. 그 목적을 달성하기 위해 유용하게 사용할 수 있는 간단하고 친숙한 질문이 있다. "내가 **진정으로** 알고 싶어 하는 것은 무엇인가?"

화면은 삶을 대체하기 위한 것이 아니라 향상시키기 위한 것이다. 화면의 지배를 받지 않고 자신을 보호하기 위해 전략적 멈춤을 취하고, 현재 경험하고 있는 화면의 영향을 살펴보고, 더욱 나은 균형을 잡는 비전을 찾아내야 한다. 이것은 힘들고 끈기가 필요한 일이지만, 유일한 길이고 추구할 만한 가치가 있다. 화면에서 벗어나 삶을 향해 나아가는 모든 단계는 가치와 존재감으로 가득찰 것이고, 자신과 다른 사람을 명쾌하게 연결하는 관계로 회귀시켜줄 것이다.

화이트 스페이스 양육법

●

이 부분을 읽는 부모에는 두 부류가 있을 수 있다. 한 부류의 부모는 자녀를 양육하면서 곁에 있어주는 시간과 편안한 시간을 최대한 늘리거나, 아이들과 화이트 스페이스를 공유하는 방법을 찾는 이들일 것이고 나머지 한 부류는 자녀가 이미 성장했거나 거의 성장했을 것이다.

여러 해 동안 부모들과 대화하고 나서 나는 둘째 부류의 부모들이 아이들과 함께 있어주거나 그렇게 하지 못했던 방식을 뒤돌아보며 후회할 수 있겠다는 사실을 깨달았다. 언젠가 함께 앉아 와인 한잔을 기울이며 내가 과거에 아이들을 키우며 저지른 실수를 솔직히 털어놓고 함께 웃고 울다보면 당신의 기분이 나아질 것이다. 그때까지 내 말을 듣기 바란다. 현재 성인인 자녀들이 성장하는 동안 전략적 멈춤을 충분히 공유하지 못했다면 이러한 상실을 더 이상 축소하거나 은폐하지 말고 다뤄야 한다.

함께 전략적 멈춤을 실천해서 관계를 개선하고 치유하고 심화하는 것은 지금이라도 결코 늦지 않았다. 아이들에게 전화하라. 아이들을 깜짝 놀라게 하라. 집에서 쉬거나 여행을 떠나서 화이트 스페이스를 많이 누리라. 회복할 수 없을 정도로 관계가 손상되어 있을 수도 있지만 아이들은 근본적으로 부모를 사랑하므로 대부분 회복할 수 있다. 부모의 깨달음과 후회를 공유하라. 이러한 정직함과 이때 동반하는 취약성은 관계를 다시 연결해주는 주요 요소이다.

아이들이 갓난쟁이와 독립해 나가는 사이의 지점에 있다면, 전략적 멈춤이 양육의 결과는 물론 아이가 부모에 대해 느끼는 방식을 크게 바꿀 수 있다. 그 과정에서 부모는 나를 가르쳤던 선생님이 말했듯 "자기 향상의 미묘한 폭력"을 다뤄야 한다. 평생 학습은 우리가 추구해야 하는 놀랍도록 훌륭한 목표이다. 하지만 노력을 기울여서 향상시켜야 하는 영역이 드러날 때마다 자신이 어떤 면에서 불완전했는지 인식하게 된다. 삶에서 무엇보다 중요한 양육에 있어 전략적 멈춤을 실행하기란 특히나 힘들다. 마음에 여유를 가지라. 부모 입장에서 화이트 스페이스를 예전보다 1퍼센트 늘린다는 작은 목표를 세우라.

당신이 갓난아기를 품에 안고 있던 시절로 돌아가 보자. 나는 삶을 변화시키는 다음 구절을 마커로 써서 벽마다 붙여놓았더라면 좋았을 것이라 생각한다.

"오줌에는 균이 없다."

농담이다. 진짜 붙여놓고 싶은 구절은 이렇다.

"짬을 내라."

양육에 전략적 멈춤을 적용하는 것은 부모가 아이에게 베풀고 자신에게 만족을 안겨주는 행동이다. 어른에게는 마음을 진정하고, 에너지를 회복하고, 특별할 것 없이 주목할 만한 순간들의 참맛을 진정으로 맛보게 해준다. 내 어린 아들들이 앞치마를 두르고 손에 장난감 블렌더를 들고서 문 앞에서 나를 마중 나와 피냐 콜라다를 만드는 중이라고 신나서 말했을 때처럼 말이다.

아이들과 아무것도 하지 않는 시간을 더 확보하기 위해 멈춤을 사용하라. 부엌 마룻바닥에 앉아 아이들이 손등에 산딸기를 얹으며 노는 광경을 지켜보라. 잠자는 아이들을 소리 내서 깨우지 말고, 침대에 함께 누워 은밀한 화이트 스페이스를 누리라. 10대 아이들이 그 나이에 보이는 행동을 할 때 곁에서 지켜보라. 아이들은 부모의 온전한 관심을 원한다.

아이들 편에서 생각했을 때 전략적 멈춤은 신경계를 이완시키고, 창의성을 탁월하게 꽃피우고, 서두르지 않고 앞으로 나아갈 수 있는 마음가짐을 갖도록 가르친다. 화이트 스페이스를 실천하는 가정은 우리가 "왜 그렇게 서두르는가?"라는 질문에 대한 대답을 곰곰이 생각해 볼 수 있는 장소이다.

아동 생리학자인 장 피아제Jean piaget는 여러 나라를 순회하면서 아동 발달 단계를 주제로 강연했다. 그러다가 유독 미국에서 특정 질문을 반복적으로 받는다는 사실을 깨달았다. 그래서 "미국 질문"이라고 부르기 시작한 질문은 "발달단계를 가속화할 수 있는 방법이 있는가?"였다. 화이트 스페이스를 실천하는 부모들은 모든 발달단계가 자연스럽게 일어나게 하고, 아이들의 성숙을 위해 경주해야 한다는 조급한 마음을 내려 놓는다. 아이들이 단어를 잘못 발음하거나, 감정을 아직 통제하지 못하거나, 외부에서 규정한 어른들의 기대를 오만 가지 방식으로 저버릴 때, 부모는 전략적 멈춤을 실천하고, 교정하려는 행동을 자제하고, 묘목에서 식물을 억지로 키워낼 수 없다는 사실을 기억할 수 있다.

또 화이트 스페이스를 실천하는 부모는 아이들의 일정을 줄이려고 여러모로 노력한다. 삶의 모든 순간이 계획으로 짜여있는 아이들이 지나치게 많다. 운동을 하고 악기 연습을 한 후에 저녁 식사를 하고 나서 숙제를 마치고 잠자리에 드는 아이들에게는 '한가한 시간'이라는 어휘 자체가 없다. 나이가 좀 더 들면 대학 입학이라는 경기에서 '이기기' 위해, 학업 순위라는 구속력 있는 체계를 따라가느라 여념이 없다. 이따금 씩 나는 이러한 아이들이 스스로 어떤 활동을 좋아하는지 희미하게라도 알고 있는지 궁금하다.

내 고객은 이러한 전반적인 추세에 강력하게 저항하면서, 여섯 살짜리 아이에게 "그냥 뒷마당에서 시간을 보낼 수 있도록" 낮에 하는 방과 후 활동을 모두 취소하자고 말했다. 그러자 아이는 그렇게 말하는 아빠를 어리둥절한 표정으로 쳐다보며 "그러면 정확히 **무엇을** 하는 거예요?"라고 물었다고 했다.

대부분의 아이들은 지금보다 훨씬 심심해져야 한다. **자신의 마음속 깊이 들어가서** 무언가 흥미로운 것을 찾아낼 수 있을 때까지 목적 없이 지루해져야 한다. 지루함을 느낀 아이들은 옆에 끼고 있던 불안을 극복하고, 힘을 키워 반대편으로 나올 수 있다.

세상 아이들을 위해 화이트 스페이스를 실천하고 싶다는 내 꿈은 세 아들들을 향해 품은 소망으로 요약할 수 있다. 나는 아이들이 활기찬 자극을 끊임없이 추구하지 않고서도 삶에 대해 미묘하고 좋은 감정을 경험하기를 바란다. 열정에 휩싸여 지칠 때까지 목적 없이 춤출 수 있기를 바란다. 적절하게 휴식한 후에 에너지와 힘을 재충전해 스스로 선택한 시기에 실행에 제대로 쏟아부을 수 있기를 바란다. 어른이 되었을 때 일정에 틈이 생겼다고 불안해하지 않고 "제때 쌓은 성"에서 안전하다고 느낄 수 있기를 바란다.

기쁨에 익숙해지기

내게 삶의 의미는 언제나 '다른 사람과 자신에게 기쁨을 안기는 것'이었다. 이렇게 방향을 정한 덕택에 하루, 일주일, 일 년의 계획을 선택하기 쉬웠다. 나는 가능하다면 어느 곳에서든 능동적으로 다른 사람을 돕고, 여행, 스포츠, 음식, 사람, 자연, 아이들, 새로운 시도 등에서 신선하고 자유로운 기쁨을 누리는 것에 마음을 쏟는다. 자신의 삶이라는 케이크를 굽기 위해 완벽한 조리법에 따라 재료를 섞고 나서 도구에 묻은 반죽까지도 깨끗하게 핥는다.

하지만 우리에게 즐거움을 안기는 요소는 뜻밖일 수 있다. 자신이 "매우 행복하다"고 말하는 사람들의 수는 1957년 정점을 찍었는데 당시 주택의 평균 면적은 84제곱미터였다. 현재 미국인의 신용카드 빚은 1조

달러에 달한다. 우리는 자신에게 기쁨을 안겨주리라 생각하는 대상을 찾지 못하고 길을 헤매느라 돌아가는 길을 발견하지 못한다.

많은 경우에 진정한 기쁨을 무대 위에 다시 올릴 수 있게 해주는 것은 멈춤이다.

이때는 "아무것도 하지 않을 때 느끼는 달콤함"으로 직역할 수 있는 이탈리아의 돌체 파 니엔테dolce far niente 개념을 빌려와야 한다. 돌체 파 니엔테는 볼 키스보다 더 이국적이지만 규모를 달리하며 시도할 수 있는 멋진 개념이다. 커피숍에 앉아 따뜻한 라테 잔을 두 손으로 감싸고 마음을 떠돌게 한다. 낯선 사람들을 지켜보며 그들에 대한 이야기를 상상한다. 목적지를 정하지 않고 물거품이 이는 생각의 개울에 도달해 불쑥 징검다리를 하나씩 건너본다. 이것이 **달콤한 게으름**delicious idleness 이다. 이 시점에서 소설을 읽거나, 음악을 듣거나, 그림을 그리거나, 재미 삼아 요리를 하거나, 멋진 대화를 하거나, 모형 기차를 만드는 등 '화이트 스페이스에 가까운' 즐거운 활동으로 들어갈 수 있다. 진정한 취미에 몰입하는 것은 마치 왕이 된 듯 당당하게 누리는 사치이자 기쁨으로 들어가는 입구이다.

집에서 화이트 스페이스를 실천하는 것도 기쁨을 누리기 위해서다. 다음 두 가지 형태의 기쁨을 흐르게 할 수 있는 매력적인 화이트 스페이스를 만들자. 두 가지 형태의 기쁨 중 하나는 숨을 차오르게 하는 '높은 기쁨high joy'이고 다른 하나는 뱃속까지 내려가 온몸을 덥혀주는 '깊은 기쁨deep joy'이다. 높은 기쁨을 안기는 경험은 놀라움, 모험, 열정, 신체 움직임, 노력 등이다. 깊은 기쁨을 안기는 경험은 우정, 감사, 감각적인 즐거움, 베풂, 평화, 자부심 등이다. 자신이 시도하는 모든 감탄할 만한 일들과 더불어 이 두 가지 형태의 기쁨을 이기적이고 열정적으로 찾아 나서고 소중하게 여기기 바란다. 이것이야말로 나머지 모든 과정을 감당하게 해주는 최종적인 단계이다.

이것이 바로 기쁨이다. 따라서 기쁨에 주목하고, 집중하라.

가족과 함께 있을 때, 자연에 둘러싸여 있을 때 기쁨을 잡으라. 특히 기쁨이 찾아온 순간에 잡으라. 안타깝게도 우리는 고원에 도달하거나 목표를 달성하자마자 지나치게 겸손한 태도를 취하며 아무 일도 아닌 듯 시속 160킬로미터의 속도로 쏜살같이 성과를 지나치는 경향이 있다. 하지만 고원이나 목표에 도달했을 때 기쁘게 춤을 추거나 "만세!"라고 크게 외치지 않는다면 열심히 일해봤자 무슨 소용인가?

기쁨이 찾아온 순간을 누리라. 힘든 등산길의 끝에 서서 아래를 내려다보며 경치를 감상하고, 마음으로 즐기고, 자신에게 만세를 외치라. 자신을 목적지까지 데려다주느라 수고한 두 다리에 고마워하라. 식당에서 낯선 남자를 만나 등산길에 대한 정보를 듣는 행운을 누린 것에 고마워하라. 다음에 더 길고, 더 힘들고, 고도의 기술이 필요한 등산길에 오를 수 있을지 궁리하기 전에 한동안 앉아서 새소리를 듣고 구름을 올려다보라. 그렇게, 전략적 멈춤을 갖고 마음속 깊이 음미하라.

놀이기구 탈 기회를 놓치지 말자

•

우선순위를 다시 정해야 할 때마다 몇 년 전 세인트루이스에서 워크숍을 진행했을 때가 생각난다. 프로그램을 끝내고 나서 나와 악수하기 위해 기다리는 줄이 다 사라질 때까지 한 여성이 기다리고 있었다. 자신의 개인적인 사연을 들려주고 싶다고 했다. 나는 여성의 이야기를 듣고 가슴에 찡한 감동을 받아서 그녀를 따뜻하게 안아주었고, 그후에 수많은 사람들에게 그녀의 이야기를 들려주고 있다.

여성이 어릴 때였다고 했다. 주말에 아버지가 "도시락을 싸서 엄마랑 같이 놀이기구를 타러 가자"라고 말했다. 부녀는 햄치즈샌드위치를 만들고 핑크 레모네이드를 챙긴 후에 어머니에게 같이 소풍을 가고 말했다. 하지만 할 일이 매우 많았던 어머니는 "미안, 내가 바쁘단다. 재밌게 지내고 오렴"이라고 대답했다. 할 수 없이 어머니를 빼고 부녀는 소풍을 가서 계획한 대로 즐겁게 시간을 보내고 집으로 돌아왔다.

아버지는 이틀 후 세상을 떠났다.

어머니는 돌아가실 때까지 평생 당시 선택을 언급했다. "내가 그때 놀이기구를 타지 않았어." 어머니는 이따금씩 이렇게 중얼거리며 아쉬워했다.

나는 이처럼 놀이기구를 타는 순간을 오랫동안 아무하고도 공유하지 않았다. 그러던 어느 날 나는 부엌 식탁에 앉아 노트북을 들여다보고 있었고, 남편은 당시 두 살과 네 살짜리 아들들과 현관 앞 진입로에 있었다. 아이들은 둘 다 벌거벗고 각자 호스를 하나씩 들고 세차 놀이에

푹 빠졌다. 남편이 앞마당에서 내게 문자를 보냈다. "아이들 모습이 정말 귀여워. 잠깐 나와보지 그래?" 나는 "미안, 바빠"라고 재빨리 답장했다. 그러다가 **그 여성이 들려준 이야기가 불현듯 생각나** 자리에서 벌떡 일어섰다. 그 광경을 놓칠까 봐 너무 두려운 나머지 의자를 밀치며 서둘러 밖으로 뛰쳐나갔다.

성공한 사람들 중에서 놀이기구 탈 기회를 놓쳤다는 사실을 너무 늦게 깨닫는 사람이 많다. 내일이라도 너무 늦었다 생각말고 놀이기구를 타야 한다. 아름다운 속담 하나를 예로 들어보자.

언제 나무를 심는 것이 가장 좋을까요?

20년 전이요.

두 번째로 좋은 시기는 언제일까요?

오늘이요.

가족, 서비스, 여행, 취미 등 자신에게 그것이 무엇이든, 하루 일정에 엮어 넣은 화이트 스페이스가 그곳으로 달려가게 해줄 것이다. 잠깐 전략적 멈춤을 갖고, 벌떡 일어나서, 의자를 박차고 달려가라.

일보다 우선하는 삶에 관해
생각할 시간을 가지라

- 직업적인 성취가 행복, 개인적인 관계, 삶의 의미를 채워주진 않는다.

- 너무 열심히 일했다면서 결국 심각하게 후회하는 사람이 많다. 사랑하는 사람과 함께 열정을 품고 더 많은 화이트 스페이스를 누리는 방식으로 후회를 피할 수 있다.

- 추진력, 탁월성, 정보, 부지런함이라는 시간 도둑은 강박적이고 경쟁적인 행동, 비교, 강한 성취욕의 형태로 등장한다.

- 집에서 깊이 있는 삶을 살려면 가장 중요한 사람들과 함께 시간을 보낼 수 있도록 자신의 전자 기기를 왕좌에서 끌어내려야 한다.

- 부모가 속도를 늦추고, 관심을 기울이고, 자녀와 화이트 스페이스를 공유하는 것이 너무 늦는 경우란 절대 있을 수 없다. 지금 당장 시도하라.

- 놀이기구 타는 기회를 놓치지 말라.

▶▶ 생각해 보기

놓치기 전에 지금 당장 잡아야 할 것은 무엇인가?

나가며

석회암 산 아래에서

문밖에는 바쁨의 바람이 윙윙 소리 내며 분다. 하지만 지금 우리는 이글이글 타오르는 벽난로를 마주하고 앉아 마시멜로를 둥둥 띄운 코코아를 마신다. 우리는 이 평화로운 곳으로 언제든 거듭 돌아올 수 있다.

나는 앞으로 당신이 언제라도 '**생각할 짬**a minute to think', 즉 화이트 스페이스를 당당하게 가질 수 있으리라는 희망을 품고 이 책을 끝맺으려 한다. 현재 상태를 거스르기는 힘들 것이다. 화이트 스페이스가 자신을 위해 존재한다는 사실을 기억하기도 쉽지 않을 것이다. 하지만 이제 당신은 승인과 인식이라는 단순한 선물을 자신에게 선사하기 위해 필요한 모든 조건을 갖췄다.

한 가지 이야기를 더 소개하려 한다. 공유할 수 있는 적절한 때를 기다려왔을 만큼 대단한 비밀은 아니다.

이 책을 쓰는 동안 나와 남편은 세 아들을 데리고 여행을 주요 교육 수단으로 삼는 월드스쿨링worldschooling을 하면서 여러 해 동안 여행을 하고 있었다. 한 번에 4~6주 정도 하와이의 카우아이, 버몬트, 하바나, 플로렌스, 프랑스, 크로아티아, 발리, 미얀마, 말레이시아, 뉴질랜드 등에서 살았다. 우리 부부는 아이들에게 사회 공부를 시키고 연습 문제를 풀게 하는 대신에 기타, 요리, 지속 가능성, 비판적 사고, 영양, 돈 관리, 캘리그라피, 힙합을 가르쳤다.

불을 지피는 주제가 우리를 계속 따라다녔다.

발리에서 열리는 결혼식에 참석했을 때는 정말 많은 물건들에서 연기가 피어올라서 시력을 잃을 것만 같았다. 뉴질랜드의 양떼 농장에서 그야말로 까불며 뛰노는 양들을 바라보면서 작업실을 따뜻하게 덥혀주는 난로에 장작을 피울 때도 그랬다. 태국에서 프랑스 식물학자 피에르가 소유한 소박한 별장에 묵는 동안 그의 사랑스럽고 작은 금발의 딸들과 함께 지낼 때도 그랬다. 우리는 타오르는 모닥불, 야광봉, 파인애플 케이크로 새해 전야를 함께 축하했다. 밤에 잠자리에 눕자 여덟 살짜리 루나가 내 손을 잡으며 "잠자기 전에 모닥불 주위를 돌며 춤을 춰도 될까요?"라고 말했다.

인스타그램을 보면 깜빡 속을 수 있을지 모르지만 이 여행은 누가 하더라도 쉽지 않았을 여행이었다. 도로에서 지내는 생활에 적응하기가 힘들었다. 밤에 데이트는 꿈도 꾸지 못했고, 10대 아들을 포함해 아들들도 형이나 동생과 늘 붙어 지내야 했다. 우리 부부는 15개의 표준시에 맞춰 회사를 운영하는 법을 배워야 했고, 이미 야심찬 일정을 소화하면서도 여행사 직원의 일까지 풀타임으로 담당해야 했다. 안전지대 밖으로 나간 우리는 딱딱한 침대, 냉수 샤워, 성인 남성들이 복창을 터뜨릴 만큼 느려터진 인터넷 속도를 견뎌내야 했다. 모기장을 쳤는데도 다섯 식구 중 둘은 모기 매개 바이러스에 감염되었다.

고즈넉한 시골 풍경을 자랑하는 토스카나, 아래에서 말다툼하는 러시아 관광객들을 구경했던 크로아티아의 발코니, 오리들이 논밭을 뒤뚱 뒤뚱 걷는 모습을 눈으로 쫓았던 발리처럼 인상적인 광경을 배경 삼아 이 책의 원고를 쓴 것은 결코 잊을 수 없는 멋진 경험이었다.

"일보다 삶"이라는 제목으로 책의 마지막 장을 쓰기 시작할 때 우리 가족은 눈부신 자연미를 내뿜는 태국 아오낭Ao Nang에 머물렀다. 거대한 석회암 산들인 카르스트karst가 바다에서 밖으로 불쑥 튀어나와 매우 초현실적이고 장대한 지형을 이루었다. 저녁이면 하늘이 홍학 빛깔로 물들어 아주 잠깐 구름에 불을 붙였다.

어느 날 나는 툭툭(자기 목숨은 각자 손에 달려 있다는 식으로 좌석 벨트도 없고 지붕도 없는 삼륜 택시)에서 내렸다. 가방 안에는 노트북이 있었고 내가 가려는 목적지는 택시에서 내린 장소에서 **바로 3미터 앞에 있는 아오낭 카페였다.** 3미터 앞에 있는 목적지에 도달할 수 있는 가장 효율적인 동선은 하차 장소에서 카페까지 곧장 걸어가는 것이었다. 내 시선도 이미 문에 꽂혀 있었다. 하지만 내 몸은 뇌를 개입시킬 필요가 없는 자동화된 습관에 워낙 깊이 젖어 있었으므로 전략적 멈춤을 취하겠다고 결정했다.

그래서 발걸음을 멈추고 돌아섰다. 햇살을 받으며 안다만해를 왕복하는 긴 꼬리 배들이 눈에 들어왔다. 뱃머리가 리본과 꽃을 엮어 행운을 비는 화환으로 장식되어 있었다. 나는 목적지에 도달하기 전에 그저 방향을 돌려 잠깐 멈췄을 뿐이다. 하지만 그 멈춤은 **전부**였고, 내게 감사와 존재감을 가르쳐주었다. 맹세코 카페에 들어간 후 내 작업 방식을 바꿔주었다.

그 짧은 멈춤과 그와 비슷한 많은 멈춤은 내게 살아 있다는 느낌을 안긴다. 내 지도력과 선택하는 능력을 향상시킨다. 또 내가 후회하지 않고 삶의 순간을 놓치지 않으리라 보장해 주는 보험이다. 하루 내내 자유롭게 떠도는 원소의 힘이다. 그토록 오랫동안 눌려온 내 가슴은 화이트 스페이스가 발휘하는 힘 덕택에 산소를 공급받으며 마침내 팽창한다.

이 여행을 함께하고 나서 당신이 새로운 장치를 클릭했다고 느끼고, 가장 낙천적인 자아가 꿈틀거리며 "나도 할 수 있겠어"라고 생각하기를 나는 희망한다. 책을 읽는 동안 당신 머릿속에 매우 침착한 모습, 활짝 미소 짓는 모습, **열심히 일하는 모습**을 포함해서 겉보기에 무작위로 송출되는 영상들이 눈앞에 떠오르기를 바란다. 화이트 스페이스에 일단 익숙해지고 이것이 세포 속에 들어가면 바람을 향해 방향을 틀어 당신을 식혀주거나, 태양 쪽으로 방향을 틀어 당신을 덥혀줄 것이다.

이제 깨달을 것이다.

어떻게 멈춤이 끊임없이,

경이로움을 펼치고,

놀라움을 안기고,

유익을 공급하는지,

이것이 당신을 향한 나의 바람이다.

감사의 글

　　책을 쓰고 있다고 말하면 '앞으로 극심한 고통을 겪을 거예요' 라는 경고를 흔히 듣습니다. 임산부가 출산을 해본 엄마들에게 듣는 분만의 고통에 대한 경고보다 섬뜩합니다. 저자들은 고통스러운 글쓰기, 스트레스를 유발하는 판매량, 온통 혼을 빼는 출간 과정에 얽힌 치열한 이야기를 주고받습니다. 나는 집필을 도와준 모든 사람에게 이 책을 출간하는 과정은 즐거울 것이고, 스트레스가 쌓이면 다양한 방식으로 스트레스를 가라앉히겠다고 맹세했습니다. 주변 사람들이 엄청난 사랑, 지혜, 지식을 나눠준 덕택에 집필 작업은 약속대로 엄청나게 즐거웠습니다.

　　책을 쓰는 동안 정말 많은 도움을 받았습니다. 원고의 질을 높여야 하는데 특정 관점에 갇혀 옴짝달싹하지 못할 때는, 누군가 나를 (때로는 너무 심해 기억하지 못할 정도로) 여러 차례 떠밀었습니다. 사실 엄청난 외부 압력이 없었다면 지금까지도 원고를 완성하지 못했을 것입니다. 책을 어떻게 쓸지 전전긍긍하는 나를 끌어내 원고를 쓸 수 있도록 발판을 만들어주고, 제안서를 쓸 때까지 나를 아끼는 마음으로 재촉해준 헨리 클라우드Henry Cloud에게 감사합니다. 기가 막히게 멋진 에이전트인 데이비드 두어러David Doerrer에게도 감사합니다. 첫 이메일을 주고받은 후부터 데이비드는 생동감 넘치는 헌신과 열정을 보이며 출간을 결정했습니다. 데이비드, 당신은 출간 과정의 모든 단계를 가슴 설레는 동화로 만들었어요.

　내 초창기 편집자인 하퍼비즈니스HarperBusiness의 스테파니 히치콕Stephanie Hitchcock, 공식적인 편집자가 되어주고 끝까지 지원을 아끼지 않은 홀리스 하임바우치Hollis Heimbouch에게 감사의 빚을 졌습니다. 두 사람이 내 '구세주'라는 사실을 즉시 알았어요. 나를 지지해주고, 내 완벽주의 성향을 잘 참고 견뎌주고, 실제로 글을 쓰는 과정에 대해 신경을 써주고, 아름다운 산문을 만들어내려고 노력해주어 너무나 감사합니다. 출간 과정에서 비전을 보여준 브라이언 페린Brian Perrin, 레베카 래스킨Rebecca Raskin, 하퍼비즈니스에서 일하는 국내팀의 모든 직원들에게도 감사합니다.

　적절한 삽화와 눈부신 표지를 완벽하게 제작해준 페이스아웃스튜디오Faceout Studios와 앨런 자작Allen Jazak에게 감사합니다. 이 책의 장점이 세상에 드러나 두드러질 수 있도록 애써준 클린트 그린리프Clint Greenleaf, 러스티 셸턴Rusty Shelton, 질커미디어Zilker Media 제작진에게 감사합니다.

　소중한 시간을 내서 의견을 말해주고, 질문을 던져주고, 조언해준 모든 독자에게 감사합니다. 우리가 전달하는 메시지의 중요성을 믿어주고, 자신들이 운영하는 조직에 널리 공유해준 기업 및 협회 고객에 특별히 감사의 마음을 전합니다. 또 마카로라Makarora에 몸담고 있는 피트, 재닌, 마이크, 수, 제임스, 그랜트, 캐시에게 감사합니다. 당신들은 집에서 멀리 떠나온 내게 작가가 꿈꾸는 집을 선사해주었습니다. "책을 쓰고 있다고요? 정말 멋져요"라고 감탄하며 엄지를 치켜세워 내 어깨를 으쓱하게 해준 호기심 많은 바리스타들에게도 감사합니다.

책에 담긴 시각적 요소와 핵심에 대해 참신한 아이디어를 제시해준 로리 베이든Rory Vaden에게 감사의 마음을 전합니다. 가장 너그러운 방법으로 나를 응원하고 추천해주고, 전략을 알려준 저자들과 기업 중역들인 친구들에게 감사합니다. 특히 다니엘 핑크Daniel Pink, 세스 고딘Seth Godin, 마이클 번게이 스테이너Michael Bungay Stainer, 오잔 바롤Ozan Varol, 가이 가와사키에게 감사합니다. 이 감사의 글을 마무리하고 난 시점에서 도움을 주었던 모든 사람에게도 감사합니다.

또 우리가 하는 일을 조명해 주겠다고 결정했던 모든 인플루언서와 팟캐스트 진행자에게, 특히 도널드 밀러Donald Miller와 크레이그 그로셀Craig Groeschel에게 감사합니다. 글로벌리더십네트워크Global Leadership Network에서 활동하면서 모든 가능한 방식으로 나를 아낌없이 도와준 소중한 친구들에게 감사합니다. 중요한 통찰을 공유해준 사만사 에디Samantha Eddy, 학자들, 인터뷰 대상자들, 연구자들에게 감사합니다. 아울러 이 책을 구성해준 이야기, 인용문, 인터뷰의 모든 주인공에게 일일이 감사하고 싶습니다.

줄리엣펀트그룹Juliet Funt Group에 있는 내 헌신적인 팀, 특히 제이미 프레이어Jamie Frayer, 자렉 스웨코스키Jarek Swekosky, 앨리사 부코픽Alyssa Vukovic

에게 감사해요. 내가 원고를 쓰기 위해 '사라져서' 칩거하는 동안 당신들이 유능하게 사업을 이끌어주지 않았더라면 이 책은 그 자체로 그림자로 남았을 거예요.

탁월한 편집 컨설턴트인 자넷 골드스타인Janet Goldstein에게 커다란 빚을 졌습니다. 자넷의 지혜와 통찰은 어떤 주제에서든 내게 가장 필요한 시점에 아주 완벽하게 맞아떨어졌습니다. 자넷, 당신은 정말 완벽한 파트너였어요. 가장 완벽한 방식으로 재밌고, 맹렬하고, 똑똑하고, 단호했어요. 책의 구조에 대한 눈부신 헌신, 출간 경험을 가볍고, 평온하고, 성취감을 안기는 활동으로 만들겠다는 다짐을 결코 포기하지 않았던 의지를 보여주어 정말 고마워요.

그리고 마지막으로 푸른 눈동자를 반짝이는 네 남자들에게 감사합니다. 내가 결혼한 론 레스닉Lorne Resnick과 우리가 낳은 세 아들인 제이크, 알렉스, 닉에게 감사합니다.

아들들, 너희들이 매일 내게 안겨주는 기쁨은 무엇에도 비길 데가 없단다. 늘 그렇듯 너희들이 보내주는 지지와 사랑은 내게 필요한 전부란다. 그리고 내 기사인 론, 당신은 늘 내 곁을 지키며 내 행복의 소풍을 위해 담요를 깔아주어 정말 많이 고마워요.

이 프로젝트를 수행하느라 가족과 오래 떨어져 있어야 해서 정말 아쉬웠지만 가족들은 내게 창의적인 즐거움이 주는 의미를 모두 진심으로 이해해주었습니다. 가족이 보여준 응원 방식에 너무나 감사합니다. 가족은 앞으로 나아가라고 응원하고, 책에 담길 아이디어와 원고 내용을 들을 때마다 사실 여부와 상관없이 매번 "멋져요!"라고 감탄해 주었습니다.

참고문헌

1장 우리가 놓치고 있는 요소

27   수행적인 바쁨: Juliet B. Schor, interview by author, November 24, 2020.

36   "시간 속에 쌓은 성": A. J. Heschel, The Sabbath: Its Meaning for Modern Man (New York: Farrar, Straus & Giroux, 2005).

2장 바쁨이라는 우상

46   노동자의 23%가 피로를 자주 느낀다는 갤럽 조사: Ben Wigert and Sangeeta Agrawal, "Employee Burnout, Part 1: The 5 Main Causes," Gallup Workplace, July 12, 2018, https://www.gallup.com/workplace/237059/employee-burn-out-part-main-causes.aspx.

46   직원의 3분의 2가 느끼는 과부하: Josh Bersin, "Why Companies Fail to Engage Today's Workforce: The Overwhelmed Employee," Forbes, March 15, 2014, https://www.forbes.com/sites/joshbersin/2014/03/15/why-companies-fail-to-engage-todays-workforce-the-overwhelmed-employee/?sh=7661a2f44726; Sandy Smith, "'Frazzled' on the Job: More Than 80 Percent of American Workers Are Stressed Out," EHS Today, April 10, 2014, https://www.ehstoday.com/health/article/21916505/frazzled-on-the-job-more-than-80-percent-of-american-workers-are-stressed-out.

47   마이크로소프트재팬 사내 연구: Bill Chappell, "4-Day Workweek Boosted Workers' Productivity by 40%, Microsoft Japan Says," NPR, November 4, 2019, https://www.npr.org/2019/11/04/776163853/microsoft-japan-says-4-day-work-week-boosted-workers-productivity-by-40.

47   찰스 다윈과 찰스 디킨스의 하루 4~5시간 일: Carey Dunne, "Charles Darwin and Charles Dickens Only Worked Four Hours a Day—and You Should Too," Quartz, March 22, 2017, https://qz.com/937592/rest-by-alex-soojung-kim-pang-

the-daily-routines-of-historys-greatest-thinkers-make-the-case-for-a-four-hour-workday/.

47   단일 기종의 항공기를 운용하는 유일한 항공사 사우스웨스트항공: Linda Ruther-ford, interview by author, January 20, 2020.

48   "억제하지 않은 행동은 승인한 행동이다": Jason Fried and David Heinemeier Hansson, It Doesn't Have to Be Crazy at Work (New York: HarperBusiness, 2018).

50   "뒤쪽을 향해 돌아서라": Juliet Funt, "Elevator," Vimeo, January 2016, https://vimeo.com/158177447/233c75dc65.

50   무의식적인 모방인 사회적 순응: Rob Henderson, "The Hidden Power of Conformity," Psychology Today, September 4, 2019, https://www.psychologytoday.com/us/blog/after-service/201909/the-hidden-power-conformity.

53   〈하버드비즈니스리뷰〉 관료주의 비만지수: Gary Hamel and Michele Zanini, "What We Learned About Bureaucracy from 7,000 HBR Readers," Harvard Business Review, August 10, 2017, https://hbr.org/2017/08/what-we-learned-about-bureaucracy-from-7000-hbr-readers.

3장   전략적 멈춤

72   애덤 개절리의 인지적 피로 연구: Adam Gazzaley, interview by author and author's representative, July 25, 2020.

73   멈춰있는 동안 뇌의 MRI 스캔에 대한 연구: Kenneth J. Gilhooly, "Incubation and Intuition in Creative Problem Solving," Frontiers in Psychology 7 (July 2016), https://doi.org/10.3389/fpsyg.2016.01076; Ap Dijksterhuis and Teun Meurs, "Where Creativity Resides: The Generative Power of Unconscious Thought," Consciousness and Cognition 15, no. 1 (March 2006): 135-6, https://doi.org/10.1016/j.concog.2005.04.007.

73   지구력과 노력의 질에 관한 연구: Atsunori Ariga and Alejandro Lleras, "Brief and Rare Mental 'Breaks' Keep You Focused: Deactivation and Reactivation of Task Goals Preempt Vigilance Decrements," Cognition 118, no. 3 (March 2011): 439-3, https://doi.org/10.1016/j.cognition.2010.12.007.

74   목표 활성화 및 비활성화와 집중력 유지: Alejandro Lleras, interview by author, February 26, 2020, November 2020.

74   월스트리스 사무직 노동자: Alan Hedge, Effects of Ergonomic Management Software on Employee Performance (Ithaca, NY: Cornell University Press, 1999).

74   카네기멜런대학교 3~30초 휴식에 관한 연구: Jeffrey M. Rzeszotarski et al., "Inserting Micro-Breaks into Crowdsourcing Workflows," HCOMP (2013).

74   "적극적으로 활력 관리": Arnold B. Bakker et al., "Proactive Vitality Management, Work Engagement, and Creativity: The Role of Goal Orientation," Applied Psychology 69, no. 2 (April 2020): 351-8, https://doi.org/10.1111/apps.12173.

74   100명에 이르는 사무직 노동자들의 휴식 습관: Sooyeol Kim, YoungAh Park, and Qikun Niu, "Micro-Break Activities at Work to Recover from Daily Work Demands," Journal of Organizational Behavior 38, no. 1 (January 2017): 28-4, https://doi.org/10.1002/job.2109.

75   휴식이 업무를 더욱 잘 처리하도록 만든다는 연구 결과: Gerhard Blasche et al., "Comparison of Rest-reak Interventions during a Mentally Demanding Task," Stress & Health 34, no. 5 (December 2018): 629-8, https://doi.org/10.1002/smi.2830; Kathryn J. H. Williams et al., "Conceptualising Creativity Benefits of Nature Experience: Attention Restoration and Mind Wandering as Complementary Processes," Journal of Environmental Psychology 59 (October 2018): 36-5, https://doi.org/10.1016/j.jenvp.2018.08.005; Michael D. Robinson et al., "Counting to Ten Milliseconds: Low-Anger, but Not High-Anger, Individuals Pause Following Negative Evaluations," Cognition & Emotion 26, no. 2 (2012): 261-1, https://doi.org/10.1080/02699931.2011.579088; John P. Trougakos et al., "Making the Break Count: An Episodic Examination of Recovery Activities, Emotional Experiences, and Positive Affective Displays," Academy of Management Journal 51, no. 1 (February 2008): 131-6, https://doi.org/10.5465/amj.2008.30764063; Julia L. Allan et al., "Clinical Decisions and Time since Rest Break: An Analysis of Decision Fatigue in Nurses," Health Psychology 38, no. 4 (April 2019): 318-4, https://doi.org/10.1037/hea0000725.

78   뇌는 생각할 여지가 있을 때 더 좋은 결과를 만듦: Teresa Amabile and Brian Kenny, "Does Time Pressure Help or Hinder Creativity at Work?," Cold Call podcast, Harvard Business School Working Knowledge, December 7, 2017, https://hbswk.hbs.edu/item/does-time-pressure-help-or-hinder-creativity-at-work.

79   나이키 창업주 필 나이트가 거실에 비치한 공상할 때 앉는 의자: Phil Knight, Shoe Dog: A Memoir by the Creator of Nike (New York: Simon & Schuster/Paula Wiseman Books, 2019).

80 연 2회 외딴 오두막에 칩거하는 빌 게이츠: Robert A. Guth, "In Secret Hideaway, Bill Gates Ponders Microsoft's Future," Wall Street Journal, March 28, 2005, https://www.wsj.com/articles/SB111196625830690477.

81 무의식적 정신 과정인 '배양 기간': Simone M. Ritter and Ap Dijksterhuis, "Creativity—he Unconscious Foundations of the Incubation Period," Frontiers in Human Neuroscience 8, no. 215 (April 2014), https://www.frontiersin.org/articles/10.3389/fnhum.2014.00215/full.

81 과학자들이 말하는 유익한 망각: "The Benefits of Forgetting," American Psychological Association, July 24, 2014, accessed January 5, 2021, https://www.apa.org/pubs/highlights/peeps/issue-26.

81 "사람들 사이에 드러나는 가장 근본적인 차이점": Mihaly Csikszentmihalyi, Flow: The Psychology of Optimal Experience (New York: Harper & Row, 1990).

82 "개방형 방식": Bryan Collins, "John Cleese on How to Become More Creative and Productive," Forbes, February 17, 2020, https://www.forbes.com/sites/bryancollinseurope/2020/02/25/john-cleese-on-how-to-become-more-creative-and-productive/?sh=17af3c446857.

88 "합리적인 낙관주의" 증진을 위한 쐐기 사용: John Jacobs, interview by author, December 15, 2020.

91 "부정성 편향"과 싸우는 인간의 마음: Catherine Moore, "What Is the Negativity Bias and How Can It Be Overcome?," PositivePsychology.com, September 1, 2020, https://positivepsychology.com/3-steps-negativity-bias/.

4장 시간 도둑

107 캐스 코셸의 등뼈 골절 사고: "Kath Koschel—TTOW! 2018," Kindness Factory, accessed January 5, 2021, https://kindnessfactory.com/news/kath-koschel-pttow-2018/.

109 남성의 낮은 감정 인식 수준: Travis Bradberry, "Why Women Are Smarter Than Men," LinkedIn, August 5, 2020, https://www.linkedin.com/pulse/why-women-smarter-than-men-dr-travis-bradberry-1f/.

117 '쾌락 쳇바퀴'로 불리는 심리적 구조: Seph Fontane Pennock, "The Hedonic Treadmill—re We Forever Chasing Rainbows?," PositivePsychology.com, September 1,

2020, https://positivepsychology.com/hedonic-treadmill/.

5장 단순화 질문

125   10년 공백기 후 스티브 잡스 발언: Carmine Gallo, "Steve Jobs's Strategy? 'Get Rid of the Crappy Stuff,' " Fast Company, October 8, 2010, https://www.fastcompany.com/1693832/steve-jobss-strategy-get-rid-crappy-stuff.

132   제인 구달의 사색적 관찰: A Tribute to Four Decades of Wildlife Research, Education, and Conservation (New York: Stewart, Tabori & Chang, 1999).

135   5-15분 보고서: Leigh Buchanan, "How Patagonia's Roving CEO Stays in the Loop," Inc.com, March 18, 2013, https://www.inc.com/leigh-buchanan/patagonia-founder-yvon-chouinard-15five.html.

136   바이오스피어2 프로젝트: Anupum Pant, "The Role of Wind in a Tree's Life," Awesci, December 29, 2014, http://awesci.com/the-role-of-wind-in-a-trees-life/.

140   이케아 효과로 불리는 인지적 편견: Michael I. Norton, Daniel Mochon, and Dan Ariely, "The 'IKEA Effect': When Labor Leads to Love" (Harvard Business School, Working Paper 11-91, 2011).

140   인지 부조화의 유형인 노력의 정당화 개념: Danny Axsom, "Effort Justification," in Encyclopedia of Social Psychology, ed. Roy F. Baumeister and Kathleen D. Vohs (Thousand Oaks, CA: SAGE Reference, 2007), 277-8.

142   현대 무용의 전설 마사 그레이엄: Sir Ken Robinson, Finding Your Element: How to Discover Your Talents and Passions and Transform Your Life (New York: Penguin Books, 2013), 20.

6장 환각적 긴급성

166   놀라운 비즈니스 리더 앤절라 애런츠를 인터뷰한 켄 콜먼: Ken Coleman, interview by author, September 10, 2019.

167   미국여행협회가 발표한 유급휴가 관련 보고서: Tim Alford, "Study: A Record 768 Million U.S. Vacation Days Went Unused in '18, Opportunity Cost in the Bil-

lions," U. S. Travel Association, August 16, 2019, https://www.ustravel.org/press/study-record-768-million-us-vacation-days-went-unused-18-opportunity-cost-billions.

167 언스트앤영 2006년 사내 연구: Tony Schwartz, "More Vacation Is the Secret Sauce," Harvard Business Review, September 6, 2012, https://hbr.org/2012/09/more-vacation-is-the-secret-sa.html.

167 현명한 고용주들이 휴가를 화폐처럼 활용하는 방법: Michelle Warren of FullContact, interview by author's representative, April 21, 2020; Bart Lorang, "Paid Vacation? That's Not Cool. You Know What's Cool? Paid, PAID Vacation," FullContact, July 10, 2012, https://www.fullcontact.com/blog/2012/07/10/paid-paid-vacation-2/.

169 대담한 부재 중 자동 회신: Marina Koren, "The Most Honest Out-of-Office Message," The Atlantic, June 11, 2018, https://www.theatlantic.com/technology/archive/2018/06/out-of-office-message-email/562394/.

7장 우리를 흥분시켰던 도구

177 화면을 아래로 당겨 새로고침 기능의 특징: Cadence Bambenek, "Ex-Googler Slams Designers for Making Apps Addictive Like 'Slot Machines,'" Business Insider, May 25, 2016, https://www.businessinsider.com/ex-googler-slams-designers-for-making-apps-addictive-like-slot-machines-2016-5.

177 잦은 레딧 확인이라는 강박: The Social Dilemma, directed by Jeff Orlowski (Boulder, CO: Exposure Labs, 2020), Netflix.

177 스마트폰과 현저하게 감소하는 인지 능력의 관계: "The Mere Presence of Your Smartphone Reduces Brain Power, Study Shows," UT News, June 26, 2017, https://news.utexas.edu/2017/06/26/the-mere-presence-of-your-smartphone-reduces-brain-power/.

9장 효과적인 회의

228 팟캐스트 '회의를 덜 끔찍하게 만드는 방법': Stephen J. Dubner, "How to Make Meetings Less Terrible (Ep. 389)," Freakonomics, September 18, 2019, https://

freakonomics.com/podcast/meetings/.

228   창의성 발휘를 위한 신선한 아이디어의 착상과 교환: Steven Johnson, Where Good
      Ideas Come From: The Natural History of Innovation (New York: Riverhead Books,
      2010).

242   우리가 "존재감 부재"라고 부르는 상황: Kenneth J. Gergen, "The Challenge of Ab-
      sent Presence," in Perpetual Contact: Mobile Communication, Private Talk, Pub-
      lic Performance, ed. James E. Katz and Mark Aakhus (Cambridge: Cambridge Uni-
      versity Press, 2002), 227-1, https://doi.org/10.1017/CBO9780511489471.018.

10장 화이트 스페이스 팀

253   변화는 "행동이 아니라 상호작용에 관한 것": Catherine Moore, "What Is the Nega-
      tivity Bias and How Can It Be Overcome?," Positive Psychology.com, September
      1, 2020, https://positivepsychology.com/3-steps-negativity-bias/.

253   바쁘게 일하는 보스턴컨설팅그룹 직원들을 대상으로 진행한 두 가지 연구: Leslie
      Perlow, "Thriving in an Overconnected World," October 2013, San Francisco,
      TED video, 13:50, https://www.ted.com/talks/leslie_perlow_thriving_in_an_
      overconnected_world.

263   아이들에게 진행한 몰래 카메라 인터뷰: Juliet Funt, "Candid Camera Episode—
      Little Juliet with Alan Funt," Vimeo, January 2019, https://vimeo.
      com/265114714/1021bd480b.

263   앨런 펀트가 줄이려고 했던 "권력 거리": Geert Hofstede, Culture's Consequences:
      Comparing Values, Behaviors, Institutions, and Organizations Across Nations
      (Thousand Oaks, CA: Sage, 2001).

267   MBWA, 현장 방문 경영 방식: Tom Peters, "Excellence: MBWA," August 25, 2010,
      YouTube video, 2:22, https://www.youtube.com/watch?v=Xo1ZWvtX_ZM.

271   데릭 시버스의 테드 강연: Derek Sivers, "How to Start a Movement," February
      2010, TED video, 2:53, https://www.ted.com/talks/derek_sivers_how_to_start_
      a_movement; Derek Sivers, "First Follower: Leadership Lessons from a Dancing
      Guy," Derek Sivers (website), February 11, 2010, https://sive.rs/ff.

275   태양 거울 프로젝트: Jon Henley, "Rjukan Sun: The Norwegian Town That Does
      It with Mirrors," Guardian, November 6, 2013, https://www.theguardian.com/

world/2013/nov/06/rjukan-sun-norway-town-mirrors; Linda Geddes, "The Dark Town That Built a Giant Mirror to Deflect the Sun," BBC Future, March 14, 2017, https://www.bbc.com/future/article/20170314-the-town-that-built-a-mirror-to-catch-the-sun.

11장 일보다 삶

278   호주 완화치료 간호사 브로니 웨어: Bronnie Ware, "Regrets of the Dying," Bronnie Ware (website), December 13, 2019, https://bronnieware.com/blog/regrets-of-the-dying/.

282   더욱 열심히 일하며 성과를 달성하는 일과 삶의 균형 유지자: Johanim Johari, Fee Yean Tan, and Zati Iwani Tjik Zulkarnain, "Autonomy, Workload, Work-Life Balance and Job Performance among Teachers," International Journal of Educational Management 32, no. 1 (January 2018): 107-0, https://doi.org/10.1108/ijem-10-2016-0226; J. Bryan Sexton et al., "The Associations between Work-Life Balance Behaviours, Teamwork Climate and Safety Climate: Cross-Sectional Survey Introducing the Work-Life Climate Scale, Psychometric Properties, Benchmarking Data and Future Directions," BMJ Quality & Safety 26, no. 8 (2016): 632-0, https://doi.org/10.1136/bmjqs-2016-006032; D. Antai et al., "A 'Balanced' Life: Work-Life Balance and Sickness Absence in Four Nordic Countries," International Journal of Occupational and Environmental Medicine 6, no. 4 (October 2015): 205-2, https://doi.org/10.15171/ijoem.2015.667; Linsey M. Steege et al., "Exploring Nurse Leader Fatigue: A Mixed Methods Study," Journal of Nursing Management 25, no. 4 (May 2017): 276-6, https://doi.org/10.1111/jonm.12464.

나가며

301   월드스쿨링: A number of organizations and communities support the World-schooling movement. Partway through our journey we discovered and relied on these wonderful resources; https://worldschoolfamilysummit.com and https://pearceonearth.com.

화이트 스페이스

초판 1쇄 인쇄일 2023년 1월 26일
초판 1쇄 발행일 2023년 2월 3일

지은이 줄리엣 펀트
옮긴이 안기순

발행인 윤호권
사업총괄 정유한

편집 신수엽 **디자인** 최초아 **마케팅** 명인수
발행처 ㈜시공사 **주소** 서울시 성동구 상원1길 22, 6-8층(우편번호 04779)
대표전화 02-3486-6877 **팩스(주문)** 02-585-1755
홈페이지 www.sigongsa.com / www.sigongjunior.com

글 ⓒ 줄리엣 펀트, 2023

ISBN 979-11-6925-527-1 03320

*시공사는 시공간을 넘는 무한한 콘텐츠 세상을 만듭니다.
*시공사는 더 나은 내일을 함께 만들 여러분의 소중한 의견을 기다립니다.
*알키는 ㈜시공사의 브랜드입니다.
*잘못 만들어진 책은 구입하신 곳에서 바꾸어 드립니다.